少数民族教育と学校選択

ベトナム-「民族」資源化のポリティクス

伊藤未帆 著

CIAS

地域研究のフロンティア

京都大学学術出版会

教育に織り込まれた「伝統」と近代

上：タインソン県民族寄宿学校の敷地内にはムオン族の高床式伝統家屋が建てられ,「伝統の家」という看板が掛けられている。増加する生徒数に対して寄宿舎の整備が間に合わず,筆者が訪れた際は女子生徒用の寄宿舎として利用されていた（2007年3月）。

左中・左下：ラオカイ省バットサット県民族寄宿学校の全校朝礼。毎週月曜日と木曜日の朝礼には上着だけ民族衣装を着て参加するのが学校の規則だ。先生のおどけた質問に,思わず笑みがこぼれるモン族の生徒たち（2007年11月）。

国民国家建設と近代化：より良いベトナム「国民」となること

上・左右：フート省民族寄宿学校の教室風景。前の壁にはホー・チ・ミンの肖像画と「偉大なホーおじさんを鏡として労働と学習に戦い、生きよう」、後ろには「将来仕事で自立するために勉強しよう」というスローガンが掲げられており、学校空間が、ベトナム国民としての動員と個人の地位達成とをセットで示す場として利用されている（2011年3月）。

下：フート省民族寄宿学校の若手教員。フート省民族寄宿学校の卒業生で、いったんハノイをはじめ都市部の大学に進学した後地元に戻ってきた彼らのライフコースは、生徒たちの憧れのまとでもある。山間部地域の中でも生活しやすい町部にあり、かつ手当ても多い民族寄宿学校への転属希望者は後を絶たない（2011年3月）。

自己実現のための大学進学

左上・下：ハノイ国家大学人文社会科学大学で学ぶ大学生たち。ドイモイ政策導入後のベトナム社会では一気に学歴社会化が加速し、個人の地位達成の手段として大学に進学する若者たちが増大した（2011年3月）。

右：フート省ヴィエトチー市内に所在する中央民族大学準備学校。教育訓練省直轄のため、制度上、大学や短大とほぼ同じ扱いを受ける（2007年3月）。

民族寄宿学校の
寄宿生活

上：フート省民族寄宿学校で集団生活を送る少数民族の高校生たち。町部の高校で学ぶ彼らが，山間地にある実家に戻れるのは夏休みと正月だけ。12歳で民族寄宿学校（中学校課程）に進学すれば，思春期の大半を親元を離れて過ごすことになる。
左下：食事は寄宿舎の食堂で食べる。これで8人分のおかず。食べざかりの10代には到底もの足りない。夜になると，校内の売店はカップラーメンをすする生徒たちの姿であふれかえる。
右下：女子寮内部の様子。1部屋8人での共同生活を送る。洗濯や部屋の掃除もわずかな授業時間の合間を見つけて手際よくこなす（いずれも2011年3月）。

はじめに

　私たちの暮らしは，数えきれないほどのさまざまな境界によって区切られている。そして，その境界に沿って，自分がどの枠組みの一員であるかを確認し，仲間を見つけ，あるいは他者との差異を探す作業を繰り返している。実際のところ，こうした境界とそこで生み出される枠組みのほとんどは，普段の生活の中ではあまり意識されないものである。なぜならば，それが観念上のものである場合も含めて，流動的，可変的であることの方が多いからである。

　自己と他者を区切る枠組みとは，あるとき，ある場所で，ある状況において，あるいはある文脈に応じて自在に変化するものであり，そこでは絶えず差異と共同がかたち作られ，消えていく。しかし，いったんある枠組みが公的に制度化され，人々に利益をもたらすための単位として利用されるようになると，本来，流動的で可変的な差異と共同のプロセスでしかなかったものに固定性が与えられ，本質化するとともに，人々の主体的な営みを正当化するための土台という新たな機能を帯びることがある。その典型的な例が，「民族」というカテゴリーである。

　民族とは何かという問いについては，これまでにもさまざまな角度から議論が繰り広げられてきたが，そのうちの一つである，民族を関係論的アプローチによって捉える見方によれば，「民族」とは，ほかの集団との社会的相互作用の結果として生み出されるものであり，人々のあいだの関係性によって決まる状況的な差異の区切りであった。ところが，こうした状況的な「民族」という境界に，公的な制度によって区切られた枠組みがあてはめられると，そこにはあたかも本質的であるかのような「中身」が生み出され，そして，この枠組みを利用し，資源を動員しようとするさまざまな人々の思惑と動きが生じていく。

　本書は，公定民族という制度的な枠組みを用いて人々を区切るという方法によって，国民国家のまとまりを創出しようと試みてきたベトナムの事例を取り扱う。1945年，フランスの植民地支配からの独立を宣言し，自前の国民国家建設を担うこととなったベトナム人共産主義者たちは，それまでは存在しなかったまったく新しい共同体として，「ベトナム国民」という人為的なまとまりを創出する必要に迫られた。そこで彼らは，「民族」という公的な枠組みを

用いて人々を区切り，動員の対象とするための制度を作り上げた。ベトナム国民の一員になるための資格として，「民族」というカテゴリーが利用されたのである。資格としての「民族」というこの発想は，その後のベトナムが，半世紀以上にわたる対外戦争を戦い抜き，南北統一後には貧しさに耐えながら社会主義国家の建設を推し進め，そして今日では，市場主義経済がもたらす経済・社会的不平等の是正に対応していくための原動力として，重要な役割を果たしていった。

　その一方で，動員の対象を定めるために区切られたこの「民族」という枠組みは，国家エリート以外のさまざまなアクターたちによっても利用されていく。国民国家への参加資格としての「民族」は，同時に，人々の側にとっても国家からの資源を獲得するための手段として一定の有効性を持ちうることを示していた。

　本書の目的は，公的な枠組みとして制度化された「民族」をめぐる，さまざまな主体性のあり方について，ベトナムの「民族寄宿学校」という学校制度を事例に考えてみることである。少数民族優遇政策を目的として建設された「民族寄宿学校」は，1950年代末に北部ベトナムの地方エリートのイニシアティブによって建設され，1990年代初以降，公的な学校機関としてベトナム全国に整備されていった。この学校制度は，従来の一元的な学校制度のもとではなかなか包摂することができなかった，公教育への参加度合いの低い人々に対して，中等教育課程以降へ進学する機会を提供したが，同時に，「民族」を枠組みとする資源分配のメカニズムを可視化させるという役割も果たした。その結果，この「民族寄宿学校」をめぐって，地方エリートや地域社会に暮らす人々，そして本来その恩恵を受け取ることのできない部外者たちさえも交えた，さまざまなアクターたちによる，主体的な働きかけが行われていくこととなった。

　では，この「民族寄宿学校」を通じて，彼らは，どのように「民族」を資源化し，どのような目的のために利用しようとしたのか。本書は，北部ベトナム地域を中心としたフィールドワークで得られたデータとその実証分析によって，「民族寄宿学校」をめぐるさまざまな主体の動きに着目しながら，「民族」を枠組みとした国民国家建設のプロセスを跡付けるとともに，なぜ社会主義国家ベトナムが，冷戦終結以降，大きく変容しつつある世界的，国内的な環境の中で，今日もなおその姿を大きく変容させることなく54の公定民族を擁する多民族国家としてのまとまりを維持し続けているのかという問いを，資格とし

ての「民族」,資源としての「民族」という視座から解き明かそうというものである。

目　次

口　絵

はじめに　i

序　章　資源化される「民族」……………………………………………………………1

　0-1　国民国家建設と「民族」の創出 ── 特異な東南アジアとしてのベトナム　3
　0-2　資源化される「民族」　7
　0-3　「民族」を利用する人々　14
　0-4　教育機会をめぐる「民族」の資源化　16
　0-5　ベトナム少数民族教育研究の問題点と本書の目的　18
　0-6　調査の概要と本書の構成　21
　0-7　ベトナムの教育階梯　24

第 1 部　少数民族教育政策と民族寄宿学校をめぐる歴史的展開

第 1 章　ベトナム教育政策の展開と少数民族……………………………………29

　1-1　国民国家建設期における識字政策と教育制度の建設　31
　1-2　民族語かベトナム語か？：識字言語をめぐる揺れ動き　39
　1-3　山間部に派遣されたキン族幹部の相克　44
　1-4　ドイモイ政策の導入と山間部幹部構造の大転換　55
　1-5　少数民族地域における高等教育就学人口の拡大　70
　1-6　小括　76

第 2 章　民族寄宿学校の誕生……………………………………………………………79

　2-1　「民族青年学校」の建設　81
　2-2　「民族青年学校」の仕組み：ホアビン社会主義労働青年学校　87
　2-3　「民族青年学校」から民族寄宿学校へ　102
　2-4　民族寄宿学校建設プロジェクト　110
　2-5　小括　114

v

第 2 部　民族寄宿学校をめぐる運用の地域的多様性

第 3 章　民族寄宿学校の制度と運用 119

3-1　新たな学校制度としての民族寄宿学校　121
3-2　教育内容　130
3-3　教員　140
3-4　量的規模　142

第 4 章　民族寄宿学校の選抜メカニズム
　　　　　── 優遇政策の利益配分と高等教育進学をめぐる比較分析 145

4-1　分析の視座とデータの概要　148
4-2　フート省，ラオカイ省の民族構成と教育水準　149
4-3　「機会の平等」型選抜：フート省　154
4-4　「結果の平等」型選抜：ラオカイ省　177
4-5　民族寄宿学校への進学の動機　197
4-6　民族ごとに見た民族寄宿学校への進学動機　204
4-7　出身中学校ごとに見た，民族寄宿学校への進学動機　210
4-8　普通高校から見た民族寄宿学校イメージ：その地域的多様性　211
4-9　小括　213

第 5 章　少数民族の教育達成と民族寄宿学校の役割 217

5-1　中学校 3 年生から見た高校進学と，希望進学先　219
5-2　フート省ムオン族をめぐる，省レベル民族寄宿学校への進学規定要因　220
5-3　小括　227

第 3 部　優遇政策が少数民族社会に及ぼした影響

第 6 章　「少数民族」を選ぶ人々 233

6-1　「少数民族籍選択」ムーブメント　235
6-2　中央民族大学準備学校における「少数民族籍」選択者　242
6-3　出身地別，民族別に見た少数民族籍選択　249
6-4　「少数民族籍選択者」は本当に有利なのか？　256
6-5　小括　257

*　　*　　*

終　章　「民族」資源をめぐるポリティクス　　259
　7-1　それぞれの主体から見た「民族」の資源化：四重の問い　261
　7-2　四つの主体とそれぞれの資源化　269
　7-3　「民族」資源をめぐる「悲劇」　271

参考文献　273
あとがき　287
索　引　293

序章

資源化される「民族」

0-1 国民国家建設と「民族」の創出
── 特異な東南アジアとしてのベトナム

0-1-1 民族をめぐる本質論と関係論

　現代社会に生きる私たちは，あるときたまたま同じ場所にいた人々が均質な属性を持つわけではないことを知っている。性別，出身地，血液型，きょうだいの数，学歴（学校歴），配偶者の有無，国籍，母語など，さまざまなカテゴリーに属する多面的な存在であるということを経験的に理解し，その共通性と差異性の存在を意識的な，あるいは無意識的な前提としたうえで日常生活におけるコミュニケーションを行っているからである。上述したいくつかのカテゴリーが一見して質的にばらばらであることが示すように，一人の人間が持つ属性の中には生物学的に形成され，この世に生を受けた瞬間から取り換えのきかないものから，必ずしもそうではないものまでが含まれる。近年では，「性別」ですら生物学的な属性を示すシグナルではなくなっていることが示すように，人間を取り巻く要素の中には，むしろ生物学的に形成されるわけではない属性のほうが多いといってもよいかもしれない。本書が主として扱う「民族」という属性もまた，いわば非生物学的に形成されるカテゴリーである。

　「民族」とは何か。この問いをめぐる議論はこれまで膨大に蓄積され，その結果，今日までに（暫定的にせよ）一定の解を得たように見える。議論の大きな争点は二つの問いを軸として展開してきた。第一に，民族とは原初的な紐帯で結びつく集団なのか，あるいは歴史的に構築されてきた文化的な集団なのか，そして第二に，民族という集団は，いったん形成された後は長期的に継続し得る本質的で静的な単位なのか，それとも関係性によってさまざまな形に変化し得る，動的で不安定な単位なのか，というものである。

　第一の軸について考えてみよう。民族を原初的な紐帯であると主張する論者は，民族とは，言語，宗教，領土と同様，本来人間に備わっている血縁的紐帯を拡大したものであり [van den Berghe 1981, 1995]，生存競争において集合的目標を達成するためのごく当たり前の手段であると主張した [Geertz 1963, 1973; Shils 1957; スミス 1999: 15]。ただし，すべての人々が生得的に固定化された民族共同体に属するとした過激な原初主義者とはやや立場を異にしたギアツが，実際にどうであるかは別にして，これらの属性による紐帯が原初的な

ものであると人々が「知覚」していることによって，ほかの紐帯よりも強い効力を発揮すると主張したことには，十分に注意を払っておく必要がある［Geertz 1973; May 2001: 31］。後で述べる第二の軸，すなわち民族集団の性質をめぐる議論とも密接な関わりを有するからである。

　民族を，生まれながらにして人間に備わっている属性として捉えた原初的な見方とは対照的に，民族とは文化的な共通性によって人々を結びつけるものであるとする見方が現れた。ゲルナーによれば，二人の人間が同じ民族に属するのは，彼らが同じ文化，すなわち考え方，記号，連想，行動とコミュニケーションの様式からなる一つのシステムを共有する場合においてのみである［ゲルナー 2000: 12］。また，エスニックな共同体を「エトニ」と呼んだスミスは，集団の呼称，共通の血統神話，共有された歴史的記憶，独自の文化，「故地」，そして内部での連帯感を持つことがエトニの成立要件であるとしたうえで，これらの要素によって結びついた集団は「並外れた持続性と回復力」によって真のエスニックな共同体へと結晶化され，統合されていくとした［スミス 1999: 29–39, 50］。

　このように，民族を原初的な紐帯に基づくものと見るか，文化的な紐帯が結びつける人々の共同体であるとするかによって構成される第一の軸の見方は，実はいずれも，「民族」がいったん形成されると，本質主義的で静的な人々のまとまりとなると捉える見方において共通した土壌を持っていた。これに対し，民族とは本質主義的に存在するのではなく，関係論的に構築されるものであるとの見方が現れた。民族とは不変的な文化的特色を束ね合わせたものではなく，むしろほかの集団との社会的相互作用の結果として生み出される状況的 (situational) なものであるという主張である［Barth 1969: 14-15; May 2001: 33］。民族を他者とのつながりにおいて関係論的に捉えるアプローチは，その後，人類学をはじめ政治学などのさまざまな分野において，民族を捉える見方として定着していった［内堀 1989; 林 1998: 610; 李 1993: 116］。民族をその訳語に当てたエスニック・グループの定義について述べた加藤剛によれば，エスニック・グループとは，ほかのエスニックな集団あるいは「全体社会」との政治・経済的関係において，差異化され，意識化された社会的カテゴリーないし集団のことを指す［加藤 1990: 216］。言い換えると，民族とは他者との関係性，他者からの差異化の過程の中で立ち現われてくる想像の産物であり，それ自体として確固たる存在を持つのではなく，他者のまなざしによって張りつけられ

るラベルに過ぎないとする見方である。

0-1-2 東南アジアの国民国家化と，ベトナムの特異性

　このように民族動態論的な視点から，動的，可変的なものとして民族を捉える見方は，さまざまな人々が重層的な関係を持ちながら共生する東南アジアを研究する際の主流を占めるようになる。その背景には，植民地支配を経験する以前の前近代東南アジアにおける人々の営みと国家とのつながりがあった。前近代東南アジアでは，そこに暮らす人々を管理，統率する国家の有無にかかわらず，文字通り，物理的な空間を超えた人々の移動が常態的に行われていた。そこでは，近代国家とは大きく異なる国家と人々の関係が存在し，領域ではなく人がその中心であった。国家というものは「端」を持たず，しかもその周縁部においては折り重なって成立していたことにより，誰が，どこ（何）に所属するかという問題は重要なものにはなり得なかった［Wolters 1968; Tanbiah 1976; 関本 1987; 加藤 2000］。

　ところが，18世紀から20世紀にかけて，西欧諸国による植民地支配を経験したことにより，東南アジアにはそれまで存在しなかった「端」を持つ領域国家が建設された。そして，この領域の中に居住する人々すべてを「国民」と名づけてカウントするとともに，領域内の至るところをこの「国民」が埋め尽くしているとする，前近代東南アジアにおける国家のあり方とは大きく異なる，新たな国家共同体のかたちが作り上げられていった。

　国民国家と名づけられたこの新たな共同体の見取り図を描いたのは，西欧列強による植民地支配からの独立を勝ち取り，自前の国民国家建設のかじ取りを担うことになった新生国家の新しいエリートたちであった。彼らは，植民地政権が切り取った領域をほぼそのまま踏襲し，それゆえに領域内に居住する多様な属性を持った人々のうち，誰が国家の成員であり，誰がそうでないのかを区切って選抜する，という最初の課題に直面した。そこで彼らがはじめに行ったことは，領域内に居住する人の数を数える単位として，「民族」という枠組みに基づいたカテゴリーを作り，同時にそれぞれ別々の差異化された集団として，その中身を創出していく作業であった。

　これに対し，ベトナムの状況はやや異なっていた。14世紀から15世紀にかけてベトナム国家は，儒教と科挙官僚制を基盤とした中国的な律令国家体制を

主体的に受容し，中央集権国家を構築していくことになった［古田 1991: 47］。この過程で，ベトナムは中華世界における伝統的な華夷秩序の中に組み込まれると同時に，自らも中華文明という高文明に連なる存在，すなわち「小中華」の体現者であるという自己認識を強めていく。「小中華」において中心を担う文明人という自意識のもと，狭義のベトナム人の族称としての「キン（京）族」という名称と，そのもとでの民族の集団性が生み出されていったのである。

　このように，一定の領域的な概念を伴う小中華帝国を築いていたベトナムは，国家が支配を及ぼす版図とその範疇の中に暮らす住民がある程度重なって捉えられていたという点で，先に述べたような非中央主権的な国家体制を敷いていたベトナム以外の東南アジア諸地域よりも強い形で，国家と人の密接な関係が構築されていたといってよいだろう。しかしそれでもやはり，ベトナムにおける領域と住民の関係はあくまで華夷秩序を模したものであったがゆえに，植民地支配を経験したことに伴う近代国民国家という枠組みは，それまでの伝統的な国家秩序を大きく改変させるものとなった。フランスによる植民地支配から独立を宣言し，新たに自前の国民国家建設の担い手となったベトナム人共産主義者たちは，キン族だけを構成員とする，狭い意味での「ベトナム人」だけの国家ではなく，キン族以外のさまざまな出自を持つ人々の存在を積極的に受け入れたうえで，彼らとの協同に基づく多民族性を前提とした広い意味での「ベトナム民族」の国家を建設することを目指した。そこで仏領期にフランス人民族学者が作成した仏領インドシナ住民分類をもとに，国家のシンクタンクである民族学院によって民族確定作業が進められ，1959年にはベトナム民主共和国ではじめての民族別人口統計（『ベトナムにおける少数民族統計』）が公表された［伊藤 2008: 36-37］。その目的とは，民族名称を確定し，国家が統一した「正しい」名称を決定，付与することで，それぞれの民族に均質な民族意識を持たせるとともに，ベトナム国民の一部としての自覚を持たせることであった。国家エリートたちは，これまで十分に把握することのできなかった人々を「民族」という同質的なカテゴリーを用いて分類し，国民国家建設のための動員の対象として選抜したうえで一人一人をその中にあてはめていくことを目的としていたのである。

　なお，本書では，国家エリートによって恣意的に作り出された民族カテゴリーであることを特に強調する場合に，カッコつきの「民族」と呼ぶ。前述したように，ベトナムでは1950年代以降1970年代後半にかけて民族確定作業

が行われ，その結果，54の公定「民族」が創設された。民族別の人口比で見るとキン族が圧倒的な多数派を占めることから（総人口の87%），ベトナムの国家エリートたちはキン族以外の53の民族をひとまとめにして，「少数民族（dân tộc thiểu số）」と呼んできた。これに対し，「民族」に分類された人々の視点では，彼らが自分たち，あるいはほかの人の属性としてムオン族やタイー族と呼ぶときには，必ずしも，国家エリートによって創設された恣意的な枠組みとしての「民族」カテゴリーと，関係論的に構築される集団枠組みとしての民族とを区別しているわけではない。そこで，この場合についてはカッコなしの表記を用いることにする。

0-2 資源化される「民族」

0-2-1 「資源化をめぐる四重の問い」とその変容

ここで，「資源化」という言葉が持つ二重性について整理しておく必要がある。そもそも資源の形成とは，欲求と能力という人間側の契機と，さまざまな「もの」からなる環境側の契機の機能的な相関であるとされてきた [Zimmermann 1933; 内堀 2007: 21]。すなわち，それ自体では単なる「もの」や「ヒト」に過ぎないものが，何らかの目的において，新しい価値や意味を付与されるという契機を経由することによって「資源」になるのである。そこで，「もの」や「ヒト」が資源になるという動的な契機を資源化という言葉で表してみると，そこには「資源にする」主体と，「資源にされる」客体とが同時に存在していることに気がつく。また同時に，その「資源」がそもそも誰のものであり，さらには，誰に対して，誰をめがけて行われた資源化なのか，という資源化の志向対象の問題も登場する。仏領期マダガスカルにおける特定民族の文化（女王の遺体の移葬）がマダガスカル人全体に対する資源として動員されていく過程を論じた森山は，文化が資源化されるという動的な契機を，「誰」をめぐる四重の問い，すなわち，①誰が，②誰の「文化」を，③誰の「文化」として（あるいは誰の「文化」へと），④誰をめがけて（何を目的として）資源化するのかによって区別する必要性があるとする [森山 2007: 82-83]。この「文化（資源）」を「民族」に置き換えてやれば，国民国家の建設プロジェクトにおいて行われた人々の区切りと選抜を通じて「民族」が創出されていった過程と

は，①国民国家建設を志向する国家エリートが，②本来関係的に構築されてきた民族カテゴリーに属する人々を，③「国民」の構成要素として創出された「民族」として，④新生国民国家への動員を目的として資源化する試みであった，と整理することが可能になる。

「国民」の創出を目的とした「民族」の資源化による人々の動員という動的な契機は，新生国民国家の建設を担った国家や地方の指導的エリートたちにとって，重要かつ喫緊の課題となった。英領北ボルネオにおける植民地支配からの独立とマレーシア連邦への加入をめぐる，指導的エリートによる対応について論じた山本は，植民地支配下の北ボルネオにおいて，イギリス人によってもたらされた近代の一つが，世界を分類して認識する「まなざし」であったとする。そのうえで，植民地の新興エリートとしてイギリス帝国の文明の一端を身につけた現地の指導的エリートによって，この「まなざし」が利用されるとともに，住民の一部を民族として区切り，名付け，固有の集団となることで，自らを取り巻く世界において認知を求めるという活路が見いだされていったと論じた［山本 2006: 186］。

自らを取り巻く世界において認知を求める枠組みとしての民族という集団の区切りは，その後，1960年代初頭にマレーシア連邦構想をめぐる議論が進む中で，さらに積極的に利用されていくこととなった。北ボルネオの指導的エリートの一人であったステファンは，もともと民族を単位とした政党を志向せず，サバ・ネイションに開かれた国民政党の結党を理想としてきた人物であった。しかし，アブドゥル・ラーマンによるマレーシア連邦構想に対応し，北ボルネオ住民の意思を表示するために，民族という枠組みを用いて民衆を動員するという現実的な選択肢を受け入れ［山本 2006: 283-284］，サバ全体の意思決定の場に代表を派遣する枠組みとして，カダザン人，ムスリム/マレー人，華人という3つの民族の枠組みが作り上げられていった。山本は，こうした指導的エリートの対応の仕方が，民族の枠組みを用いて人々を動員する方法であるとしたうえで，「サバにおいて民族として認知されることはサバ「ネイション」の正当な一員として認知されることであり，逆にサバ「ネイション」の正当な一員であればサバで認知されている民族のいずれかに所属していることが当然視されることになった［山本 2006: 314］。」と述べ，「資格としての民族」という考え方を示した。

サバにおける指導的エリートたちが，ネイション概念と民族をどのように結

びつけるかをめぐってさまざまな試行錯誤を繰り返した「自信のないナショナリスト[1]」であったとすれば，他方で，ネイションの正当な一員としての認知を得るための「資格としての民族」という考え方は，「自信のあるナショナリスト」たちにも利用された方法であった。脱植民地化の過程で，新たな国家共同体の建設に主導的な役割を果たすこととなったベトナム人共産主義者たちが，狭義の「ベトナム人」，すなわちキン族だけを構成員とする共同体ではなく，さまざまな出自を持つ人々の存在を前提とする多民族国家を作り上げることを目指し，広い意味での「ベトナム民族（国民）」の国家を構想したことについてはすでに触れた。ただし，独立直後の段階ではまだ，国民国家への動員の対象として，この「民族」枠組みが利用されていたわけではなかったことには注意が必要である。フランス植民地からの独立後，1946年11月に採択された最初のベトナム民主共和国憲法の第8条には，「各少数民族公民は，平等の権利を有するほか，各方面の援助を得て，迅速に全国人民と同等の水準に到達せしめられる」と規定されており［古田 1991: 379］，この段階ではまだ，国民を構成する単位としては個人（公民）が想定されていたからである。しかしその後，1951年に開かれた第二回党大会で採択された「ベトナム労働党政治綱領」において，「ベトナムに居住している各民族は権利と義務の面においてみな平等であり，抗戦と建国のために，団結して相互に援助しなければならない。」と述べられ，平等の主体としての「民族」という考え方が示された［古田 1991: 391］。これ以後，この「民族」という枠組みがベトナムの領土内に居住する

---

1) 山本は，脱植民地化の過程で，その指導者となったエリートたちが大衆を動員しようとする際，必ずしもその思惑通りに人々を動員できたわけではなく，動員を効果的に行うためには動員される側の要求を救い上げ，動員されることを通じて要求が実現されるという認識を与える必要があるとの考え方が存在していることに着目し，英領北ボルネオの指導的エリートを，明確な理念や方針を持ちながらも，それを唱えることによって直ちに人々を思い通りに動員することができないと考えていたという意味で，「自信のないナショナリスト」と称した［山本 2005: 5］。これに対し，動員の対象となった人々の要求を実現させるためには，自らの明確な理念や方針をもとに，一歩ずつ前進していくことこそが重要であるという立場を貫いたベトナム人共産主義者たちは，（実態はともかく建前としては）「自信のあるナショナリスト」としての姿勢を貫いていたと言ってよいだろう。ただし，古田が指摘するように，歴史的には伝統的なベトナム国家に規定された人々という性格を持っていたキン族の集団性が，植民地化と脱植民地化を経験する過程で，自らとは異質なエスニックグループとの関係を再編成しようと試み，自らのエスニシティにも変化を生じさせていったという点を考慮すれば［古田 1991: 25］，キン族を主要な担い手とするベトナム人共産主義者たちもまた，「自信のないナショナリスト」としての性格を多分に備えていたと考えられる。

人々を区分けする方法として利用されるようになり，同時に，ベトナム「ネイション」への動員の単位として，「民族」の枠組みが用いられるようになっていった。

　このように，国家エリートや指導的エリートの視点から「民族」枠組みの創出とその利用についての研究が進む一方で，それぞれの「民族」枠組みによって選別され，区切られた人々の視点に焦点を当てた研究も蓄積されている。伊藤正子は，ベトナムにおける民族確定作業を通じて国家エリートが創出した「54」の公定民族枠組みにおいて，キン族に組み入れられたサブグループの「グオン」が，独立した「民族」の立場を得られないことへ疑問を抱き，中央政府に積極的に働きかけを行って公定民族分類の変更を実現する直前までいった状況を明らかにしている［伊藤 2008: 145-149］。そのうえで，ベトナムの民族分類リストが，さまざまな集団のベトナム国家向けの「顔」であるとして，人々の主体的な営みの結果であることをさりげなく強調する古田の議論に対して［古田 1991: 573］，人々の主体的な行為よりむしろ，さまざまな集団を上から国家エリートの好みに合うように区切って，「民族というお面をつけさせて列挙した表」であると述べている［伊藤 2008: 152］。

　その一方で，資源化というこの動的な契機は，選抜されなかった人々を，国民の外側にはじき出し，あたかも存在していないものとして不可視化させていくという行為を同時並行的に伴った。彼らは「民族」として国民に動員される対象から外されたことで教育機会という資源を分配されるチャンスを失い，領域で囲まれた国民国家の最も周縁部分に追いやられるか，「不可視の先住民族［Miller 2003］」となっていった［cf. 馬場 1994; 山下 1998: 37-38; 林 1998; Scott 2009; 片岡 2013］。

　ところが，近年のグローバル化の波は，国民国家による，国民の創出を目的とした資源化の四重の問い（①誰が，②誰の「資源」を，③誰の「資源」として，④誰をめがけて（何を目的として）資源化するか）の主体と客体とを大きく入れ替えることとなった。かつて国家エリートによって動員のための手段として区切り，選抜された時とは全く別の方法によって，「民族」というカテゴリーに人々のまなざしが注がれ，世界規模で活発に議論されるようになったからである。

　そのひとつが1980年代後半から1990年代初頭にかけて生じた，「先住民」に対する国際的な関心の高まりであった。そもそも国連の創設以前の1919年から国際労働機構（ILO）が中心になって取り組んできた先住民の権利を守る運

動は，その後1960年代のアメリカにおける公民権運動を経て，1993年の国連総会で決議された「国際先住民年」の制定によって一つの結実をみた。これにより，国家によって公的に動員の対象となった「民族」とは別のカテゴリーとして先住民が争点化されるとともに，先住民探しが世界中至るところで繰り広げられることになった。「民族」が国民国家の構成要素として新たに創出された公的なカテゴリーとしての操作性，恣意性を前提としてきたこととは対照的に，先住民たちは彼ら自身の「先住性」，すなわち先住民としての真正性，土着性を探し，それを見つけることで，優先的に政治的資源を割り当てられるべき人々として自らを位置づけ，国家，あるいは地域・国際社会に対して主張を行うようになっていった［上橋2009: 130; 栗本2009: 217-218］。先に述べた資源化をめぐる四重の問いに照らし合わせて考えるならば，ここにきて①人々が，②自分たちの真正な「先住性」を，③国家の「先住性」として，④国家，ないしは国際社会をめがけて資源化するという新たなパラダイムが訪れたのである。当事者たちによる主体的な自己の資源化は，エスニック・ツーリズムや外国からの援助の受け皿としての自己表象という彼ら自身の文化戦略によって近年ますます活発に行われるようになってきている［清水1997: 171; 曽2006; 速水2009］。国家エリートたちによって行われた公的区分としての「民族」と，そこへの人々の動員が上からの資源化の契機であったとすれば，先住民探しというきっかけがもたらした「自分たちとは誰か」という問いと，その延長線上に行われた自己表象と対象化とは，生活上の問題群に対する適応戦略として行われた下からの資源化の試みであった［Eder 1987, cf. Cohen 1974］。

　国家エリートたちや当事者による「民族」や先住性の資源化とはまさに，アイデンティティ・ポリティクスという名のもとに繰り広げられる，差異に基づいた共通性によって結びつく集合体どうしが，それぞれの特性の自己実現を目指して繰り広げる社会的，政治的な闘争の手段にほかならない。これに対し，リベラリズムの視点からは，権利の基礎を特定の集団への帰属に求めるのは，一級市民と二級市民との区別を必然的に作り出してしまい，本質的に道徳上恣意的であり差別的であるとする反論もあるものの，今日では，前提となる集団間の社会経済的状況が不平等である現実社会では，こうした「差別」もやむを得ないものとして，多文化主義に基づくアイデンティティ・ポリティクスを肯定的に捉える見方が主流を占めるようになっている［キムリッカ2012: 41-

42]²⁾。

0-2-2　アイデンティティ・ポリティクスの第三の主体としての地方政府

　さて，アイデンティティ・ポリティクスが，差異化された集団間での資源分配をめぐる社会・政治闘争であるならば，そのアイデンティティを使って社会・政治的資源を得ようとする主体は，差異化された集団を恣意的に作り出す国家エリートや，それとは必ずしも一致しない枠組みで集団性を主張する当事者に限定されるのであろうか。その答えはおそらく否であろう。なぜならば，現実社会では，国家エリートでも当事者でもない第三の主体が，特定の集団を資源化し，それを利用するという新たな形でのアイデンティティ・ポリティクスが繰り広げられているからである。例えば，故地を遠く離れたディアスポラ集団が，故国における同胞たちをめぐる政治的資源の分配運動に積極的に参加することがある［栗本 2009: 217-218］。彼らが民族という概念を資源化する相手は，マスメディアや国際人権団体，国連機関，西欧社会，そして移住先の政府などさまざまである。①故地を離れたディアスポラ集団が，②故地にいる同胞を，③故国の「先住民」として訴えることで，④故国のみならず広く国際社会に向けて資源化する，という動的な契機がここに生まれる。こうした活動によって故国に向けて遠隔地ナショナリズムを発揮し，故国とのつながりを緊密化しようとする場合もあれば，移住先でのよりよい暮らしを手に入れようと志向する場合もある［古屋 2009］。

　また，国家機構の一部として，末端レベルから中央レベルに至るピラミッド型の構造を持つ行政単位の中で，その中間に位置する地方政府も，第三者の立場から民族をめぐるアイデンティティ・ポリティクスに関わる主体となることがある。とりわけ，地方分権化が進展する今日のさまざまな社会では，むしろこの地方政府こそが資源化という契機をコントロールし，資源の出し入れを管理する役割を担うことで，その立場をうまく生かしながら，資源の分配者とし

---

2)　今日，アイデンティティ・ポリティクスによって要求される特定集団への傾斜的な利益分配の是非をめぐる議論は，最も救済されるべき者の利益にかなっていない（都市部の貧困者ではなく，中産階級の黒人や中華系民族を援助している），積極的格差是正措置のコストがある特定の集団（そこから不利益を被るかもしれないマジョリティ集団）に不均等に分配されているとする反論へと，その焦点をシフトさせている［キムリッカ 2012: 44］。

て立ち振る舞おうとしているケースが目立つようになってきている。

　ベトナムでもまた，地方政府が「少数民族」を資源化し，それによって得られる資源を確保しようとする動きがみられる。とくに1990年代半ば以降，地方分権化が積極的に推進されるようになったことによって，資源をめぐる地方政府の存在感はさまざまな場面ではっきりと観察されるようになっている。

　1986年以降のベトナムでは，国家によるベトナム社会全体に対する丸抱え式補助金制度が廃止されたが，その後も，国内の「少数民族」諸集団に対してはさまざまな優遇政策が実施され続けた。とりわけ人口の極めて少ない極少「民族」のオドゥ族は，ベトナム政府による手厚い保護下に置かれ，ほかの「民族」よりも優先度の高い優遇政策の対象とされた。そこで，彼らを対象とした優遇政策の分配をめぐって，地方政府，とりわけ日本では市町村に当たる県レベルの地方政府がオドゥ族を手放そうとせず，彼らの文化的な居住環境を壊してまで彼らを囲い込み，資源化しようとするという状況が生み出された［伊藤 2008: 235］。資源化の四重の問いに照らし合わせて考えるならば，オドゥ族に向けて中央政府が投入した優遇政策資源の分配をめぐって，①地方政府が，②オドゥ族という「民族」を，③優遇政策を受けるべき客体として提示することで，④中央政府に向けて資源化するという動的な契機が生じたのである。別の角度から見れば，地方政府は国家と人々の中間に位置するという環境を活かしつつ，オドゥ族を資源化することで国家に対してバーゲニングパワーを発揮し，本来であればオドゥ族の手に渡るべき国家の優遇政策という資源＝カネを，地方政府の財源に引き入れようとする［伊藤 2008: 235］，いわば資源の中間搾取を行っていると捉えることも可能となる。

　また，西北地方ソンラー省のターイ族の土地利用について論じたシッカー［2004］は，中央と省レベルの地方政府が定めた土地の再分配制度の運用において，県レベルの地方政府が意図的に上からの政策を無視し，ターイ族住民の不法な土地利用を黙認したばかりでなく，省レベル政府と住民のあいだにたって隙間を作ることで，むしろターイ族の伝統的共同体の土地管理をめぐる実践を維持し続けることに積極的に関与している様子を示した。ここで注目したいのは，地方政府（県レベル）が住民の側に立って，彼らの伝統的な土地利用という文化資源を維持するために，「少数民族」であるということを資源化するという戦略を取った点である。このケースにおいて，地方政府（県レベル）は自らの合理的な利益のために（のみ）動くエージェントというよりむしろ，住

序章　資源化される「民族」　13

民の利益を守ることを目的に,「民族」を受け皿とした資源分配の仕組みを維持することを目的として国家と交渉する,資源の仲介者としての役割を果たしている。

このように考えてみれば,アイデンティティ・ポリティクスとは,当事者たち自身の主体的な行動,すなわち自らのアイデンティティに基づく集合性に基づいて結集し,その特性を実現させるために社会的,政治的コストを顧みず戦うものとされてきたこれまでの定義に収まるものではない。それよりもむしろ,アイデンティティ(とされるもの)を使って政治を行うその主体とは,当事者であるところの民族自身や,それを単位として資源を投入しようとする国家エリート以外にも広く捉えることが必要であり,非当事者による「民族」の資源化と,こうした動的な営みを通じた他者(＝国家や国際社会)へのバーゲニングパワーの行使という,従来のアイデンティティ・ポリティクス研究で着目されてこなかった第三者の視点にも目配りをしていく必要がある。そこで本書では,国家,人々,そして地方政府という三つの主体に着目したうえで,「民族」を単位として分配される教育機会の資源化と,分配をめぐるダイナミズムを明らかにしていきたい。

0-3 「民族」を利用する人々

もう一つ本書が取り上げるのが,資源としての「民族」を利用しようとする「部外者」の存在である。キムリッカの議論が示すように,アイデンティティを基盤とした集団主義と,それに基づくアイデンティティの政治は,その集団が凝集性を持つことを前提としたうえで,その凝集性こそが集団の内部に共通する文化を生み出し,そこに属する個人の考え方や行動の基準,統制機構として機能するという考えに基づくものであった［朝倉 1995; 金塚 2003］。アイデンティティの政治を成立させる基盤として,共通の行動基準や統制機構を有する凝集的な集団としての側面を強調することとは,合理的な個人を単位とするリベラル主義的観点からの集団の政治に対する批判を,凝集性を持つからこそ集団としての政治的活動を行うことができるという立場に立って反駁する試みでもあった。

しかし現実社会において繰り広げられるアイデンティティ・ポリティクスでは,共通性に基づいて構成される(ように見える)集団の中身が,本当に凝集的

であるかどうかはそれほど重要な問題とならないことが多い。例えば，ピナトゥボ火山の噴火によってさまざまな暮らし方のバリエーションを体験することになったフィリピンのアエタ族も，国際援助をもたらす外部世界とのあいだでつながりの経路を形成し，そのネットワークを維持する手段として自分たちの文化の有用性を認識し，生きるための戦略としてそれを積極的に強調するようになったが，その文化それ自体については何か本質的な内容によってかっちりと決められているわけではなく，むしろ内容は未確定なまま，文化というカテゴリーだけが強烈に意識されていた［清水 1997: 173］。このことはつまり，内側の確からしさ（先住民探しが求めた真正性や先住性，および集団の凝集性）よりむしろ，他者との差異によって規定されるカテゴリーに外枠が設けられることにこそ重要な意味があることを示している。民族とは，他者との関係によって構築されるものであるとした関係論的なアプローチがここでも有用性を帯びてくる。つまり，アイデンティティ・ポリティクスの基盤となる集団性，集合性もやはり，他者の存在を前提として定められる動的，可変的なカテゴリーであり，自己と他者を差異化させるときに意識される文化指標として存在するものとして捉えてみることが可能になるからである。こう考えてみると，資源分配を目的として差異化され，対象化された特定の集団カテゴリーの中に，そのカテゴリーの成員とはみなされない部外者が入っていくこともまた，それほど困難ではないことが理解できる。とりわけ国民国家建設の過程で公的な動員の対象とされた「民族」のように，そもそもその出発時点からすでに中身の確からしさを持たないカテゴリーである場合にはなおさら，部外者による干渉を受けやすい。この結果，本来正当な資源分配の権利を持たない人々までも，特定の「民族」カテゴリーの中に自らを組み込むことで資源を動員しようとするという新たな状況が生み出されている[3]。

---

3) タイにおける雲南系ムスリムに焦点を当て，国境を越えて広がる移民ネットワークについて論じた王の議論では，華人性という要素もまた，「部外者」によって資源化の対象となり，戦略的に利用され得るものであることが明らかにされている。王によれば，非漢人においては「華」とは必ずしも中華世界への一元的な帰属に限らず，地域的歴史的コンテクストにおいて，他者との関係性の中で自己と他者を差異化するための文化指標となるとともに，漢人社会に便乗する形でその文化的資源を共有し，戦略的に利用するときに意識化され，活性化されるネットワークである［王 2011: 327］。こうした見方は，エスニック・グループとしての民族が，他者との関係性の中で立ち現われ，その形を変えていくものであるとする関係論的アプローチに基づいて，華人性というアイデンティティもまた操作され得ることを示すとともに，非漢人，すなわち本来「華人性」の正当な担い手ではないはずの「部外者」もまた，自らのよりよい生活の追及を目的として

このことは裏を返せば，それまで特定の「民族」に対する資源分配の恩恵を横取りする必要がなかった人々の側でも，現代社会においてよりよく生きるための適応戦略を積極的に講じていく必要が生じていることを意味している。「民族」というカテゴリーを設けたうえでその中に入る人々を選抜し，動員の対象とした国民国家建設のプロジェクトは，今日に至って，国民の側から「民族」カテゴリーを逆利用されるという新たな事態を迎えている。1980年代の中国では，学生や職員募集，民族幹部の任用と昇給，政治における少数民族定員枠の拡大，計画出産政策の緩和など，少数民族に有利な措置をとって，少数民族が「本来の出自を回復する」のを促した結果，漢族と少数民族が結婚した家庭では，生まれた子どものほとんどを「少数民族」として出生登録するようになった。さらに，こうした「少数民族」に対する優遇政策を目当てに，本来漢族の出自を持つ者までも，不正な手段を使って民族的出自を偽る「にせ少数民族」が急増したという［岡本 1997: 7-11, 2008: 49］。国家の側から見れば，こうした動きとは，公的な「民族」カテゴリーの境界を恣意的に超えて，不当に資源（＝優遇政策の恩恵）を動員しようとする行為として捉えられる。実際に中国では，その後民族籍の変更に対する合法的な扱いが取りやめになり，今日では漢族が「少数民族」へと民族籍を変更する行為は違法とみなされている。しかしいったん逆の立場，すなわち「民族」を利用する人々の観点に立って見てみるならば，こうした個人的行為とは，個人の最大限の利益達成を追求した結果であり，現代の変動する経済社会環境の中でよりよく生きるための適応戦略として，「民族」を資源化した一つの事例であったと考えることが可能となる。したがって，誰が，誰の「民族」を，誰の「民族」として，誰に向けて（何の目的で）資源化するのか，という「民族」の資源化をめぐる四重の問いを「部外者」にも当てはめてみるならば，彼らの行動は単なる資源分配のタダ乗りではなく，彼ら自身の戦略的対応の表出として読み解くことを可能にしてくれる。

0-4　教育機会をめぐる「民族」の資源化

　国民国家建設プロジェクトにおいて「民族」が資源化された契機はさまざまであったが，本書ではとりわけ，教育機会をめぐってくりひろげられた「民族」

その資源を資源化しようとすることを示す点で，さまざまな主体がそれぞれの思惑に沿って資源を資源化するという本書の視座に有益な示唆を与えてくれる。

の資源化という契機に着目する。植民地支配下におかれた各地で行われた教育の巡礼の旅が，国民国家という「想像の共同体」に領土的基盤を提供するとともに，土着の俗語を国家語へと押し上げることで共通の国民意識を醸成する土壌を作ったとするアンダーソンの議論を引用するまでもなく［アンダーソン 2007: 218］，国家は，共通語を普及させ，共通語に基づく社会制度への共通の帰属と平等なアクセスの感覚をはぐくむことで，社会構成文化への参加に基づく特定のナショナル・アイデンティティの育成を企図した［キムリッカ 2012: 34］。この過程で，植民地支配下では特定のエリートたちだけがアクセス可能であった公教育の機会が広く国民全体に向けて開放されたことによって，学校は教育機会という資源を分配することで彼らを国民に育て上げていく場としての重要な役割を担うこととなった。

　例えば内戦期ラオスでは，パテート・ラーオが，解放区という（疑似）国家を運営していくうえで，国民語としてのラーオ語の整備化が進み教育制度に組み込まれていった。この過程で，ラーオ語とその教育が，フランスによる植民地支配とその影響下にあったラオス王国に対する，人々の抵抗の武器としての性格を持つようになった。その一方で，ラーオ語以外の「少数民族」言語の正書法の策定作業が遅れたことにより，実質的にラーオ語がラオスの「固有の民族語」となり，主要民族としてのラーオ族の優位性を確立，浸透させるとともに，言語ナショナリズムを刺激し，ラーオ族を主軸とする「ラオス国民」の形成に寄与することとなった［矢野 2007: 9-11, 23］。

　また，現代マレーシアの華語学校建設と公教育制度の関わりについて論じた杉村は，脱植民地化と新しい国民国家の建設の過程で，全国的に一定の基準のもとに共通化され，原則として単一の系統をなす公教育機関に入学し，原則として全額の費用を，国家あるいは地方政府が徴収する税金によって賄われる公教育制度が，国家エリートによって一義的に定められた正統言語を媒介としてシステム化され，エスニック・マイノリティを含むすべての国民に対してこの正統言語の使用を強制することで，近代国民国家に人々を動員する仕組みとして重要な機能を果たしたことを指摘する［杉村 2000: 3］。これに対し，国家の正統言語とされなかった華語を母語として持つ華人たちは，独自の華語学校を建設し，それを公的な教育制度の中に組み込んでいくためのさまざまな方策をとることで，公教育制度それ自体の多元化を求める主張を展開していった。こうした彼らの行動とは，経済的にはマジョリティでありつつも政治的にはマイ

ノリティであるという，マレーシアの華人が置かれたねじれ状況の中で，積極的に自らの「民族」を資源として用い，国家エリートたちと交渉することによって，より良い教育機会を獲得するための戦略的な対応であった［杉村 2000: 162］。

このような，言語の正統性と公教育制度化をめぐる人々の動きとは，国民国家内部での地位達成の手段としての教育機会の獲得をめぐって繰り広げられた，「民族」資源を媒介とするアイデンティティ・ポリティクスにほかならない。公教育制度を通じた教育機会の分配とは，国民国家の建設を主導した国家エリートの側から見れば，学校という共通の場に人々を動員し，同質化された教育を行うことによって均質な国民を作り上げるための重要な装置であった。その一方で，人々の側から見れば，自らの経済的・社会的な地位達成や自己実現のために不可欠な，知識や技能を基盤とする人的資本や［Shultz 1963; Becker 1964］，あるいはシグナルとしての学歴価値を与えてくれるものである［Arrow 1973, Spence 1973, 1974］。「民族」の枠組みによって人々を動員し，国民としての意思表明の資格を与えるという規則に従った多くの国民国家では，公教育の仕組みにもまた「民族」を単位とするという考え方が持ち込まれていったが，そのことは同時に，国家のためではなく自分自身のために教育機会を拡大したいと願う人々の側からも，この同じロジック，すなわち「民族」という枠組みを利用することで，より多くの教育機会という資源を確保しようとする認識と行動のあり方をもたらすことになったのである。

0-5　ベトナム少数民族教育研究の問題点と本書の目的

植民地支配からの独立を果たした多くの新興国民国家の事例が示すように，公教育システムの整備と学校制度の普及は，国民の創出に重要な役割を果たした［アンダーソン 2007: 218］。中国やベトナムのように，植民地化以前に中央集権モデルに基づく伝統的な国家体制を有してきた国々でも，独立後には，かつて特定のマジョリティが築いた伝統的な教育制度と，植民地政権が作り上げた近代学校教育の仕組みが，国民国家建設期の公教育システムにどのように接続され，その過程で新たに国民となった「少数民族」たちを動員していくのかという問題が争点となった［cf. 長谷川 2012: 166-167］。フランスによる植民地支配から独立した後も，長期にわたる対外戦争を経験したベトナムでは，戦

略的な要衝に多く居住していた「少数民族」はその人口比以上に重要な役割を担った。そこで，ベトナムの国家エリートたちは，諸民族の平等と，ベトナム民族（国民）としての団結という二つの方針のあいだで軸足を置き換えつつ，少数民族言語教育を基盤とした多文化主義的な教育内容を公教育のカリキュラムに巧みに織り交ぜながら，彼らをベトナム国民として動員する工夫を講じていった［古田 1991］。

　これらの研究が，学校教育という手段を用いて国民国家を形成しようとした国家エリートの視点を扱ってきたのに対し，近年では，人々の側から見た個人の社会経済的地位達成や多文化共生の場としての学校についての研究もなされるようになってきている［Aikeman & Pridmore 2001］[4]。とりわけ，本来であれば能力主義に基づく平等な教育機会を得ることができるはずの学校という場において，国家の政策と地方の実践によって生成されたマジョリティ/マイノリティ関係が再生産されていることを指摘した［Truong 2011］の研究は注目に値する。中部高原ダクノン省のムノン族社会における学校と人々の関係を調査したチュオンは，国家イデオロギーを体現する場としての学校に通うことで，ムノン族の若者たちが，マジョリティであるキン族との差異を意識するとともに，地域社会において自分たちが従属的な立場に置かれ続けていくことを認識するようになると論じた。その結果，ムノン族の若者たちは学校を中退し，オルタナティブな教育機会としてプロテスタント系の教会で行われる宗教的実践を主体的に求めていく。これは，民族間の教育格差が拡大し続ける現在のベトナム社会において，なぜ少数民族たちが積極的に学校教育に参加しないのかという問いをめぐり，少数民族の教育動機，進学意識の低さや，経済的・物理的障壁，あるいは多元的な文化的価値認識のあり方にその答えを求めてきたそれまでの少数民族教育研究に対して，少数民族の側の主体的な選択の結果もたらされたものという新たな視座を与えた点で画期的であった。

　ただし，少数民族が学校以外のオルタナティブな教育機会を与えてくれる場としてプロテスタント教会を主体的に選んでいくというこの議論では，ムノン

---

4) 少数民族研究に限らずベトナム全体に視野を広げて見れば，学校教育と個人の教育達成について，人々の視点に目配りをして論じた研究としては［Marr & Rosen 1998; Luong 2003; Belangere & Pendakis 2009］がある。また，1992年から定期的に行われている家計生活水準調査（Vietnam Living Standard Survey）や教育訓練省が公表する統計資料に基づくマクロデータによって，教育機会の分配と個人属性や生活環境の関係を明らかにする研究も近年蓄積されるようになってきている［Glewwe & Patrinos 1999; Korinek 2004; Vu 2004; Nguyen 2006］。

族の若者たちが，ベトナム国民として参加する権利を得た学校に踏みとどまって，彼らが置かれた状況を改善させていこうとするのではなく，その場から逸脱するために不可避的に主体性を発揮せざるを得ないという，ややネガティブな視点から主体性が語られている。しかし現実には，少数民族の側にももう少ししたたかな側面，すなわちキン族を含む多民族社会において他者とうまく共存・共生し，自らの教育達成を勝ち取るために，与えられたさまざまな条件を手段としてうまく使いこなすという意味でのポジティブな主体性を発揮する場面も存在するのではないだろうか。そこで本書では，教育機会の獲得という目標に向けて，自らの持つ「民族」という属性を主体的に資源化したうえで利用するという，少数民族の人々の積極的な主体性の発揮という側面に着目して論じていく。

　人々が，「民族」属性を資源化したうえで主体的に利用していく場として本書が注目するのが，民族寄宿学校 (Trường Phổ thông Dân tộc Nội trú) という学校制度である。1990年初頭以降，少数民族に対する優遇政策の一環として全国的に建設されたこの学校制度については，現在までのところまだ十分な研究蓄積がなされていない。民族寄宿学校の実質的な前身となった「民族青年学校」（山岳児童学校を含む）の学校制度については，[Lê & Trần 1986]，[Nguyễn 1986]，[Phạm 1989] が概括的な報告を行っている。その後，民族寄宿学校の本格的な建設事業がスタートした1990年代半ばごろから，民族寄宿学校の教育カリキュラムに関する研究が細々と発表されていくが，そのほとんどは，少数民族生徒の学力の不均衡を是正するための自習時間の活用方法や，寄宿生活における課外活動の成果を論じたもの ([Hà 1998]，[Phạm 1995])，教育方法の改善策を提案した研究 ([Trần 1995]) など，主として，民族寄宿学校における教育活動の質的側面に焦点を当てたものが中心であった。

　2000年代に入ると，この学校制度が，少数民族幹部の育成という目的を有していることと関連して，民族寄宿学校のアウトプットに着目した研究が出されるようになる。民族・山岳委員会の研究者グループによって出された2001年の研究報告書では，バッカン省，ダクラク省，ソックチャン省における3校の省レベル民族寄宿学校（高校課程）の進学状況を調査し，本来ならば大学や専門学校へ進学する人材を育成することが目的であるはずの民族寄宿学校において，実際には7割前後の卒業生が高等教育機関に進学できずに地元に帰っているという状況が指摘された [Trần et al. 2001]。しかしその後，民族寄宿学校

をめぐる議論は，少数民族生徒に対する職業教育へと焦点が移ったため［Bộ Giáo dục và đào tạo 2001］，民族寄宿学校が，誰に，どのような教育を行っており，その結果として，どのようなアウトプット（高等教育への進学を含む）を生み出しているのか，という，学校制度としての実態的側面を明らかにしようとする試みは，これまでのところ全くなされていない，といってよいだろう。少数民族のエリート人材を育成することを目的とした学校制度でありながら，チャンが指摘したように，実態としてあまり積極的に高等教育進学者を輩出していないとすれば，それはどのような理由によるものなのであろうか。また，そもそもこうした実態は，すべての地域の民族寄宿学校に共通するといってよいのであろうか。そこで本書では，民族寄宿学校という学校システムの運用状況を地域ごとに比較するというアプローチをとる。これにより，これまでほとんど研究が進められてこなかった，少数民族を対象とするベトナム独自の学校制度としての民族寄宿学校の実態的側面に焦点を当て，1990年代以降ベトナム全国に整備されたこの学校と，それぞれの地域社会の関係について明らかにすることが本書のねらいである。そのうえで，民族寄宿学校を通じて行われる少数民族優遇政策という資源分配が，人々の暮らしや「民族」に対する認識に及ぼす影響を考察してみたい。

　以上のことをふまえたうえで，本書は，ドイモイ政策導入以後大きく変容する現代ベトナム社会において，「民族」の資源化という動的な契機の際に発揮される，さまざまな主体性のあり方を分析する。とりわけ急速な「学歴社会」化を経験しつつある今日のベトナムでは，よりよく生きること，すなわち生活の福祉としての教育機会の獲得にむけて，社会全体の大きな関心が集まっている。このような状況の中で，よりよい教育機会を得るために，誰が，「民族」というカテゴリーを，どのように資源化しようとしているのであろうか。本書では民族寄宿学校を舞台に繰り広げられる，「民族」の資源化のプロセスを明らかにすることにより，国家，地方政府，少数民族，「部外者」それぞれの視点から見たさまざまな資源戦略，つまり社会への適応戦略のダイナミクスを明らかにしていきたい。

0-6　調査の概要と本書の構成

　本書では，以下の資料および調査データを使用する。

第一に，ベトナム政府による公式の政策文書，ベトナム人研究者による調査報告書である。オフィシャルガゼットや党文献に収められた政策文書，政策の運用状況に関する調査報告書を用いて，ベトナム政府および教育省（教育訓練省）の政策方針と，その実施について明らかにする。

　ただし，ベトナムにおいてなされた研究の中には，共産党の主張を分析するには極めて重要であるものの，その結論は党の主張に沿ったものになることが少なくない［cf. 古屋 2009］。そこで本書では，新聞記事とインタビュー調査を用いることにより，ベトナム政府の公式な政策方針に対し，草の根の人々がどのような見方でこれらの方針に反応し，対応していったのか，すなわち政策を策定，実施，受容するそれぞれの側から，少数民族政策の実態に迫ることとする。

　第二に，2004年から2007年にかけて，ハノイ市内の四つの大学，ランソン省チラン県，ラオカイ省バットサット県，フート省タインソン県の省民族寄宿学校，県民族寄宿学校，普通高校，普通中学校，および，フート省ヴィエトチー市にある中央民族大学準備学校において実施した，アンケート調査，及びインタビュー調査結果の分析を通じて，民族寄宿学校の選抜メカニズムと人々の進学規定要因についての分析を試みる。

　本書は以下のように構成される。

　序章では，問題の所在，先行研究と本書の目的，使用する研究方法について述べた。

　続く第1部では，ベトナムにおける少数民族教育政策と民族寄宿学校をめぐる歴史的展開について，ベトナム政府による公文書，および新聞記事，インタビュー記録をもとに再構成する。フランス植民地支配から独立し，新たな国民国家を建設するという大きな課題を背負ったベトナム政府は，域内に暮らすさまざまな人々を，「ベトナム国民」の枠組みに組み込んでいく手段として，ベトナム語の識字キャンペーンと公教育制度の整備を行った。ところが，独自の民族語を母語とする少数民族たちは，国家語として制定されたベトナム語の普及運動に対してさまざまな反応を見せたため，必然的にその進捗には不均衡が生じた。第1章では，ベトナム政府と教育省が行った少数民族に対する教育政策の展開を，ベトナム語普及運動との関わりから明らかにするとともに，「遅れた，貧しい」少数民族地域にキン族の幹部を派遣するために制定された，職業分配制度の成功と挫折について明らかにする。さらに，1989年の政治局第

22号決議によって，少数民族地域の発展構造に対する方針が大きく転換したことを受け，職業分配制度が廃止されるとともに，少数民族地域の地元出身者を高等教育機関に進学させることを目的とした優遇政策として，民族寄宿学校という学校制度が設けられた背景を明らかにする。続く第2章では，民族寄宿学校に焦点を当てて論じる。まずは民族寄宿学校の前身として，北部山間部に誕生し，後にベトナム全土に広がった「民族青年学校」と呼ばれた学校制度について，ホアビン社会主義労働青年学校の事例を取り上げる。地方のイニシアティブによって誕生したこの民族青年学校が，独自の経営方針と教育カリキュラムを有し，教育行政が管轄する公教育制度の外側に置かれていたことを示す。

第2部では，第7プログラムの実施によって全国規模への拡大が成功した民族寄宿学校の，制度的な枠組みとその運用の多様性について明らかにする。民族寄宿学校という学校制度は，山間部地域に5年以上居住していることをほぼ唯一の条件として，すべての少数民族を平等にその入学対象として定めた点に大きな特徴があった。ただし，その選抜システムについては各地方の教育行政の手に委ねられたため，民族寄宿学校を通じてどのような平等が実現されるかは，地方ごとの多様な社会条件が反映されることになった。まず第3章では，民族寄宿学校の教育カリキュラムや寄宿生活，教員の待遇など，民族寄宿学校の制度的な側面について明らかにする。そのうえで第4章では，選抜メカニズムのあり方が全く異なる二つの事例，フート省民族寄宿学校とラオカイ省民族寄宿学校を取り上げ，比較分析を試みる。両者における選抜メカニズムは，それぞれの地域において，どのような人々に民族寄宿学校への進学の機会を提供するとともに，彼らの高等教育機関進学にいかなる影響を与えているのだろうか。また，こうした選抜メカニズムは，結果として，どのような民族寄宿学校イメージを作り上げているのであろうか。第4章の後半では，民族寄宿学校をめぐる地域ごとの運用の差異が，地域社会にもたらした影響について，民族寄宿学校に対する人々の認識という側面からアプローチする。続く第5章では，実際に民族寄宿学校を一つの進学選択肢とする少数民族生徒の側の立場から見て，民族寄宿学校へ進学する/しないを規定する要素を解き明かす。

第3部では，こうした少数民族優遇政策の実施がもたらした一つの帰結として，少数民族籍を選択するという人々の行動が生じている実態を明らかにする。民族寄宿学校をはじめとした教育分野における一連の少数民族優遇政策は，「少

数民族」に対する人々の考え方を大きく転換しつつある。そこで第6章では，中央民族大学準備学校学生の属性情報の分析から，少数民族籍を選択するという行動のメカニズムを明らかにし，そこから，「少数民族籍選択者」の実態を明らかにする。

0-7　ベトナムの教育階梯

　ベトナムの教育制度は，1945年の独立宣言以降，数回の教育改革を経て今日に至っている。第一に，1950年に解放区で行われた第一次教育改革によって，9年制（4・3・2制）の公教育制度が創設された。次に，1956年の第二次教育改革では，解放区の9年制の学校と旧フランス占領区の11年制の学校を統合して，10年制（4・3・3制）とした。さらに1981年以降，再び統一されたベトナム全土において12年制（5・4・3制）の公教育制度が整備され，この制度が現在まで続いている（図0-7-1）。12年制の内訳を説明すると，小学校が5年制，中学校が4年制，高校が3年制であり，小学校1年生から順に，学年が積み上がっていく方式で年次が名づけられている。中学校3年生は9年生，高校3年生は12年生，という具合である。また，小学校と中学校が「義務教育（cấp phổ cập）」である。なお，ベトナム語では，中学校は「基礎中学校（Trung học cơ sở）」，高校は「普通中学校（Trung học phổ thông）」という名称がつけられているが，本書では，それぞれの課程に相当する民族寄宿学校と区別するために，便宜的に「普通中学校」「普通高校」と呼ぶことにしたい。また，この両者を指すときは「普通学校」と呼ぶ。

　さらに，高校を卒業した後の高等教育機関の選択肢としては，4年制の大学，3年制の短大（Cao đẳng），1～4年制の中級専門学校（Trung cấp chuyên nghiệp）などがある。

　また，詳しくは第3章で述べるが，少数民族のための学校制度としては，中等教育課程に省レベル民族寄宿学校（高校課程），および県レベル民族寄宿学校（中学校課程），そして，高等教育課程には民族大学準備学校が設けられている。民族大学準備学校については，第6章で取り上げるが，大学統一試験を受験して，希望する学校に不合格だった場合に，その得点に応じて進学でき，1年間の課程を修了した後で，修了試験での成績に応じて，希望する各大学へ進学できる仕組みである。2013年現在，ベトナムには全国に4校の民族大学準備学

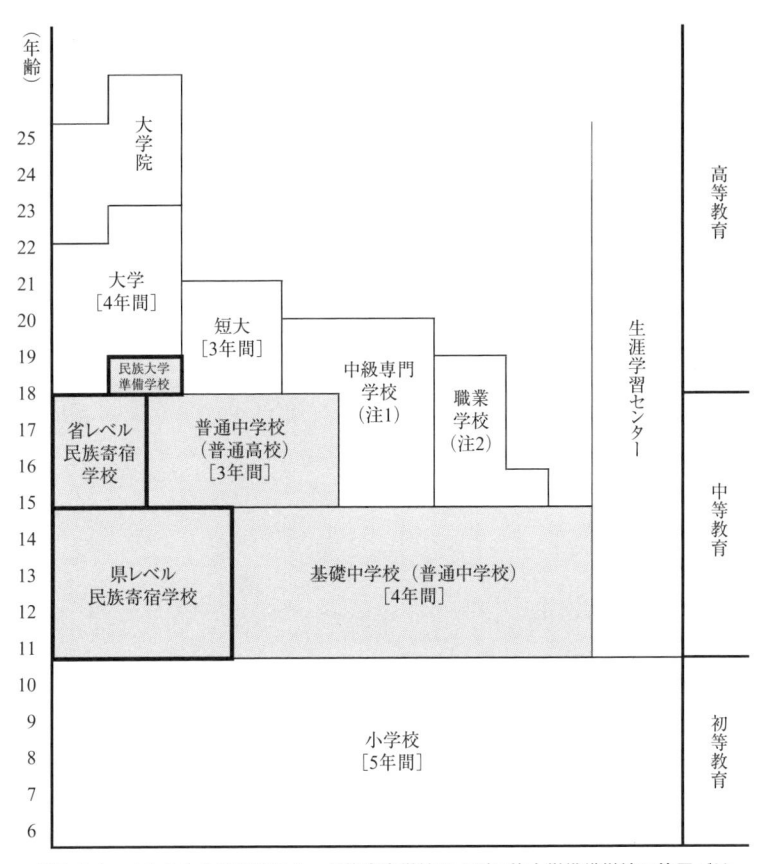

図 0-7-1 ベトナムの教育体系と、民族寄宿学校および民族大学準備学校の位置づけ

出典：http://edu.net.vn/data/doc/hethonggiaoduc/, および2005年教育法に基づき、筆者作成。
注1：中級専門学校の修業年限は、中学卒業資格を持っている場合は3〜4年間、高校卒業資格を持っている場合は1〜2年間
注2：職業学校の修業年限は、中級、高等レベル：1〜3年間、初級レベル：1年以内

校があり、このほかにも大学に準備科が併設されている場合もある。

序章　資源化される「民族」　25

第1部

少数民族教育政策と民族寄宿学校をめぐる歴史的展開

第1章

ベトナム教育政策の展開と少数民族

本章では，1945年以降，新たに国民国家建設の担い手となったベトナムの国家エリートが，公教育制度を整備することによって，さまざまな要素を持った人々をどのようにベトナム国民へと組み込んでいったのかという問いを明らかにする。とりわけキン族の側から見た「少数民族」に対するまなざしに焦点を当て，植民地支配からの独立後，国民国家という新しい空間で共生することになった「未開」の土地で，そこに暮らす人々とのあいだにどのような関係を取り結んでいったのか，その歴史的過程を解き明かす。

1-1　国民国家建設期における識字政策と教育制度の建設

1-1-1　「無知を倒し，飢えを倒し，侵略者を倒す」[1]

　「皆さん，フランス植民者によって圧迫され，搾取され，そして愚民政策のもとに置かれていた80年間を経て，皆さんと私，つまり我々はまだ行政技術に対して十分に慣れていません。」1945年9月3日，ベトナムの独立を宣言したその翌日に，ホー・チ・ミンはこの一文ではじまる声明文を発表した。「ベトナム民主共和国の喫緊の課題」と題されたこの声明では，フランスによる植民地支配から独立を宣言し，新たな国家の建設を担ったホー・チ・ミン政権が，即座に対応しなければならない六つの重要な課題が示された。このうち，第二番目の課題として挙げられたのが「無知との戦い」，すなわち非識字者を撲滅するためのキャンペーンであった。

> 「二つ目の問題は無知です。無知は，植民地支配者たちが我々を統治するために用いた，悪辣な方法の一つです。我々の同胞の90％以上が文盲（mù chữ：原文ママ，以下同じ）なのです。
> しかし，クォックグーによる我々の国語を読み，書くことを学ぶにはわずか3カ月あれば十分です。無知な民族は，弱い民族です。それゆえに，私は文盲撲滅のための戦いを開始することを提案します。［Ngô 1980: 39］」

　ホー・チ・ミンによるこの提案の直後，1945年9月8日に，第17号命令（sắc lệnh）において「平民学務（Bình dân học vụ）」と名づけられた識字運動を開始

---

[1]　1948年6月11日にホー・チ・ミンが「愛国競争」を呼びかけた声明の冒頭部分。以後，この部分がスローガン化し，非識字撲滅運動を呼びかける際に繰り返し用いられていった。

し，全国的に展開されることが決定された[2]。同日に出された第19号命令によれば，「6カ月以内にすべてのムラ，都市に30人以上の識字クラスを少なくとも一つは設立する[3]」こと，続く第20号命令では，1年以内に8歳以上のすべてのベトナム人がクォックグーの読み書きができるようになることが定められている[4]。そしてこれ以降，昼夜を問わず，男女を問わず，地域を問わず，町や社，ムラにおいて，大規模な非識字撲滅運動が実施されていった。

ところが，この非識字撲滅という課題が北ベトナム全域で達成されるためには，第20号命令が定めた1年間という期間では到底不足であった。そこで教育省では，いくつかの段階ごとに分けたうえで，徐々に非識字撲滅の対象者を拡大していく方法によって運動を展開した。まず第一段階として最初に取り組まれたのは，各行政レベルを担う人材（ベトナム語では幹部と呼ばれる公務員）を短期間で育成することであった。1945年10月8日には「ホーチミン学年（khóa Hồ Chí Minh）」と名づけられた幹部研修クラスが開講され，北部平野部，およびタインホア省からやってきた，省レベルの79人の委員（ủy viên）と平民学務の幹部がここで学んだ［Ngô 1980: 42］。これを皮切りに，さらに下位の行政機関へとこうした幹部研修制度は急速に拡大していった。山間部の少数民族地域にも同様の幹部研修クラスが開設され，1946年6月25日から7月27日までのおよそ1カ月間，「団結学年（khóa Đoàn kết）」と名づけられた幹部研修クラスにおいて，ムオン族，タイー族，ザオ族，チャム族，バナ族，ザライ族，セダン族をはじめとする14民族から，75人の代表者が学んだとされている［Ngô 1980: 44］。

その後，運動の中心は一般の人々へ広がり，1945年9月8日の運動開始決定からちょうど1年間で250万人が平民学務で学んだ。さらに1950年の終わりまでに1,000万人以上が非識字状況を脱し，平民学務運動の開始から5年間，継続的かつ活発な運動が展開されていった［Ngô 1980: 80］。平民学務運動の宣

---

2) Chủ tịch chính phủ lâm thời Việt Nam dân chủ cộng hòa, Số 17-SL, 8/9/1945（Võ Nguyên Giáp による署名）において，「ベトナム全国に平民学務を立ち上げる」と規定され，グエン・コン・ミー（Nguyễn Công Mỹ）を平民学務の長とすることが定められた。グエン・コン・ミーは，1909年ハイフォンで生まれ，1939年にハイフォン国語伝播会が設立された際，宣伝班班長を務めた人物。1945年の8月革命以後はハイフォン市人民委員会の司法委員に就任していた。［Ngô 1980: 40］

3) Chủ tịch chính phủ lâm thời Việt Nam dân chủ cộng hòa, Số 19-SL, 8/9/1945（Võ Nguyên Giáp による署名）。

4) Phan Việt Huy, "Từ phong trào Bình dân học vụ đến xây dựng xã hội học tập", *Hà Nội mới online*, 02/09/2006（2010/8/18 閲覧）。

伝隊は，ベトナム各地へ赴き，集落を見つけてはそこで映画を上映したり，劇や音楽を上演したりして，それを見に人々が集まってくると，その場ですぐ黒板を立て，彼らにクォックグーを学ぶことのメリットや学習の簡単さを説いて聞かせた［作者不明 1951: 20-21］。このような宣伝隊の活動は，文字を学ぶ楽しさと同時に，文字を知らないことは恥ずかしいことだという認識を，特に若い世代のあいだに植えつけていった。以下は，宣伝隊が若者たちを識字運動に動員する際に用いた歌である。

「若者たちよ，学びにいきなさい。
文盲の夫と結婚することは自分自身が恥ずかしいこと。
文字が書ける夫と結婚することは進歩的なこと，
文盲の夫と結婚することは牛と縁が結ばれたようなもの。
健康で，きれいな娘さん，
あなたが文字を書けなければ，誰があなたをめとってくれる？
おや，あのお嬢さんは頬がまっかっか，
文盲であるばっかりに夫にけなされているのだろう。［作者不明 1951: 20-21］」

こうした活動により，文字を学ぶことに対する肯定的な意識が人々のあいだに急速に浸透し，識字運動は爆発的に拡大していった。

ところが，運動開始から10年が経過するころになると，運動の実施にはさまざまな困難が露呈し，運動自体にもやや陰りが見えはじめるようになっていた。1956年の土地改革に伴い，社やムラのレベルでの革命工作に従事する幹部の育成の必要に迫られたベトナム政府は，彼らの学力水準の底上げの必要性を改めて認識するとともに，再び平民学務運動のテコ入れに乗り出すことになる。1956年から1958年までの3年間という短期計画を設け，非識字撲滅運動の完遂を目指すこととなったのである［Ngô 1980: 118-119］。ところが改めて平民学務運動に着手してみると，実際の現場には，さまざまな混乱が生じていることが明らかとなった。教育省は，混乱する現場の状況を，「国家計画によれば，遅くともあと3年で北部の文盲を一掃することが定められている。しかし，文盲を脱したとはどのように考えればよいのかということについて，多くの人々のあいだでまだ統一されていない[5]。」と報告している。これは，具体

---

5) Thông tư số 319-BD ngày 26/5/1956 của Bộ Giáo dục giải thích nghị định số 317-ND ngày 26/5/1956 quy định thế nào là thoát nạn mù chữ, [Bộ Giáo dục 1976: 236].

的には,「24のアルファベットを知っていれば十分だという人,流暢に読み書きができることが必要と考えている人,計算についてもできなければと考えている人やそうでない人」などが錯綜している状況であった。ホー・チ・ミンの呼びかけによって開始した運動が徐々に一般の市民に拡大するにつれて,誰が,どのように読み書き能力を身につければ,「非識字撲滅が達成した」とみなされるのかということについて,統一的な見解が持たれていなかった様子を示している。

こうした混乱に直面した教育省は,大急ぎで具体的な指針を示さざるを得なくなった。まず識字者として認定される条件について,以下のようにクォックグーの読み方と書き方に関する規定が定められた。

「第1条─以下の通りのクォックグーの読み・書きのレベルがあれば脱文盲と認められる。
読み:手書きの文字,印刷された文字を,単語ごとのスペルではなく読め,千の位の数字を正しく読めること。
書き:45分以内で80単語の文章の正しい書きとりができ,多くのスペルミスを犯さないこと。また,千の位の数字が書けること。[6]」

また,識字を達成する対象としては,

「家族,社(または街区,町),企業,農場,林場,工場,県(または区,州(châu),市),省(または都市)の各単位において,その単位のすべての人が読み書きができるようになってはじめて,文盲を一掃したと認められる。[7]」[8]

と,定められた。この規定から2年後の1958年には,さらに踏み込んで,「非識字が完全に撲滅した」ことを宣言するためには社内の該当人口の100%が識

---

[6] Nghị định số 317-NĐ ngày 26/5/1956 của Bộ Giáo dục quy định tiểu chuẩn công nhân thoát nạn mù chữ,［Bộ Giáo dục 1976: 235］.

[7] この規定の条文では,この後,「ただし身体障害者,非常に特別なケースにある人を除く(機関は具体的なケースごとに公認し,決定すること),文盲一掃をしなければならない対象年齢に当てはまる人はみな,教育省が1956年5月26日の第317号議定で定められた規定レベルに達していること」と続く。

[8] Nghị định số 1010-NĐ ngày 10/10/1956 của Bộ Giáo dục quy định tiểu chuẩn công nhận thanh toán nạn mù chữ cho các đơn vị gia đình, xã, xí nghiệp, nông trường, lâm trường, công trường, huyện tỉnh và thể thức kiểm tra, công nhận thanh toán nạn mù chữ,［Bộ Giáo dục 1976: 240］.

字者であると認定されていなければならない。」[9]と明示されている。つまり，社や合作社の幹部や，家族の家長など，一部のエリートたちだけが文字の読み書きをマスターすればよいのではなく，あらゆる単位に所属する人々全員が，運動の対象となることが改めて確認されたのである。さらに，識字運動の対象年齢については，北部ベトナムで最も都市化の進んでいたハノイでは「8歳から50歳」，そのほかの地域では「12歳から50歳」と定められた[10]。

こうした細かな軌道修正を必要としつつも，しかし運動は継続的かつ積極的に展開されていった。そして1959年，文盲撲滅中央指導委員会によって，非識字撲滅運動の「勝利」が宣言された。

> 「1958年の終わりに，北部の平野部では基本的に非識字が一層され，12歳から50歳までの人口のうち93.4％がクォックグーの読み書きができるようになった。これは，我々の制度の極めて大きな政治的意味を持つ勝利である。[Phạm 2000: 83]」

この宣言によって，ベトナム民主共和国統治下の北ベトナムのうち，一部の人々を除き，非識字者がほぼ撲滅されたとみなされたのである[11]。

1-1-2　少数民族に対する識字運動

この1959年の文盲撲滅中央指導委員会の宣言で，人口の「93.4％」が読み書きできるようになったと述べられたその一方で，残りの6.6％，すなわち輝かしい非識字撲滅運動の展開から取り残されてきた人々が存在した。それが，山間部や高地に居住する少数民族たちであった [Ngô 1980: 190]。ベトナム語とは別の少数民族言語を母語とする彼らにとって，クォックグーで読み書きを行うベトナム語の識字運動に参加することは，ベトナム語を覚えたうえで，さ

---

9) Nghị định số 1010-NĐ ngày 10/10/1956 của Bộ Giáo dục quy định tiêu chuẩn công nhận thanh toán nạn mù chữ cho các đơn vị gia đình, xã, xí nghiệp, nông trường, lâm trường, công trường, huyện tinh và thể thức kiểm tra, công nhận thanh toán nạn mù chữ, [Bộ Giáo dục 1976: 240].

10) Nghị định số 1010-NĐ ngày 10/10/1956 của Bộ Giáo dục quy định tiêu chuẩn công nhận thanh toán nạn mù chữ cho các đơn vị gia đình, xã, xí nghiệp, nông trường, lâm trường, công trường, huyện tinh và thể thức kiểm tra, công nhận thanh toán nạn mù chữ, [Bộ Giáo dục 1976: 240].

11) この点については，[古田 1991: 502] でも言及されている。

らにその読み書きを習うことであり，キン族と比べて倍以上の労力を必要とした。それゆえに大規模な平民学務運動にもかかわらず，なかなか浸透していかなかった。

　政府の側でも，この平民学務運動の活動が，少数民族が多く居住する山間部では手薄になっていることについては，十分に認識していた。そして，非識字撲滅運動の最初期の段階から，山間部に居住する少数民族をいかに運動に動員し，彼らのあいだの「非識字状況」を克服するかという課題に対して，さまざまな試行錯誤が繰り返されていった。

　山間部における平民学務運動としてはじめに着手されたのが，山間部の中でも比較的低地に居住するムオン族，タイー族，ターイ族，ヌン族の地域での活動であった。教員の育成活動と並行して識字普及活動が実施された結果，1952年には，ホアビン省のうちキーソン州，ルオンソン州，ラックソン州，マイダー州，およびターイグエン省の低地部にある44の社で非識字の撲滅が宣言された［Ngô 1980: 87］。さらに1960年，ホアビン省が省内の低地部における非識字撲滅を宣言したのを皮切りに，カオバン省，バッカン省，ランソン省，トゥエンクアン省，ターイグエン省，ハザン省，イエンバイ省でも，次々に低地部の非識字撲滅が宣言されていった。その後，1965年の終わりまでに，山間部の低地部に居住する16歳から40歳の人々については基本的にすべて非識字状況から脱却した，とされている［Phạm 2000: 84］。

　しかし，この時点で実際に彼らのあいだから非識字が一掃されていたかといえば，おそらく答えは否である。そもそも，この非識字撲滅宣言自体，平野部のキン族地域と比べてかなりハードルを下げた課題であった。1962年1月10日に出された教育省第23号決定には，

　　「山間部における文盲一掃の完遂を促進するために，以下のように暫定的な制度を定める。
　　　第1条：山間部にある社が文盲を一掃したと認定されるには，以下の基準をクリアしていなければならない。
　　　　―主要な対象（社，ムラ，合作社管理班の幹部，生産隊隊長，ベトナム労働党党員，青年男女）」が文字を知っていること。完全に，または部分的に遂行できない極めて特別なケースを除く。
　　　　―12歳から40歳までの人口のうち，少なくとも75％以上が文字を知っていること。社やムラの幹部も40歳までとする。この年齢層に当てはまる人には，

ランソン省チラン県MS社のタイー族。写真上中央の女性が着ているのがタイー族の民族衣装だ。ハノイから調査に訪れた筆者と民族学院のベトナム人研究者へのもてなしとして，民族衣装に着替え，伝統的な民族舞踊を披露してくれた。そして下が普段着の彼女たち。伝統と近代のはざまで暮らしている。（2001年4月）

第1章　ベトナム教育政策の展開と少数民族

表1-1-1　1974年における北部ベトナムの非識字率（年齢コーホート別）

単位：%

	北部各省	都市部	農村部	山間部
7歳-10歳	15.4	5.2	16.4	35.7
11歳-13歳	5.9	1.8	6.3	24.4
14歳-15歳	4.6	1.7	4.9	21.0
16歳-17歳	4.2	1.4	4.5	17.9
18歳-25歳	5.6	1.1	6.5	19.9
26歳-50歳	13.7	3.0	15.7	32.3
11歳-50歳	8.8	2.1	9.8	26.3

出典：[Ngô 1980: 191]
注：山間部には，ハトゥエン省，カオラン省，バックターイ省，ライチャウ省，ソンラー省，ホアンリエンソン省が含まれる。

学習を奨励しなければならない。[12]」

と記載されている。この規定に基づけば，社やムラ，合作社などの幹部の人々が識字者と認定されれば，その社は非識字を一掃したと認定されること，年齢についても，12歳から40歳までとして，キン族の場合よりも上限を10歳引き下げたうえに，そのうちの「75％」，つまり4分の3が識字認定を受ければよいとされた。識字運動の対象年齢を定めた1956年の第1010号議定では，キン族については「12歳から50歳」，少数民族に対しては「12歳から45歳」とされていたことから考えると[13]，それよりもさらに5歳引き下げられている。したがって，山間部の少数民族地域に関しては，（キン族のように）全員が識字状況を達成しなくてもひとまずはよい，としたうえで，より多くの困難を伴う一般の人々に対する非識字撲滅活動はとりあえず保留にし，社や合作社の幹部など，国家の行政機構と直接的に結びつく基幹となる人々を先に押さえておこうとしたのである。

しかしこうした努力にもかかわらず，山間部の識字率は平野部と比べてかなり低い水準のままであった。表1-1-1は，1974年の年齢コーホート別に見た非識字率を，地域ごとに示したものである。これを見ると，北部のうち都市部

---

12) Quyết định số 23-QĐ ngày 10/1/1962 của Bộ Giáo dục quy định tiêu chuẩn và thể thức công nhận thanh toán nạn mù chữ ở miền núi, [Bộ Giáo dục 1976: 245–246].

13) Nghị định số 1010-NĐ ngày 10/10/1956 của Bộ Giáo dục quy định tiêu chuẩn công nhận thanh toán nạn mù chữ cho các đơn vị gia đình, xã, xĩ nghiệp, nông trường, lâm trường, công trường, huyện tỉnh và thể thức kiểm tra, công nhận thanh toán nạn mù chữ, [Bộ Giáo dục 1976: 240].

の非識字率が最も低く，11歳から50歳までの非識字者の割合はわずか2.1%であるのに対し，山間部では26.3%となっており，都市部の13倍もの高い非識字者の割合であることが明らかとなる。いずれのコーホートについても山間部における非識字者の割合は最も高くなっているが，とりわけ26歳から50歳が32.3%であり，3割を超えていることから，平民学務運動が実質的にターゲットとしていた「成人層」のあいだで，思うように識字運動が拡大していかなかった様子が読み取れる。また，7歳から10歳までの児童のあいだにも，非識字者が35.7%もいることには注目しなければならない。本来であれば小学校に就学している年齢層であり，したがって平民学務の対象年齢にも含まれていないが，実際には何らかの理由によって小学校への就学が遅れた子どもたちが，非識字状況の中に取り残されていったと考えられるからである。

　ではなぜ，少数民族に対する非識字撲滅運動がこれほど難航したのであろうか。第一の理由は，先にも述べたように，独自の民族言語を母語とする少数民族の日常生活において，アルファベット表記でベトナム語を綴ったクォックグーが馴染みの薄い存在であったことである。そして第二に，少数民族地域における識字教育を担うために平野部から派遣されたキン族教員が，長期的に山間部に定着していかなかったという問題である。では以下，それぞれの問題について見ていきたい。

1-2　民族語かベトナム語か？：識字言語をめぐる揺れ動き

　1945年9月8日に平民学務運動が開始されたとき，そこで想定されていたのは，「8歳以上のすべてのベトナム人民が，クォックグーによる読み書きを学ぶこと[14]」であった。つまり，ベトナム語を母語とするキン族のみならず，独自の民族言語を母語として持つ少数民族に対しても，ベトナム語のアルファベット表記，すなわちクォックグーによる識字能力を普及させることを目的としていた。

　これは，新たに国民国家としての道を歩みはじめたばかりのベトナム民主共和国において，クォックグーを「国家の言葉」とすることによって，その優位を不動のものにしようとするという意図が込められていた［古田 1991: 502］。

14）Phan Việt Huy, "Từ phong trào Bình dân học vụ đến xây dựng xã hội học tập", *Hà Nội mới online*, 02/09/2006（2010/8/18 閲覧）．（傍点は引用者）

そこで，少数民族に対しても，「ホーおじさんの文字 (chữ Cụ Hồ) [Ngô 1980: 90]」と名づけられたクォックグーによる読み書き能力の養成運動が進められていった [Ngô 1980: 86-89]。この時期の山間部少数民族地域は，フランスによって占領された地域と，占領から解放された自由地域が混在していた。その中で平民学務運動は，ベトナム語の学習を行う場であると同時に，政治的，軍事的な活動拠点としても利用されるようになり，ベトミンが山間部少数民族地域で活動の基盤を広げる際に重要な役割を果たすようになっていった。1948年の半ば，国防省の特派員が第10連区の平民学務事務所を訪れ，「西北地方における平民学務運動は，軍事，政治的基盤を生み出すのに有利な条件となっている」として，ソンラーやライチャウにおける平民学務運動を称賛した国防大臣の手紙を届けている [Ngô 1980: 89]。

　ところが，その後，少数民族にとっての識字とは何かという問題が焦点化されていく。1956年の第309号通達では，少数民族については「どの文字を基準として文盲を脱したと認定されるのか」という疑問の声があることが指摘されている。これは，クォックグーでない文字，つまりは少数民族のオリジナルな民族文字によっても非識字撲滅と認定されるのかどうかという問題に対し，中央政府や教育省の中で必ずしも統一的な見解が持たれていなかったことを示している。

　こうした混乱の背景には，1955年と1956年に，北部ベトナムに相次いで建設された二つの民族自治区（ターイ・メオ自治区，越北自治区）が大きな影響を及ぼしていた。この二つの民族自治区では，少数民族の自治権を保障するための文化・教育政策の要として，文字を持たない少数民族の要求に基づいた文字が創造され [広木 1973: 40]，その文字を用いた教育が行われていた。もっとも，少数民族の言語とその文字を尊重するという方針については，1952年8月に出された「現在の党の少数民族政策に関する政治局決議」にも明示されており，民族自治区が建設される以前から，中央政府が高い関心を払っていたことを示している。とはいえ，この政治局決議の「c. 文化社会について」第1条には，この時期における，民族語教育とクォックグー教育をめぐる微妙な関係が現れている。

　「諸民族の話し言葉と書き文字を尊重する。すでに書き文字を持っている少数民

族については，(小学校の[15])低学年でその文字を使い，教える。独自の書き文字を持っていない民族については，クォックグーを使って地方の言葉の発音を表記し，教える。しかし，すべての小学校，平民学務クラス，平民補習クラスでは，普通語(ベトナム語：引用者注)とクォックグーを合わせて教えること。[16]」

　古田元夫が指摘するように，この政治局決議は，インドシナ戦争の中でのベトナム人共産主義者の実践の中で体系化された民族政策という性格を持ち，同時に，「政権に関しては次第に少数民族に委ねていくという方向が提示」されていた［古田 1991: 395-396］。その意味において，引用部分の前半に民族文字の教育が言及されている個所は，その3年後に建設された民族自治区の考え方へと続くものであるとして注目に値するとみなされてきた［古田 1991: 394］。ただし，引用部分の後半では，「すべての小学校，平民学務クラス，平民補習クラスでは，普通語(ベトナム語：引用者注)とクォックグーを合わせて教えること」と記されている。このことはすなわち，少数民族地域での非識字撲滅運動に関しては，民族語教育を重視すると同時に，クォックグーに基づいたベトナム語教育に対しても，なお一定の配慮が維持されていたことを示している。

　ところが，民族自治区が建設されて以降の1956年5月26日に出された，「脱文盲認定基準の規定」と題された教育省第317号議定の第2条には，非識字状態から脱したと認定される基準について，次のように定められている。

「第2条―山間部の諸民族で，民族独自の文字を持ち，上(第1条：引用者注)に規定したレベルの読み，書きができれば，脱文盲と認定する。[17]」

　つまりこれは，民族語と民族文字の教育に対するベトナム政府の考え方が，1952年の政治局決議から，さらに一歩前へ進んだことを意味している。先の決議では，民族語教育はあくまでクォックグーと並列した存在として位置づけられていたのに対し，この教育省第317号議定では，民族文字だけの読み書きをマスターした人についても「識字者」として認定することを定めているか

---

15) 原文ママ。
16) Nghị quyết Bộ Chính trị về chính sách dân tộc thiểu số của đảng hiện nay (tháng8/1952), [Hội đồng dân tộc của quốc hội khóa X 2000: 47；古田 1991: 394]。
17) Thông tư số 319-BD ngày 26/5/1956 của Bộ Giáo dục giải thích nghị định số 317-ND ngày 26/5/1956 quy định thế nào là thoát nạn mù chữ, [Bộ Giáo dục 1976: 236]。

らである。とはいえ，この議定の具体的な実施要綱を説明した教育省第309号通達には，「少数民族に属する人で，クォックグーによって規定の読み書きレベルに達した人も脱文盲と認定する」と記されており，クォックグーによる識字運動が完全に放棄されたわけではないことが示されている。

　後で触れるように，この時期はちょうど，国民としての「団結」よりも，諸民族の「平等」という軸足に重点が置かれていた時期であった。したがって，民族語の文字化事業が積極的に取り組まれており，その中で民族語とその文字を通じた非識字撲滅運動を推進することにも大きな政治的意味があった。しかし，こうした政治的意図からいったん離れて考えてみると，教育省第317号議定と教育省第309号通達に示されたように，民族語とクォックグーのどちらを用いても一定の水準に達せば識字と認定する，という措置は，山間部の少数民族に対しては，識字者として認定される対象をできるだけ拡大することによって，非識字者の層を減らし，国家目標として定められた1956年から1958年にかけての，「3年以内の文盲一掃」という課題にどうにか対応しなければならなかった，教育省の苦しい事情として見ることもできるだろう。

　同時に，少数民族地域における非識字撲滅運動を民族語，民族文字で行うことは，それを通じて人々を動員し，それまでベトナム語にほとんど触れてこなかった少数民族の子どもたちを公教育制度へと取り込むための，教育行政の必死の工夫でもあった。はじめてモン文字による非識字撲滅を達成したとされる旧ホアンリエンソン省バーンフォー社では［Ngô 1980: 192］，ベトナム語を話せる人は社の人口の40％，そのうち流暢に話せるのはわずか6％でしかなかったという［Đỗ 1989: 10–11］。このことから，民族文字を用いた識字運動は，それまでほとんどベトナム語の世界に馴染みのなかった人々に，学校への接近の第一歩を促すという，大切な役割も果たしていたと考えられる[18]。

　ただし，民族語と民族文字を用いた識字教育は，その後長くは続かなかった。少数民族地域の幹部の多くが民族文字の使用に関して積極的に取り組まなかったこと，中央レベルの省庁でも，教育，文化，情報や行政の場面において，民族文字を普及し使用することに対して十分な関心を示さず，地方でのさまざま

---

18) しかし，1986年度にはバーンフォー社における小学校の中途退学率が80％に達した［Đỗ 1989: 11］。いったんモン語，モン文字による識字目標が達成されたものの，ベトナム語による公教育制度に対してはやはりどうしても馴染むことができず，再び公教育の場から離れていってしまったという状況がよく現れている。

な困難や障害を解決するための適切な指導を行わなかったことが，その主な理由であった[19]。そもそも，少数民族の文字といっても，タイー・ヌン文字，モン文字，ターイ文字が創造されたに過ぎず，その他の民族についても，いくつかの条件が整えば文字を創り，それを使用してもよいと規定されたものの[20]，実際にはほとんど進展しなかった。さらに，1965年以後，事実上，民族自治区がその「自治」の実体をほとんど失うと［五島1984:81］，1969年に（延期という形で）ターイ文字教育は事実上中止され，タイー族・ヌン族が多く居住する越北地方でも，1970年代のはじめまでにはタイー・ヌン文字教育は下火になっていった［樫永2000:149；伊藤1999:87］。

　こうして，識字運動で使用される言語については，事実上，民族語からベトナム語へとシフトした。民族文字による非識字撲滅を行っても，民族語で書かれた本や雑誌などが圧倒的に不足している状況では，民族文字を日常的に使用する機会が極めて限定されており，民族語を読んだり，書いたりする機会はほとんどない。ただし，クォックグーで表記されたベトナム語についても，生活の中でベトナム語を話したり，書き文字を使用する機会が少なければ，やはり人々の記憶から忘れ去られていってしまう。このような状況の中で，山間部少数民族地域における非識字撲滅運動，とりわけ一般の人々に対する非識字撲滅の課題は，実質的に先送り状態となっていた[21]。1986年にドイモイ政策が導入された直後，社会全体の自由な雰囲気の中で人々が自由に発言できるようになると，こうしたマイナスの側面が明るみに出ることとなった。例えば，1988年3月7日付の『人民教員』紙には，「山間部のタインソン県で文盲一掃を強化する」と題された記事が掲載されている。この記事には，1987年度の第1学期が終了した時点のヴィンフー省タインソン県の非識字撲滅運動の状況につ

---

19) Quyết định của Hội đồng chính phủ số 153-CP 20/8/1969 Về việc xây dựng cải tiến và sử dụng chữ viết của các dân tộc thiểu số, *Văn kiện của đảng và nhà nước về chính sách dân tộc từ năm 1960 đến năm 1977*, nxb. Sự thật, Hà Nội, 1978, p. 203.

20) Quyết định của Hội đồng chính phủ số 153-CP 20/8/1969 Về việc xây dựng cải tiến và sử dụng chữ viết của các dân tộc thiểu số, *Văn kiện của đảng và nhà nước về chính sách dân tộc từ năm 1960 đến năm 1977*, nxb. Sự thật, Hà Nội, 1978, p. 204.

21) しかし，この時期に山間部少数民族地域に対する非識字撲滅運動が完全にストップしたわけではない。1977年には，教育省とホーチミン共産青年団中央によって，「文化の光」プログラムと名づけられた運動が実施されている。これは，夏のあいだ，教員や，普通学校（中学校，高校），師範学校の生徒たちを動員して山間部に派遣し，非識字撲滅運動を維持し，強化するために地元の人々の教育を担う活動であった［Ngô 1980: 194］。

いて，「実際には報告されている通りではないことが多い」と述べられている。ムオン族とザオ族が人口の大部分を占めるこの地域では，学んでもいないのに非識字を撲滅したとみなしたり，学び終えたけれども「先生がいってしまえば文字は先生にお返しする」，すなわち非識字撲滅クラスが終わると文字を忘れてしまう，という事例が数多く生じていたという。正確な統計ではないが，少なくともこの記事が掲載された時点で，タインソン県には5,000人以上の非識字者が存在し，このうち4分の1は9歳から15歳の年齢層に集中していること，さらに，いったん識字認定されたにもかかわらず，その後再び非識字者に戻ってしまう「再文盲」者も多く存在していることも指摘されている[22]。

このように，1990年前後の時期に至ってもなお，少数民族地域には数多くの非識字人口が残存していた。1990年の時点で，山間部に747,300人，クーロン河平野に650,639人の非識字者がおり，ベトナム全国の15～35歳の非識字人口のうち，この二つの地域だけで7割以上が占められていた[23]。

1-3　山間部に派遣されたキン族幹部の相克

1-3-1　平野部から山間部へ：キン族派遣の構造

山間部少数民族地域における非識字撲滅運動が難航した二つ目の理由，それは平野部から山間部に派遣されてきた，キン族の教員や幹部たちが抱えていた葛藤であった。

山間部地域の発展の中心的な担い手となるため，平野部からキン族幹部が派遣されるという考え方の発端は，1945年を前後して戦った抗仏戦争期にさかのぼる。フランスと対峙したベトミンは，依然としてその支配力が強力でなかった西北地方などに中央から幹部や部隊を派遣し，1948年の段階で，西北地方の第10連区の幹部1,252人のうち，平野部出身者は1,070人に上っていた［古田1991: 380-381］。すなわち，この地域の幹部のうち8割以上が，平野部から派遣されてきたキン族によって占められていたことになる。

平野部のキン族が，山間部の発展を支える主体的な牽引者となるというこの

---

[22]　Vĩnh Bão, "Huyện miền núi Thanh Sơn đẩy mạnh xóa mù chữ", *Giáo viên Nhân dân*, 7/3/1988, số10 (856).

[23]　非識字人口に占める割合は，山間部38％，クーロン河平野33％［Phạm 2000: 117-118］。

図式は，1945年に独立を宣言し，新生ベトナム民主共和国の建設運営を担った政府が，国内の行政基盤の組織化に着手した後も，長期にわたって引き継がれていくこととなった[24]。平民学務運動でも，数多くのキン族の教員が山間部に派遣され，少数民族に対する識字運動への動員と教育の任務を担った。しかし，その活動は必ずしもスムーズに展開したわけではなかった。1951年に平民学務によって出版された『ベトナムは無知を倒す』には，平民学務運動開始直後の山間部少数民族地域における困難な状況について，次のように示されている。

「平民学務が直面している大きな課題は，少数同胞，特にメオ族（現在のモン族：引用者注），マン族（現在のザオ族：引用者注），ヌン族……の理解が進まないことである。彼らに対する強力な動員の形態は現状に合っておらず，幹部は忍耐強く彼らに接近して暮らし，徐々に理解させていく必要がある。平民学務にはそのような幹部の数はまだ十分ではなく，したがって山間部での平民学務運動は平野部のような強い発展を遂げていないのである。[作者不明 1951: 21-22]」

こうした状況を打開していくためには，キン族幹部が，少数民族の生活の中に密着して暮らし，文字を学ぶことの意義を，根気強く，少しずつ理解させていく必要があるとされた。この方針に基づいて，平野部から数多くのキン族教員たちが山間部に派遣され，長期的に定住することが推奨された。抗仏戦争期に平野部からターイグエンに派遣されていた男性教員，グエン・ホン・ズオンの活動を引用してみたい。

「抗戦のあいだ，私はターイグエン省のダイトゥー県に疎開し，そこで平民学務の教員を務めていました。私は，全員が文盲だった少数同胞のムラで教えました。そこでは机やイス，光，紙とペン，すべてが不足していました。
私たちは紙の代わりに木の板を使い，ペンは先を細くとがらせた竹で，インクは木の皮を煮詰めて液状にして作りました。教室はあぜ道のくぼみや木の茂みの下を利用し，光が外に漏れないように気をつけていました。
まず最初の授業で私は，短い竹の枝を使って，声調がないiの文字の形を作りま

---

[24] 1952年8月に出された「現在の党の少数民族政策に関する政治局決議」にも，高等教育を受けた平野部出身のキン族幹部を山間部に派遣することで，専門職幹部の不足を補って山間部での開発発展事業を率先するとともに，地元幹部育成に対する指導的役割を果たすような独自の幹部構造を構築することが記されている。(Nghị quyết Bộ Chính trị về chính sách dân tộc thiểu số của đảng hiện nay (tháng8/1952), [Hội đồng dân tộc của quốc hội khóa X 2000: 47])

した。それから，丸い石ころを i の文字の上に置きました。私が，これが i ですよというと，みんな笑い，誰もが何て簡単なんだろうと思いました。その後，彼らは（文字を学ぶことが：引用者注）好きになり，私は書き方を教えました。t の文字についても，同じように教えました。4 カ月かかって母音と子音の組み合わせを学び終えました。そして，1 年後にはクラス全員が，すらすらと読み書きできるようになったのです。[Ngô 1980: 88]」

このように，平野部から山間部の少数民族地域へ派遣されたキン族の人々は，過酷な条件のもと，平民学務の任務を遂行していかなければならなかった。

その限界はすぐに露呈した[25]。平野部から派遣されてきたキン族の幹部たちは，少数民族の幹部の役割を軽んじて彼らには能力がないとみなし，彼らを「統治しようとする」姿勢で臨んだ[作者不明 1957: 32]。その結果，「ほかの地域からきた幹部（平野部キン族幹部：引用者）は，地元の言葉を学び人々に接近し理解しようとしない。（中略）地元の人々に恩恵を施しているという考え方を持ち，適当に代わりにやってしまったり，大げさにいったりする。地元の人々に一生懸命奉仕しようとする意識がなく，したがって地元の幹部とも団結していなければ，人々からも尊敬されていない。[26]」という状況が頻繁に生じることとなった。

1-3-2　職業分配制度

その後，平野部からキン族の幹部や教員たちを，山間部少数民族地域や，統一されたばかりの南部地域へ派遣することは大学や職業学校（専門中学校）を卒業した学生たちの進路を決定する「職業分配制度」として制度化されていっ

---

[25]　1949 年 1 月，西北地方の第 10 連区の幹部会議では，地元出身の幹部は平野部出身幹部と比べていくつかの点で絶対的な優位があるにもかかわらず，平野部出身の幹部たちは地元の少数民族を，劣った存在として軽蔑し，自分の随員のようにしか扱わず，責任を持って工作を担当させないか，逆に担当させた時にはまかせきりで適切な助言をしないといった姿勢が批判された[古田 1991: 389]。また，1955 年と 1956 年に北部に建設された自治区でも，こうしたキン族幹部と地元少数民族との軋轢が報告され，「全力で回避しなければならない問題」と指摘されている[作者不明 1957: 32]。

[26]　Nghị quyết Bộ Chính trị về chính sách dân tộc thiểu số của đảng hiện nay (tháng8/1952), [Hội đồng dân tộc của quốc hội khóa X 2000: 38–39]

た。

> 「国内および国外における大学,短大,専門中学校,およびその課程を卒業した学生,ならびに国内,国外で卒業した大学院生はすべて,もし卒業後すぐに深刻な違反を犯して罰せられていなければ,国家によって仕事を分配される。卒業した学生および大学院生の分配定員については,毎年の国家計画に盛り込まれる。[27]」

これはいわば,学歴エリートたちを対象とした,国家主導による人材派遣の仕組みであった。しかも,大学や短大を卒業した本人の側では,自分が配置される具体的な職種や,とりわけ地域についての希望を出すことは,事実上ほぼ不可能であった[28]。職業の分野に関しては,原則としては教育を受けた分野に合うように配置するとされたものの[29],しかし実際には各行政機関の側から国家計画委員会に対して,どの分野の人材が何人欲しいという要望が出され,それに合いそうな人材が配置されていく仕組みがとられていた[30]。そのため,大部分の人々が,行政職や教員が慢性的に不足していた山間部や島嶼部などの辺境地域や,南北統一直後の南部地域へ派遣されていった。ここに大きな葛藤があった。高等教育機関へ進学したエリートの多くは北部平野部を出身地とするキン族であり,彼らにとって少数民族が住む辺境地域や南部地域は,「未知の世界」であった。政府の人材派遣政策によって半ば強制的に任地へ派遣された,北部平野部出身のキン族幹部らにとって,まだ見ぬ新しい世界での不慣れな生活に対する不安や生活状態の不安定が,彼らのやる気のなさや,地元の人々に対する無理解を生み出していたのである[31]。

---

[27] Nghị định của hội đồng chính phủ số 134-CP ngày 30/6/1975 "Về việc ban hành qui chế phân phối học sinh và nghiên cứu sinh tốt nghiệp",[Nguyễn và Hoàng 1983: 183-184]

[28] 「国家計画に基づく要求を満たす限りにおいて,少数民族や地方出身者については山間部や地方での就職配置を望む要望に対応する必要がある」とされたが,これ以外には就職地域に関する規定はなされていない。つまりは地方出身者が地元に戻って就職する場合を除いて卒業生の側では地域を選ぶことができなかったと考えられる。Nghị định của hội đồng chính phủ số 134-CP ngày 30/6/1975 "Về việc ban hành qui chế phân phối học sinh và nghiên cứu sinh tốt nghiệp",[Nguyễn và Hoàng 1983: 184]

[29] Thông tư của Ủy ban kế hoạch nhà nước số 04/GD ngày 5/9/1975,[Nguyễn và Hoàng 1983: 189-190]

[30] Nghị định của hội đồng chính phủ số 134-CP ngày 30/6/1975 "Về việc ban hành qui chế phân phối học sinh và nghiên cứu sinh tốt nghiệp",[Nguyễn và Hoàng 1983: 185]

[31] Nghị quyết Bộ Chính trị về chính sách dân tộc thiểu số của đảng hiện nay (tháng8/1952),[Hội đồng dân tộc của quốc hội khóa X 2000: 38-39]

本書で取り上げている山間部少数民族地域への配属ではないが，1977年にハノイ第一師範大学を卒業した後，南部のカントー大学に配属された北部ヴィンフック省出身のキン族の女性教員に対するインタビューでは，職業分配制度が若い世代のエリートたちにもたらした不安が語られている。

　「私は自分がカントー大学に配置されたことがわかって，とても不安に感じました。南部は解放されてまだ二年目だったし，南部の学生たちが一体どんな様子なのか全然わからなかった。外国語がとてもうまいと聞いていたのでますます不安で，夜な夜な外国語の本を読んで何とか恥ずかしくないように必死で勉強したわ。そして，いよいよ出発の日には，見送りにきてくれた同級生たちと，もう二度と再会できなくなると思って泣きながら別れを惜しみました。[32]」

　「未知の世界」に派遣されたキン族のエリートたちは，派遣先になかなか馴染むことができず，平野部への転属を希望する人が続出した。とりわけ，ベトナム語のできる人がほとんどいない山奥の少数民族の集落に派遣された若者たちは，孤軍奮闘で与えられた任務を遂行しなければならなかった。やや長くなるが，このときの状況をよく表しているエピソードを引用する。

　「タールン合作社主任のザン・セオ・チャーは，グエン・ズイ・バウ先生に首を振ってこういった。
　『いや！　俺はみんなに勉強しにいけなんて言えねえよ。俺のいうことなんか聞きっこない。あいつらは畑にいきたいと思ったらいくだけだよ。牛をさばいて，それを売って金を手に入れたいと思ったらそうするだけ。俺にはこれ以上あいつらを説得することなんてできねえ。』
　教室は空っぽだった！　しかしグエン・ズイ・バウはただじっと待っていたわけではなかった。彼は自分から説得し，人々に学校にくるように働きかけることにした。そのためにまずは合作社の強化に貢献しなければ，と。バウはカバンを肩にかけると，経理担当のザン・セオ・ポーの家を訪ねた。ポーはバウ先生にメオ文字でぐちゃぐちゃと書かれた手帳を見せた。バウは最初のページを開き，何やらつぶやきながら少しのあいだ計算し，こういった。
　『間違っていますよ，ポー同志！』
　ポーは恥ずかしがった。
　『俺，計算の仕方知らねえもん。先生やってくれよ！』

---

32) 2007年1月フート省ヴィエトチー市において，キン族の女性教員へのインタビュー。

グエン・ズイ・バウは労働点数ノートに没頭した。3日後，ムラの人々はポーの家に押し寄せて，バウが家族ごとに労働点数を計算するのを聞いた。人々ははしゃいでいった。
『その通りだよ！　ほら，俺の家はこんなにたくさん仕事をしていたんだよ！明日は協力してやるよ！』
夜遅くなって，きっちり計算されたノートを受け取ったザン・セオ・ポーはバウ先生の肩を抱きながらこういった。
『先生，俺たちに教えてくださいよ！』
はじめて開かれた文盲撲滅クラスには，2人の生徒が集まっていた。経理のザン・セオ・ポーと，主任のザン・セオ・チャーである。（中略）
1972年にグエン・ズイ・バウがタールン集落に派遣されてきたとき，村の住民は全員が文盲であった。1974年，タールンには40人の普通学校の生徒と，11人の文化補習校の学生がいるまでになった。[Lê 1975]」

平民学務の教師グエン・ズイ・バウが，平野部のタインホアからモン族の集住するドンヴァン県タールン集落に派遣されたとき，彼はわずか18歳であった。彼は与えられた任務をうまくこなした一人であっただろう。しかし，当然ながらすべてのキン族の若い教員たちが，このように山間部の暮らしに馴染み，地元の人々に受け入れられたわけではなかった。大部分のキン族幹部や教員たちは，山間部に長期的に定着定住することを嫌がり，できるだけ早く平野部に帰ることを望んだ[33]。こうした事態に対し，平野部キン族幹部に積極的に少数民族の言語や文化を学ばせ，何とかして少数民族の地域社会に溶け込ませようとする試みも行われた[34]。タイビン省出身のキン族教員ゴー・クアン・フイがトゥエンクアン省ナーハン県ファクマに派遣されたとき，ムラには20家族のモン族が住んでいたが，彼らのうち片言でもベトナム語を話せたのはわずか5人であった。彼はベトナム語の教案をモン語に訳してもらうとともに，自分自身もモン語を必死に暗記して学び，モン語とベトナム語の両方で識字教育

33）1975年11月25日付の『人民教員』紙に掲載された記事には，山間部に派遣された教員たちが，任期の完了とともにすぐさま平野部へ帰っていく様子が示されている。「タインホア省タイックタイン県の教員たちは不安定であった。なぜならば彼らの大部分が平野部から山間部へ義務（nghĩa vụ）として派遣されてきた人々であったからである（任期が切れると平野部へ帰っていった）。」[署名なし 1975]
34）Nghị quyết của bộ chính trị về vấn đề phát triển nông nghiệp ở miền núi số 71/NQ-TW, ngày22-2-1963, [Hội đồng dân tộc của quốc hội khóa X 2000: 122]

を行ったという［Hoàng 1975］。

　加えて，次々にさまざまな報奨制度と罰則を設け，いわば「アメとムチ」を使って，キン族幹部が何とか派遣先に定着することを促進する試みが繰り返された[35]。例えば，ベトナム国内外の大学や専門中学校を卒業した学生たちは，職業分配で派遣された機関の正規職員となる前に，一定の研修（tập sự）を受けることが義務づけられていた[36]。1975年7月5日に出された第256号政府首相決定によれば，研修期間は大卒者が24カ月，専門中学校卒業者が18カ月と決まっていたが，平野部出身で山間部に派遣された場合には，その期間が3分の1短縮された。また，研修期間中の給与についても，本来であれば正規職員の給与の80％が支給されるところ，山間部に派遣された場合は100％与えられると定められている[37]。1979年12月5日の第429号指示では，さらに踏み込んで，山間部，国境地域，島嶼地域の社，合作社，国営企業に配置された幹部に対しては，正規給与，地域手当のほかに，毎月，給与の10％～20％相当額の奨励手当が与えられることが規定された[38]。加えて，これらの地域に派遣された際は，1人当たり150ドンの支度金が支給されるほか，布配給キップで購入できる製品に関しては，配給キップを切らずに購入できるとされた[39]。配給キップなしで支給された布製品とは，主に洋服や蚊帳，毛布であったが，こ

---

35) Chỉ thị của hội đồng bộ trưởng số 121/HĐBT ngày 20/7/1982 "về việc phân phối và sử dụng học sinh tốt nghiệp các trường đại học, cao đẳng, trung học chuyên nghiệp và dạy nghề trong thời gian trước mắt" ［Nguyễn và Hoàng 1983: 234–239］

36) この研修制度については1959年から開始したとされている。Quyết định của thủ tướng chính phủ số 256/TTG ngày 5/7/1975 "về chế độ tập sự đới với học sinh tốt nghiệp đại học và trung học chuyên nghiệp"，［Nguyễn và Hoàng 1983: 205］

37) Quyết định của thủ tướng chính phủ số 256/TTG ngày 5/7/1975 "về chế độ tập sự đới với học sinh tốt nghiệp đại học và trung học chuyên nghiệp"，［Nguyễn và Hoàng 1983: 208–209］

38) Chỉ thị số 429-CP ngày5/12/1979, về việc thực hiện chính sách đối với cán bộ miền núi, hải đảo,［Hội đồng dân tộc của quốc hội khóa X 2000: 732］
　　正規給与の20％の奨励手当を与えられる対象地域は，具体的には，「北部国境近接地域，および遠方島嶼地域における，社，合作社，企業，農場，林場，町」，10％の奨励手当を与えられる対象地域は，「山間部，国境地域，上記以外の島嶼地域，北部国境地域の県レベル機関」であるとされている。［Đoàn 1981］

39) 1980年8月14日付内商省による第13号通達によれば，布配給キップで購入できる商品とは，1揃えの服ないし5メートルの布，1人用の蚊帳1帳ないしそれを縫うに足りる蚊帳用布である。さらに，もし家族全員で赴任するのであれば，二人用蚊帳1帳ないしそれに相当する蚊帳用布，防寒着1着，もし寒冷地に赴任する場合は，上着1着，1人用毛布1枚，綿毛布1枚，雨合羽1着ないしナイロン2メートル，ござ1枚，とかなり厳格に規定されている。［Đoàn 1981］

れは，実生活での必要物資を補填する以外に，ベトナム全国に拡大していた自由市場，すなわちヤミ市場にて，配給された物資を売り，そこから利益を得るという目的があった[40]。したがって，教員たちにとっては直接的な現金収入を得るための，貴重な手段となったと推測される。さらに，山間部，島嶼部，その他僻地に動員された教員たちの従事期間については，1980年12月9日に出された政府首相第47号決定において，男性が5年間，女性は4年間とすることが定められた［Đoàn 1981］。

しかしここまでしてもなおこの職業分配制度の実施はなかなかうまくいかなかった[41]。1980年2月に出された労働省第4号通達「山間部および島嶼部幹部に対する政策の実現要領」によれば，企業の幹部や公務員に対して支給される報奨手当については，その地域に常駐して1年未満の人には支給しないと定めた「最低1年ルール」とでもいえる方策が提示されている[42]。つまりは，山間部や島嶼部といった僻地での職務にわずか1年でさえも耐えることができず，より生活条件の緩やかな地域へいってしまう人々をいかに引き止めておくかという課題への苦しい対策を強いられていた状況を示している。

> 「ソンラー省で教員を務めているグエン・ティ・ガイは，教育局と教育室[43]の指示のもと，8年間のあいだに6校も転勤した。1968年にはソンマー，1969年にはソンラー市，1970年にマイソンの県都に派遣されたかと思うと，ナーフオン，ハットロットへと転勤した。特に1975年には，ナーフオンに戻ってきたかと思えば，あっという間に今度はナーサンへ異動した。彼女には夫とまだ小さい二

---

40) 1980年前後の時期，配給で入手したものを自由市場で売って利益を得るという人々の転売行為については，［古田 2009: 57］を参照。

41) 1982年7月2日付で出された閣僚会議第121号指示には，新卒者に対する職業分配制度が多くの困難を抱えていることが指摘されている。1981年度の大学卒業者のうち，まだ職業が割り当てられていない人の数は3,000人で，このうち190人が外国の大学を卒業して帰国した人々であったという。この年の新卒者総数についてのデータがないため，全体に占める非割当者の割合を算出することはできないが，少なくともかなりの数の大学卒業者が，任務，任地の決まらないままぶらぶらと1年以上を過ごしている状況が読み取れる。Chi thị số 121-H ĐBT ngày 20/7/1982 "về việc phân phối và sử dụng học sinh tốt nghiệp các trường đại học, cao đẳng, trung học chuyên nghiệp và dạy nghề trong thời gian trước mắt", *Công báo*, số 14, 31/7/1982.

42) 「ほかの地域から工作にやってきた幹部，公務員で，その地に常駐して1年に満たない者に対しては，（山間部・島嶼部地域の幹部に対して与えられる：引用者注）報奨手当は支給されない。」Thông tư của Bộ Lao Động số 4TT/LĐ ngày 4-2-1980 "Hướng dẫn thực hiện chính sách đối với cán bộ miền núi, hải đảo" ［Nguyễn và Hoàng 1983: 149］

43) 教育局の県レベル下部機関。

人の子どもがいて転勤のたびにお金もかかって大変だし，そもそもそれだけ短期間で転勤を繰り返していては，地元の人々や生徒たちの暮らしぶりについて深く知ることはできない。そこで教育室に対し，どこか一つの土地で安定的に教えさせてほしいと要望したところ，『これは教育部門全体の困難であるし，ガイさんは共産党員なのだから皆の手本にならないといけない』との返答があったという。[Đào 1975]」

これは，『人民教員』紙上の「読者の意見」欄に投稿された記事である。投稿者の署名はダオ・スアン・ガー，所属はソンラー省林業局となっている。ガーは，「教育部門が困難な状況にあることは確かだし，党員が手本にならなければならないのもわかる。しかしこのような具体的な状況について，教育局と教育室はその責任を十分に果たしているといえるのか？」と，教育行政の対応を厳しく批判した。これは，山間部の行政幹部たちのあいだでも，教員の「転勤」が目に余る事態になっていたことを示している。グエン・ティ・ガイが平野部から派遣されてきたキン族幹部だったのか，それとも地元出身者であったのかどうかは，この記事からは判別できない。しかし少なくとも，彼女が自ら希望して転勤を繰り返したわけではないことから考えると，平野部出身のキン族幹部たちがさっさと平野部に帰ってしまい慢性的な人手不足に陥った山間部の学校では，残った教員たちの勤務実態がさらに過酷なものになっていた状況が読み取れる。

しかしこうした危機的な状況に陥っていたにもかかわらず，山間部に平野部からキン族幹部を派遣するというこの構造は，ほとんど改善されないまま1980年代後半まで残存した。モン族が多く居住する国境地域のいくつかの県では，地元出身以外の幹部が占める割合は92.6％に上っていた [Hà 1989: 41]。ところが，彼らの定着率は非常に悪く，平野部から派遣されてきたキン族幹部は，いったん任地を離れれば再びもとの任地へ戻ってくる人はほとんどおらず，戻ってきたとしてもすぐほかの任地へ配置換えを申請するような状態だった。ホアンリエンソン省ムーカンチャイ県では1986年の新規採用幹部3人に対し，任地を異動していった者は28人に上ったという [Hà 1989: 41]。また，北部タイビン省出身のキン族の女性教員トゥイーは，ターイグエン師範大学を卒業して，1990年にホアンリエンソン省タンウェン県のタンウェン第二高校に配属が決まった際の複雑な気持ちを次のように語っている。

「大学を卒業して，タンウェンの高校に配属されたときは，すごく悲しくて，赴任してからもずっと泣いていた。両親は，国家が決めた配属だから従いなさいっていっていた。もしどうしても無理なら，すぐ呼び戻してあげるからって。でも実際には，山間部に配属された教員たち，特に女性の教員たちは，地元の誰かと結婚してそこに住み着くことが期待されていたと思う。私も25歳でラオカイ省の人と結婚したの。同じ学校には同様に平野部からきた教員が多かった。[44]」

　平野部から山間部へキン族幹部を派遣する仕組みが，深刻なひずみを抱えていることについては，ベトナム政府も早くから気がついており，そのための打開策を打ち出していた。そこで，「民族青年学校」という新しい学校制度がベトナム各地へ整備されていった。この制度については第2章で詳述するが，山間部地域における地元出身の幹部を養成することを目的として，1958年以降北部ベトナム山間部を中心に急速に建設が進み，1975年以降には中部高原，南部ベトナム地域へも拡大した。1950年に開始された文化補習運動との関連においても，山間部における重要な教育事業の一つに位置づけられる。

　しかしながら，「民族青年学校」で養成された地元出身者たちは学力水準が低いとみなされたため，社や合作社など末端レベルでの行政職には就けても，教員や医師といった専門職や，省や県の行政機関に従事できる人は限られた。他方で，高い学力水準を持ったキン族のエリートたちが平野部から山間部に派遣されてくるものの，彼らは山間部での中・長期的な定着を好まず，数年のサイクルで平野部へ戻っていく。このマイナスの連鎖が数十年間にわたり繰り返された結果，山間部の幹部構造に生じた空洞化のメカニズムは，次第に深刻化していった。

　ただし，このような山間部の幹部構造の空洞化を示す資料は，ベトナム西北地方や中部高原を中心に多く残されており，これらの地域でより顕著であったと考えられる。一方，ベトナム東北地方の状況はやや異なっていた。東北地方では古くから革命運動に参加してきたタイー族など地元少数民族幹部が多く，そのため早くから「専門職」幹部として働く少数民族の割合も少なくなかった［伊藤 2003: 179-181］。これは，この地域のタイー族，ヌン族のあいだにベトナム語識字がすでにある程度深く浸透しており，西北地方や中部高原よりも相

---

44) 2006年11月23日ラオカイ省民族寄宿学校でのインタビュー。

対的に高い教育水準にあったことを背景とする。このため越北自治区において設立された「民族青年学校」のいくつかは，はじめから専業中学レベルの水準を持つ「専門職」幹部の育成に重点が置かれていた [Lê 1972]。

　こうした中，ベトナム政府は，1975年以降，キン族を中心とする一元的国民統合を強調する過程において，幹部構造の空洞化問題がより深刻な西北地方や，新たに国民統合の必要性が生じた中部高原・南部地域に対して積極的にキン族幹部の増員を行う一方で，東北地方についてはキン族幹部を引き上げ，少数民族を中心とする幹部構造に任せることでバランスをとろうとした。しかしながら，これによりキン族教員を失った東北地方では教員の絶対数が不足し，結果的に就学率，識字率，進学率は低下していった [伊藤 2003: 184]。さらに1980年代後半になると，教員に与えられる給与が低いことが，彼らの生活を圧迫するようになった。1988年3月28日付の『人民教員』紙に掲載された，「自弁する」と題された記事には，バックターイ省とカオバン省で働く教員たちの困窮する現状が示されている。

　　「(バックターイ省：引用者注) バックトン普通高校の優秀な物理の教員であるファム・レー・ガー先生は次のように感じている。
　　『私の家族の状況は極めて困窮しています。妻は自動車事故にあい，弱っていつも痛みを抱えています。加えて，子どもたちもまだ幼い。私は川の魚を取ったり，田畑を耕したり，鳥や豚を飼育したり，森に入って薪を拾ったり，大工仕事をすることもありますが，暮らしは十分ではありません。省都で行われた教員講習会に参加するために，私は妻の時計を売らなければなりませんでした。』
　　[Huyền 1988]」

　ドイモイ政策が導入された1980年代後半，ベトナム経済は極めて深刻なインフレに見舞われ，物価高騰の影響は山間部にも波及していた。教員の1カ月の給料では2キロの肉すら買えず，数カ月間米がない状態もあったという。カオバン省トンノン県では，市場の近くにある学校の教員たちはすべて紙巻きたばこの紙を巻く内職をし，それを市場の小売業者に売って生計を立てるという事態も生じていた。5日に1度開かれる市場で紙巻きタバコを売るため，市場の日は学校が教員たちを休みにしていたという。こうした極限の生活環境の中，教員の側から外国へ出稼ぎ労働にいかせてほしいという嘆願も出されるほどであった [Huyền 1988]。実際，この時期の教員や研究者の中には，出稼ぎを目

的として短期間外国に出かけていた人も少なくない。ハノイの民族学院の研究員であったアンは，1989年に東ドイツのライプツィヒに出稼ぎにいき，1年間，印刷機のリモコン工場で働いていた。彼はその後1990年にベトナムに戻り，再び民族学院の研究員として復職している[45]。

　こうした状況の中，中越国境貿易が再開されると，東北地方の教員や公務員など少数民族幹部や少数民族生徒のあいだで，それまでの職や学業を離れ，より実収入の多い国境貿易へと流れていく人々が急増した［伊藤 2003: 185-187］。ランソン省チラン県クアンソン社でも，1980年代後半から1990年代はじめにかけて中学校教員が急速に減少し，その対応策としてクラス数が削減されている。またランソン省民族寄宿学校では高校課程へ入学する生徒数が激減したため，急遽1992年から1995年までのあいだ中学校クラスの増設が行われたという。

　このように東北地方でも，1970年代半ば以降西北地方とはまた別の意味で幹部構造の空洞化といえる状況に直面し，さらにドイモイ政策導入以後の中越貿易の再開により1990年代初頭にはかなり深刻な事態へと追い込まれていた。

1-4　ドイモイ政策の導入と山間部幹部構造の大転換

1-4-1　職業分配制度の見直し

　1986年にドイモイ政策が導入されると，平野部のキン族を山間部へ派遣するという職業分配制度のあり方は，大きく変容した。その一つのきっかけとなったのは，公務員制度の改革である。1991年4月12日付で出された閣僚会議第109号議決「行政，事業の編制（biên chế）組織の整理について」には，

> 「行政および事業のシステムが科学的に組織され，多くの成分からなる商品経済の利点に合致し，効果的かつ効率的に活動するために，中央から地方に至るまでの国家行政機関の仕組みを根本的に刷新しなければならない。（中略）各部門，各級の行政組織，事業を，より合理的になるように一歩調整し，無駄で重複していたり，はっきりしない職責の組織を減らすとともに，国会の議決に基づい

---

[45] 2007年2月10日民族学博物館でのインタビュー。

て編制を削減する。[46]」

と記され，中央から県に至るまでの各行政機関の再編，教育訓練，医療，科学研究に重点を置きつつ，あらゆる分野，級に属する組織の再編を目指し，職務内容と照らし合わせたうえで，編制に残す人材とそうでない人材の振るい分けを行うことが定められた。さらにこの議決の内容を補足した閣僚会議第111号決定（1991年4月12日付）には，行政機関や事業が人材を新規採用する際には採用試験の規定に基づくこと，正式な職員となる前には研修期間を設けることが定められている[47]。これにより，長いあいだ新卒エリートたちを苦しめてきた職業分配制度は，それまでの形態から大きく変容し，（実態はさておき制度としては）希望者が，公務員試験を受けて採用されるというリクルートのシステムが形成された。この規定と前後して，平野部のキン族幹部が，最低2年間山間部で勤務する義務も廃止されている［伊藤 1997: 42］。

そして，この公務員改革のプロセスにおいて，教員を山間部に派遣する制度もまた，大きく改められた。新卒者をほぼ強制的に山間部の任地へ派遣してきた既存の原則が見直され，あくまで自発的な意思に基づいた自主的なものであることとされた。1989年6月12日に出された，閣僚会議第65号指示「北部山間部，国境地域各省に対する経済・社会をめぐる喫緊の諸課題の解決について」には，「以前実施されていた平野部から山間部に派遣された教員に対する3年間の転勤制度を廃止し，自主的な制度を実現する。もし（山間部に：引用者注）残るのであれば，山間部に従事するその他の幹部たちと同様の優遇制度を受ける」と定められている[48]。

とはいえ，師範大学を出た学生たちが，完全に自由に任地を選択するできるようになったかといえば，そうではなかった。公務員制度改革によって職業分配制度の原則それ自体については見直しが行われたものの，師範大学を卒業した学生たちに対する職業分配の仕組みは残存した。その背景には，高等教育機関へ進学した学生に対する奨学金制度との関わりがあった。

---

46) Nghị quyết của Hội đồng Bộ trưởng số 109-HĐBT ngày12/4/1991 "về việc sắp xếp tổ chức biên chế hành chính, sự nghiệp", *Công báo*, số10, 31/5/1991, pp. 242–243.

47) Quyết định của Hội đồng Bộ trưởng số 111-H ĐBT ngày12/4/1991 "về một số chính sách trong việc sắp xếp biên chế", *Công báo*, số10, 31/5/1991, p. 246.

48) Chỉ thị của Hội đồng Bộ trưởng số 65-HĐBT, ngày 12/6/1989, "về việc giải quyết một số vấn đề cấp bách về kinh tế- xã hội đối với các tỉnh miền núi, biên giới phía bắc", ［編者不明 1992: 54］

1-4-2 奨学金制度の撤廃と大学制度改革

　ドイモイ政策が導入される以前，ベトナムの大学と専門中学校で学ぶすべての学生たちには，国家から奨学金が与えられていた[49]。第157号通達（1968年8月9日付）によれば[50]，この奨学金制度の目的とは，「大学と専門中学校へ子どもを進学させている労働者，幹部，工員，公務員の家族の生活」に対してその経済的負担を軽減することであった[51]。

> 「今日に至るまで，国家は，労働者，幹部，工員，公務員たちの子弟に進学の条件を与えるため，大学，専門中学校の生徒と学生に対する奨学金制度の改善に大いに力を尽くしてきた。それにより，国家の科学技術幹部，経済管理幹部の養成をめぐる質的向上と規模の拡大を，たゆまず図っている。労働者の子弟，とりわけ工員，農民の子弟で，大学と専門中学校に進学した生徒と学生の大部分（傍点は引用者[52]）は，国家による奨学金を与えられる。[53]」

　この内容が示す通り，高等教育機関における皆奨学金制度は，将来的に国家の根幹を担っていくエリート幹部候補生たちの質的向上を目的とするものであったが，同時に，毎年の学生の量的規模を国家がコントロールしておくための手段でもあった。裏を返せば，大学や専門中学校に在学しているあいだ，学

---

49) Thông tri số 37/TT-TG ngày15/8/1961 của Ban Bí thư Trung Ương đảng, "Bổ sung chính sách tuyển sinh vào các trường đại học và trung học chuyên nghiệp", ［編者不明 1979: 287］これ以前，高等教育機関への選抜について定めた規定として，1959年に書記委員会によって出されたものがあるという（原資料は筆者未見）

50) この第157号通達では，大学生と専門中学校のすべての学生に対して，それぞれ1カ月18ドンと16ドンの奨学金が与えられることが定められている。

51) Thông tư số 157/TT-LB ngày9/8/1968 của liên bộ Đại học và Trung học chuyên nghiệp – tài chính, "Hướng dẫn thi hành quyết định số 104-TTg ngày5/7/1968 của Hội đồng Chính phủ về việc sửa đổi chế độ học bổng cho học sinh, sinh viên các trường đại học và trung học chuyên nghiệp", *Tập Luật lệ hiện hành thống nhất cho cả nước, Về công tác Đại học và trung học chuyên nghiệp (Những văn bản chung)*, Bộ Đại học và trung học chuyên nghiệp, 1978, Hà Nội, p. 206.

52) ここで「大部分」とされているのは，すでに就職し，その就職先から給与を支給されている在職学生を除いているためである。

53) Thông tư số 157/TT-LB ngày9/8/1968 của liên bộ Đại học và Trung học chuyên nghiệp – tài chính, "Hướng dẫn thi hành quyết định số 104-TTg ngày5/7/1968 của Hội đồng Chính phủ về việc sửa đổi chế độ học bổng cho học sinh, sinh viên các trường đại học và trung học chuyên nghiệp", Tập Luật lệ hiện hành thống nhất cho cả nước, *Về công tác Đại học và trung học chuyên nghiệp (Những văn bản chung)*, Bộ Đại học và trung học chuyên nghiệp, 1978, Hà Nội, p. 206.

生たちは無償で高等教育を受けることができる代わりに，学校を卒業すると職業分配制度の貴重な歯車として，国家の決めた職種や任地へ赴くことを受け入れざるを得なかった。個人が自分の希望通りの職業に就きたいと願うことは，むしろ「間違った行動」であり「物事を理解していない」とみなされることさえあった[54]。誤解を恐れずにやや強い表現を用いるならば，この皆奨学金制度とは，経済的な負担なく最高の教育を授ける代わりに，国家に対して労働力で返す義務を無条件で学生たちに負わせるための装置だったのである。

そしてこのことは，卒業生に対して確実に公的な就職先をあてがうことを目的に，あらかじめ，入学する学生の数と，教育を受けさせる分野という，二つの次元での統制を加えてはじめて，ベトナムの高等教育がその機能を果たし得ることを意味していた[Hoàng 1990: 17-18]。1960 年代半ば，科学技術・経済管理幹部の養成に関する国家の方針がはっきりと示され，高等教育機関におけるエリート育成と明確に結びつけられるようになって以降[55]，1980 年代半ばまでのほぼ 20 年間，ベトナムにおける高等教育の発展とは，職業分配制度を効果的に維持していくために，その量的規模，分野的多様性を自由に拡大することができないという限界と，いつも背中を合わせていた。そしてその結果，志願者の 1 割しか大学に進学できないというエリート型高等教育の枠組みが作り上げられていった[56]。

54) こうした状況は，とりわけ少数民族幹部の職業選択と幹部構造に混乱を引き起こした。少数民族が居住するのは主に山間部であり，農業分野の発展には限界がある。その一方で，商業林の育成をはじめとする林業分野や，鉱産物資源の開発，農産物の加工技術には重点を置かなければならない。しかしこれらの専門的知識を持った幹部を養成することの必要性についてはほとんど関心を持たれず，農業に関する専門家ばかりが数多く育成されたという[Hoàng 1990: 17-18]。

55) Nghị quyết số 142-NQ/TW ngày 28/6/1966 của Bộ Chính trị khóa III, "về việc đào tạo và bồi dưỡng cán bộ khoa học, kỹ thuật và cán bộ quản lý kinh tế", http://www.tuyengiao.vn/Home/truyenthongtuyengiao/tulieutuyengiao/2009/8/11791.aspx（2010/9/2 閲覧）。および，[Trần 1995: 213]

56) ただし，高校入学がすでに，高等教育機関に進学するかどうかを決定する大きな関門となっていたとする見方もある。近田政博によれば，抗米戦争期における小学校から中学校への進学率は 90％以上に上昇した一方で，中学校から高校への進学率は 3 割前後であり，高校から大学への進学率は 1960 年代末から急激に低下した。1973 年度の高校卒業生のうち，大学に入学した者はわずか 21.5％であったという。この背景には，戦争の激化に伴い 1965 年度から 1969 年度まで中断されていた全国統一大学入試が，1970 年度に再開されたことにより，大学の門戸が制限されるようになったことがあるとされている[近田 2005: 166-167]。なお，この時期の大学入試の「中断」については，[Trần 1995: 214]にも記されている。大学や専門中学校が入学試験を組織するのではなく，各省が選抜した生徒たちを高等教育機関へ送るという方法が採用されたことにより，1964 年度には 5,119 人だった新入生は翌年には 8,511 人へと増加した。しかしその際，「いわゆ

近田政博は，社会主義国家建設期における，こうしたベトナムの高等教育のあり方にソビエトモデルが圧倒的な影響力を誇ったと分析した［近田 2005: 208］。そのうえで，ソ連では，職業配分を待つ恐怖感のあまり「第5学年次症候群」と呼ばれる病状が広がるほど，国家による職業分配政策が厳格に適用されていたのに対し，ベトナムでは相対的に自由度が大きく，配分先はいわば「最初の就職先」という程度の位置づけであった点に，両者の相違があったと指摘する［近田 2005: 199-200］。しかし筆者の聞き取り調査では，少なくとも師範大学を出たばかりの若い教員たちにとって，この時期のベトナムの職業分配制度は，やはりある種の「恐怖感」を持って捉えられていたことが明らかになっている（本章 1-3-2 参照）。確かに，縁故関係など何らかの外的な影響力によって，割り当てられる任地やそこでの勤務期間などに「調整」が加えられる場合があった可能性は否めない。しかしそれは職業分配制度の自由度を左右するほどまでに社会全体に共有されていたとはいえず，本節で論じてきたように，皆奨学金制度が作り上げたエリート養成システムとしての高等教育機関は，個人の職業選択の自由にかなりの程度，制限を加えるものであった。そうした一見理不尽な仕組みが，それでも人々に受け入れられていたのは，ベトナム社会における，教育という要素の相対的な地位の高さが背景にあったと考えられる。科挙制度からフランス植民地期における近代教育の黎明期に至るまで，ベトナムの高等教育とは，一握りのエリートを選抜し，最高の環境で教育を受けさせるとともに，学校を卒業すると，継続的で安定的な雇用を国家が提供することによって，国家運営に直接的・間接的に参画するような人材を育成するための，限定的な人材確保の手段として存在していた。こうした「伝統的」な高等教育のあり方が，教育エリートに対するイメージとして人々のあいだに残存していたことにより，社会主義国家建設期の職業分配制度に対してもそれほど大きな心理的反発を引き起こさず，（潜在的な不安や不満要素は蓄積されていたとしても），なんとか受け入れられていたのではないだろうか。むしろ大切なことは，いつの時代にも，このエリート経路からはみ出した社会の大部分の人々にとっ

る政治的品性（党・国家への忠誠，勤勉性，政治的出自）」に基づく学生の選抜が行われたことにより，「情実人事が横行し，入学者の学力・モラルの低下が顕著」になったという（引用部分は［近田 2005: 164］。実は，こうした進学者の選抜方法については，本書 1-4-4 で取り上げる「推薦入試制度」のやり方に非常によく似ている。後述するように，1996 年にベトナム政府が行った「推薦入試制度」の実態調査において，この制度を改めるべきとの提言がなされた背景にも，実はこの 1960 年代後半に生じたのと同じ「悪癖」があった。

て，大学を頂点とする高等教育とは，一生を通じて，ともすれば何世代にもわたってほとんど接点を持つことのない，いわば「閉じられた世界」であったということである。

ところが，ドイモイ政策の導入は，こうした高等教育の姿を一変させた。少数のトップエリートのみを対象とする，狭く閉じられた世界であったベトナムの伝統的な高等教育は，大衆に向けて広く「開放」された存在へと変化したのである。

高等教育をめぐるこうした変化の背景には，職業分配制度に密接に結びついてきた，学生に対する皆奨学金制度と，学費徴収をめぐる大きな改変があった。1989年6月10日付で出された，閣僚会議第63号決定「大学，短大，専門・職業中学校の学生に対する奨学金と学費について」の第1条と第2条には，次のように記されている。

> 「第1条：大学および専門・職業中学省に対し与えられる全額奨学金の支給人数は，毎年の国家計画に基づく学生の定員の70%とする。奨学金は1年当たり11カ月分支給される。大学および専門・職業中学省は，学生の学習，訓練の成果，および国家の社会政策に基づいて，この奨学金の管理と使用を指導する。
> 第2条：各大学，短大，専門・職業中学校に対し，養成経費の一部として支払わなければならない部分に対する，学費の徴収を認める。大学および専門・職業中学省に対し，養成経費と，優遇対象に向けた全額免除，半額免除制度が適応される分野に対する奨励政策に対応しつつ，合理的となるように学費を設定することを認める。[57]」

ヴォー・ヴァン・キエット副首相の名前によって出されたこの決定により，大学や短大には，新たに，「徴収し，支出に充てる (lấy thu, bù chi)」を原則とした，学費システムが導入された。しかもこの学費の額についても，「学生個人，居住地域，属する学問分野ごとに，学生の支払い能力を考慮する」とされ，各学校が独自に設定してもよいと定められた[58]。これにより，それまで学校ごとに授業料を徴収する権限を持たず，すべて大学・専門中学省からの予算によって運営されていた高等教育機関は，学生から徴収した学費による，採算型の経

---

57) Quyết định của Hội đồng Bộ trưởng số 63-HĐBT ngày10/6/1989 về học bổng, học phí của học sinh các trường đại học, cao đẳng, trung học chuyên nghiệp và dạy nghề, *Công báo*, số 12, 30/6/1989, p. 254.

58) Thông tư của Bộ Giáo dục và đào tạo số 16-TT/ĐTTC ngày 5/7/1990. Hương dẫn việc mở rộng đào tạo mở rộng ở các trường đại học, cao đẳng và trung học chuyên nghiệp, [Bộ Giáo dục và đào tạo 1991: 26]

営主体へと変容した。

　授業料徴収というこの新しい仕組みは，それまでの閉じられた世界としての大学や短大の存在を，大きく変化させた。

> 「教育訓練省は次のように主張する。在職教育の形態をさらに強化，発展させるとともに，あらゆる経済成分（にある人々：引用者注）からの，大学，短大，専門中学レベルを持った社会的人的資源を開発したいという要求に対応するために，多様かつ柔軟な形態によって，教育システムのあり方を発展させなければならない。[59]」

　この教育訓練省の通達に顕著に示されている通り，それまで，限られた一握りのトップエリートだけを育成することを目的としてきたベトナムの高等教育は，その史上はじめて，より広く社会全体に向けて開かれた場になることを期待される存在へと変容した。そしてこの通達に呼応するように，高等教育機関の側でも，公開大学や在職クラスなど，新しい形態が積極的に模索されていった[60]。また，1990年代前半にハノイとホーチミン市に総合型の大型国家大学が，さらに地方都市にはマルチディシプリン型の地方総合大学が次々に建設されるなど，高等教育機関の形態は一気に多角化し，学生を引き受ける受け皿としての組織化が進行した［近田 2005: 332-333］。

　同時に，職業分配制度の見直し（＝事実上の廃止）が行われたことにより，大学や短大を卒業した学生たちは，プライベートセクターという新たな人材吸収源を含むさまざまな就職先へ，基本的に自由な意思で就職できるようになった。その結果，かつて国家の根幹を担う人材を育成するという目的のためだけに存在した大学や短大は，個人のキャリア形成・自己実現の場となるとともに［近田 2005: 341］，そのための社会移動のツールとみなされるようになっていった。このような高等教育機関の組織的多角化と，人々の側での学歴を求める要求とが結合した結果，現代のベトナムでは，「学歴社会[61]」化と呼び得る現象が

---

59) Thông tư của Bộ Giáo dục và đào tạo số 16-TT/ĐTTC ngày 5/7/1990. Hương dẫn việc mở rộng đào tạo mở rộng ở các trường đại học, cao đẳng và trung học chuyên nghiệp, ［Bộ Giáo dục và đào tạo 1991: 23-24］

60) 1993年にはハノイに公開大学が新設され，原則として入学が自由で経常費を独立採算する新たなシステムが構築された［近田 2005: 332-333］。

61) 日本の学歴社会について論じた吉川徹によれば，一般的に学歴社会とは，社会全体が学歴取得に熱を上げ，個々人もまた自他の学歴に大きな意味を感じる社会であると定義される。［吉川

単位：人

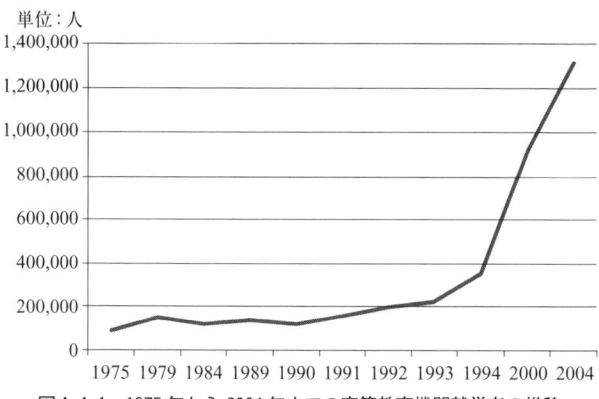

図1-4-1　1975年から2004年までの高等教育機関就学者の推移

出典：[Trần (tổng chủ biên) 1995: 241, Bộ Giáo dục và đào tạo và Trung tâm thông tin quản lý giáo dục 2001: 16] および教育訓練省ホームページ. 〈http://www.moet.gov.vn/?page=11.9&view=5361〉より筆者作成.

進行しつつあるように見える。数字を見てみると，1990年度に12.1万人であった大学・短大の就学者数は，1994年度には35.6万人 [Trần 1995: 241]，2000年度には91.8万人 [Bộ Giáo dục và đào tạo 2001: 16]，そして2004年度には新入生40.1万人を含む，131.9万人へと急速に拡大していることがわかる（図1-4-1）。

ただし，師範大学，短大の学生については，必ずしも自由な就職先の選択が許されたわけではなかった。1990年7月7日に出された閣僚会議主席第253号決定（「師範学校の生徒・学生，山間部の生徒・学生に対する奨学金の補足について」）では，定員数の100％，すなわち学生全員が奨学金を全額支給されることが示され，ほかの学部の学生とは異なる対応が採られた[62]。すでに述べたように，1980年代終わりから1990年代はじめにかけてのベトナム社会は，急激なインフレによって経済が混乱し，とりわけ教員を取り巻く環境が最悪の状況にあった。そのため，もし職業分配制度が全面的に廃止されれば，真っ先に学校が機能不全に陥ることは明白であった。このような状況の中，全体としては縮減の方向に傾いていた奨学金制度を，師範学校の学生については継続するとい

2001: 4]

62) Quyết định của Chủ tịch Hội đồng bộ trưởng số 253-CT ngày7/7/1990, "về bổ sung quỹ học bổng cho học sinh, sinh viên các trường sư phạm và học sinh, sinh viên miền núi", *Công báo*, số17, 15/9/1990, p. 341.

う方針が示された背景には，何とかして教育分野に進学する若手人材の減少を食い止めなければと考えた，中央政府の焦りと不安が読み取れる。

そして，師範大学の学生と同時に言及されたのが，山間部出身者に対する奨学金制度の復活であった。同じく閣僚会議主席第253号決定には，次のように記されている。

> 「1990年3月13日付閣僚会議第72号決定の第30条に基づき，少数民族の生徒および学生に対する奨学金は別とし，実際の支出に基づいて支給される。山間部各省の山岳地域に居住するキン族の生徒，学生についても，少数民族と同じく，奨学金による援助制度の対象となる。[63)]」

ここで言及された「閣僚会議第72号決定の第30条」こそ，山間部の幹部育成政策における抜本的な改革の方向性が示された決定的な項目であった。詳しくは次節で述べるが，平野部からキン族幹部が派遣されてきていたそれまでの構造から，地元出身者の中から行政職や教員など，山間部の発展政策に直接貢献できる優秀な人材を，自前で調達できるようにするという，幹部養成政策をめぐる大きなシフトチェンジの方針が示されたからである。

1-4-3 「少数民族政策のドイモイ」：政治局第22号決議

このシフトチェンジの契機となったもの，それは1989年11月に出された，政治局第22号決議「山間部の経済・社会の発展についてのいくつかの主要な方針と政策」であった。「少数民族政策のドイモイ」とも位置づけられるこの決議は，ベトナム戦争終結後，重要性が低下して置き去りにされてきた山間部少数民族政策にもう一度目を向けなおすとともに，ドイモイ政策によって新たに生じた弊害を改善するための，少数民族政策方針の大転換であった［伊藤2003: 187］。そこでは第一に，さまざまな困難に直面している山間部地域には，独自の発展のあり方が適応されるべきとの見方から，ドイモイ政策の導入によっていったんは全国的に廃止された配給制度や，教育分野を含む一部の優遇政策を復活させることが示された。そして第二に，山間部地域の開発を担う新

---

63) Quyết định của Chủ tịch Hội đồng bộ trưởng số 253-CT ngày7/7/1990, "về bổ sung quỹ học bổng cho học sinh, sinh viên các trường sư phạm và học sinh, sinh viên miền núi", *Công báo*, số17, 15/9/1990, p. 341.

たな構造として，平野部からキン族を派遣するのではなく，地元出身者，とりわけ少数民族の優秀な人材を行政管理職（教員含む）に登用する，新しい発展の仕組みを作っていこうとする方向性が打ち出された。

ここではまず，

> 「地元での幹部人材の養成に関しては，少数民族幹部，および平野部から山間部に派遣された幹部に対する政策と同様，依然として十分な研究がなされておらず，一貫性を欠き，随意的であり，山間部発展事業に効果的な貢献をなすべく，幹部が山間部地域に長期的に密着することを奨励していない。[64]」

と記され，従来の幹部構造の限界が露呈した現状についての認識が示された。そのうえで，以下のように，少数民族や地元出身者の中から，幹部となって地方行政に従事できる人材を育成していくことに力点を置く方針が定められた。

> 「少数民族幹部，山間部に従事する幹部，学習し終えた後に地元に戻り，少数民族同胞のために活動する幹部を優先的に育成する原則を実現する。（中略）
> 　平野部から山間部に派遣される幹部と同時に，少数民族幹部，とりわけ山岳地域，僻地，島嶼部で活動を行う幹部に対する政策，制度を補足する。[65]」

そもそも経済と社会の自由化，規制の緩和を目的としていたドイモイ政策からわずか3年後に，その流れとは一見逆行するように見えるこの政治局第22号決議が出された背景には，民族問題が一挙に激化した1980年代後半の世界的情勢の中で，ベトナム政府が，多文化主義的な国民統合のあり方を主には国内へ向けて主張する必要性に迫られていたという状況があった。古田元夫は，ドイモイ開始後のベトナムが民族構成の多様性，多元性を強調するようになった理由として，社会主義が「遠い夢」であると認識されたことによって，「社会主義的国民」としての「ベトナム国民」という共同性への諸民族の融合もそう短時間に実現できる話ではないという発想に立った，と指摘する［古田1999: 153］。ドイモイ政策による市場経済化に伴い，国内のさまざまな格差が露呈する中で，何とかして国内の民族問題が表層化するのを抑えなければなら

---

64) Nghị quyết Bộ Chính trị số 22-NQ/TW, ngày 27/11/1989, "về một số chủ trương, chính sách lớn phát triển kinh tế-xã hội miền núi"，［編者不明 1992: 18］

65) Nghị quyết Bộ Chính trị số 22-NQ/TW, ngày 27/11/1989, "về một số chủ trương, chính sách lớn phát triển kinh tế-xã hội miền núi"，［編者不明 1992: 33-34］

ないという切迫した状況にさらされた結果［伊藤 1997: 46］，「各民族の民族としてのアイデンティティ」と，「国家意識，すなわち統一されたベトナム民族の共同体意識」の両方を緊急に宣伝，教育するという二本の柱，つまりは「民族としての平等」「国民としての団結」の両方に軸足を置いた民族政策を立てざるを得なくなったのである［古田 1991; Hoàng 1991: 52］。

1-4-4　推薦入試 (Cử tuyển) 制度の導入

　山間部の発展構造と幹部養成政策についての方針転換を受けて，新たな課題として注目されたのが，地元出身の少数民族の中から幹部候補生となる人材，つまり高等教育機関への進学者を，いかにして大量かつ迅速に輩出するかという問題であった。政治局第 22 号決議の翌年，1990 年 3 月に出された閣僚評議会第 72 号決定「山間部経済・社会発展の具体的な主張と政策について」には，少数民族を高等教育機関に進学させるための具体的な政策方針として次のように記されている。

>　「第 30 条：大学・専門中学省および保健省は，山間部学生の現状や要求に合致するよう内容やカリキュラムの刷新を行うなど，山間部における大学，短大，専門中学校の質的水準の強化，向上に責任を持つ。
>　　大学および技術工業学校では，少数民族，とりわけ山岳部の少数民族を対象とした特別クラスを開設する計画を立てる。ただし，地域ごとに少数民族学生を選抜し，卒業後には地元へ帰って貢献するようにしなければならない。
>　　現行制度のほかに，大学および短大で学ぶ少数民族学生には一般規定の 1.5 倍の奨学金が与えられるとともに，帰省のための旅費を 1 年に 2 回支給する。極めて成績優秀な少数民族学生には，一般規定の 2 倍の奨学金が与えられる。[66]」

　第 22 号決議に先駆けて出された 1989 年の閣僚評議会第 65 号指示には，この特別クラスについて，「大学・専門中学・職業訓練校省は，いくつかの大学の中に少数民族生徒のための特別クラスを開設し，内容については簡潔に，しかし学習時間は短縮しないで学べるようにする」と記されており，この時点からすでに，少数民族のみを対象とした教育の場を開設するための方法が検討さ

---

66)　Quyết định của Hội đồng Bộ trưởng số 72-HĐBT, ngày13/3/1990, "về một số chủ trương, chính sách cụ thể phát triển kinh tế - xã hội miền núi", ［編者不明 1992: 77］

れていたことがうかがえる。そのような中，1990年度より新たに導入されたのが，「推薦入試 (Cử tuyển) 制度」であった。推薦入試制度は，高校卒業資格をもった山間部地域出身の生徒を無試験で大学や短大へ入学させ，学費を免除し生活費を支援する代わりに[67]，学校を卒業した後には必ず地元に戻って公的機関で就職することを義務づける仕組みであった。

　2001年に明文化された推薦入試制度に関する通達（教育訓練省・政府幹部組織班・民族山間部委員会第4号通達）によれば，推薦入試制度の対象となる地域は，「少数民族地域，山間部，島嶼部およびその他困難な地域」であり[68]，この地域に5年以上居住し，常住戸籍を置く，「各民族の生徒」が，推薦入試制度を受験する対象となる。このことはつまり，この制度が，必ずしも少数民族だけを対象とした優遇政策としてではなく，さしあたり規定上は，キン族の生徒にも開かれた平等性を保障するものであることを意味している。しかし実際には，後述する理由によって，キン族の割合は合格者の2割を超えてはならないとの条文がつけ加えられ，少数民族を主たる対象とした制度として構想されていたことが明らかとなる[69]。

　この第4号通達には，推薦入試制度への応募資格について，高校を卒業してから3年以内，なおかつ25歳以下で健康であること，そして高校3年次の成績が，道徳が「良」以上，学力は，キン族は「良」以上，少数民族は「可」以上であることが条件として定められている[70]。道徳が「良」以上，学力が「可」以上，というこの条件は，普通高校の卒業試験をパスできるだけの生徒であればほとんど誰もがクリアできるレベルである。このことから考えれば，この推薦入試制度の目的とは，学力水準の高い優秀なエリート層を抽出しようとするのではなく，むしろ裾野を広げておくことによって，なるべく幅広い人材を集

---

67) 推薦入試制度で進学した生徒には，学費免除，生活費補助のほかに，教科書・教程 (giáo trinh) の無償貸与，寄宿舎への優先的入居をはじめ，教育訓練省が定めたその他優遇制度を受けられると定められている。Thông tư liên tịch số 04/2001/TTLT-BGD ĐT-BTCCBCP-UBDTMN ngày 26/2/2001 hướng dẫn tuyển sinh vào đại học, cao đẳng, trung học chuyên nghiệp theo chế độ cử tuyển, *Công báo*, số 15, 22/4/2001.

68) Thông tư liên tịch số 04/2001/TTLT-BGD ĐT-BTCCBCP-UBDTMN ngày 26/2/2001 hướng dẫn tuyển sinh vào đại học, cao đẳng, trung học chuyên nghiệp theo chế độ cử tuyển, *Công báo*, số 15, 22/4/2001.

69) Thông tư liên tịch số 04/2001/TTLT-BGD ĐT-BTCCBCP-UBDTMN ngày 26/2/2001 hướng dẫn tuyển sinh vào đại học, cao đẳng, trung học chuyên nghiệp theo chế độ cử tuyển, *Công báo*, số 15, 22/4/2001.

70) Thông tư liên tịch số 04/2001/TTLT-BGD ĐT-BTCCBCP-UBDTMN ngày 26/2/2001 hướng dẫn tuyển sinh vào đại học, cao đẳng, trung học chuyên nghiệp theo chế độ cử tuyển, *Công báo*, số 15, 22/4/2001.

めることを念頭に置いた仕組みであった，といってよいかもしれない。

　この推薦入試制度の最大の特徴は，この制度によって大学や短大に進学した人々に対し，学校を卒業した後に必ず地元に戻り，定められた就職先で一定期間従事しなければならないという義務が課されたことである。

> 「推薦入試制度によって進学した人には，学校を卒業した後，推薦してくれた省による仕事の割り当てを受ける義務がある。仕事が割り当てられる期間は，各省の人民委員会の規定に基づき，人民委員会が定めるものとするが，少なくとも（推薦入試制度を通じて進学した学校で：引用者注）教育を受けた期間の2倍を下回らないこと。[71]」

　推薦入試制度によって進学した人は，大学なら最低8年間，短大なら最低6年間は，卒業後に地元の行政機関（教職を含む）で公務員として働く義務を負う。もしこの義務に違反し，省の人民委員会から割り当てられた仕事に就かなかった場合，および，定められた期間よりも早く辞めてしまった場合には，「奨学金と教育経費を弁償すること」という厳しい罰則規定が設けられている。

　つまりこの制度には，職業分配制度の見直しに伴って，平野部からキン族幹部が派遣されてこなくなった山間部地域における，新たな幹部養成政策として，重要な役割を果たすことが期待された。大学や短大に入学する前の段階で，必ずしも優秀でなくともよいから，確実に地元に戻り，一定期間，そこでの公的業務に従事することを約束した人材を確保しようとする狙いがあったのである[72]。

---

71) Thông tư liên tịch số 04/2001/TTLT-BGD ĐT-BTCCBCP-UBDTMN ngày 26/2/2001 hướng dẫn tuyển sinh vào đại học, cao đẳng, trung học chuyên nghiệp theo chế độ cử tuyển, *Công báo*, số 15, 22/4/2001.

72) 1995年よりこの推薦入試制度が導入されたハノイ文化大学少数民族文化学科において，推薦入試制度で入学した第1期生から第5期生まで，計82人の卒業生の進路を調べたところ，80人（97.6％）の卒業生が，文化省の関連機関，ないしはその他の公的機関へ就職していた（1期生は1995年度入学，5期生は1999年度入学生を指す。卒業生の進路の内訳は文化省関連の公的機関48名，文化省関連以外の公的機関25名，マスコミ関係5名，教育関係2名，民間企業2名）。彼らの任地についても，ハノイ市内へ配置された3名を除けば，基本的にほぼ全員が，それぞれの地元へ戻っていることが示されている（ハノイ文化大学とは文化情報省が管轄する大学であり，基本的には，各省の文化情報局の推薦を受けて進学した人々は，卒業後にはそれぞれの省の文化情報局か，それに関連する職種を割り当てられる）。ハノイ文化大学少数民族文化学科で得られたデータからは，この推薦入試制度が，地元の公的機関において地域発展の中心の役割を担うための人材を育てるという目的をほぼ十分に達成していると評価できるだろう（2004年11月にハノイ文化大学少数民族文化学科にて入手した進路統計資料より）。ハノイ文化大学に「民族学科」

ところが，1995年に行われたベトナム政府の調査では，この制度をめぐるいくつかの深刻な問題が指摘された。まず第一の問題は，この推薦入試制度で進学した人の中に，キン族が多く含まれていたことであった。推薦入試制度による進学者総数のうち，中部高原のザライ省で66％，北部山間部のラオカイ省で43％，フーイェン省で56％がキン族によって占められていたという[73]。

　第二に，これらのキン族進学者のうち，大部分が公的機関の公務員（軍人を含む）の親を持ち，さらに彼らの多く（79％）が町の中心地や省の中心地など，山間部のうちでもいわゆる「都会」出身者であった。調査報告書は，こうした状況の原因として推薦入試制度自体の周知レベルが低いことを挙げ，本来，その対象であるはずの山岳地域の少数民族ではなく，多数派民族のキン族であり，なおかつ情報へのアクセス性が高い公務員の子どもたちが，不正にこの制度を「利用している」として，厳しく糾弾した[74]。2001年に出された第4号通達の中で，「（キン族の：引用者注）割合は定員の2割を超えないこと」という一文が明記された背景には，推薦入試制度をめぐるこうしたネガティブな現状認識が伏流していたと考えられる[75]。

　なお，この報告書では，推薦入試制度で進学した学生の学力水準の低さに言及したうえで，民族寄宿学校の仕組みが全国規模でほぼ完成したことを理由に，現行の「特別クラス」への推薦入試制度は「費用の浪費であり，要求を満たし

　　を設立することについては，1989年6月の閣僚評議会第65号指示の中で提案されており，1990年前後の時期に，ベトナム政府の主導によって，少数民族文化を専門とする学科の設立が進められたことがうかがえる。Chỉ thị của Hội đồng Bộ trưởng số 65-HĐBT, ngày 12/6/1989, "về việc giải quyết một số vấn đề cấp bách về kinh tế- xã hội đối với các tỉnh miền núi, biên giới phía bắc", [編者不明 1992: 54]

73) この同じ問題については，フエ師範大学でも同様の状況が報告されている。1993年度にこの大学に推薦入試制度が導入された当初の数年間は，特別クラスに入学してくる学生の大半がキン族によって占められていたという。その後状況は改善され，少数民族の学生の割合が増加したものの，1998年までに，フエ師範大学に推薦入試で進学した学生のほぼ半数（47.6％）がキン族であった [Võ 1998: 27]。

74) Báo cáo kết quả đợt công tác giám sát của hội đồng dân tộc về việc cử tuyển lớp riêng vào các trường đại học, cao đẳng đối với học sinh dân tộc thiểu số, số 456 BC/HĐDT, ngày2/3/1996, [Hội đồng dân tộc của quốc hội khóa X 2000: 1038-1040]

75) さらにその5年後の2006年に出された新規定では，キン族の割合は定員の15％を超えないこととされている。すなわちキン族生徒を完全に排除するものではないが，少数民族に対する優遇政策としての性格がより強化されつつある。Nghị định Chính phủ số 134/2006/NĐ-CP, "Quy định chế độ cử tuyển vào các cơ sở giáo dục trình độ đại học, cao đẳng, trung cấp thuộc hệ thống giáo dục quốc dân", ngày14/11/2006, http://vanban.moet.gov.vn（教育訓練省ウェブサイト），2009年7月19日閲覧。

ていない」ので，国境地域などいくつかの最困難な地域を除いては，基本的に廃止する時期を迎えていると結論を出している。確かに，推薦入試制度によって進学した少数民族学生たちについては，ベトナム語をうまく話せない学生さえいることが指摘されており［Võ 1998: 27］，一般の入試を経て進学してきた学生たちとのあいだに，あまりにも大きな学力格差がある状況が危惧されていたことが明らかとなる。

　ここに大きなジレンマがあった。将来，地元の発展の牽引役となる若い人材を，高校を卒業した時点で青田買いしておくために導入された推薦入試制度では，何とか生徒は確保できても，競争原理を経ずにその「優秀さ」を保障することは極めて困難な課題であったからである。

　すでに述べた通り，推薦入試制度とは，無試験で大学や短大に進学できる制度である。その選抜方法については，省の人民委員会を長とする選抜会議によって行われるとされる以外には明らかにされていないが，少なくとも受験生の個人的な学力的資質だけを選抜の基準としていない点で，一般入試ではすくい上げることのできない人々にも，高等教育機関への新たな経路を開くものであった。しかしそれは同時に，なるべく優秀な幹部を養成するという目的に照らしてみれば，大きな矛盾を孕んでいた。逆に優秀な人材を集めようとすれば，少数民族の中でも学力水準の高い民族やキン族に合格者が集中してしまう。その結果，やはりどうしても，一般入試と同様に厳しい競争原理に淘汰され，高等教育機関へアクセスできない人々の層が固定化されてしまう。1996年の報告書で出された推薦入試制度廃止をめぐる提言は，現行の推薦入試制度が，こうしたジレンマを本質的に解決することができないという鋭い見通しを示したうえで，本来の目的に立ち戻って，山間部における人材養成のための教育システムのあり方を再考することを促す目的もあったものと考えられる。

　しかし，こうした提言にもかかわらず，推薦入試制度はその後もなおしばらく，山間部における幹部養成政策の重要な柱として継続していった。ただし2000年代半ばになると，その方針には若干の修正が加えられた。2006年に出された推薦入試制度に関する規定の改訂版（政府第134号議定「国民教育システムに所属する大学，短大，中級専門学校レベル教育機関への推薦入試制度規定」）では，推薦入試の対象者として，キン族よりも少数民族を優先すること，また，少数民族の中でもとりわけ「大学，短大，中級専門学校レベルの幹部をこれまで輩出していないか，省，中央直轄都市における民族比に照らして，その数が

とても少ない少数民族」に対して，積極的に定員を割り当てるという方針が示された[76]。これはすなわち，キン族幹部と少数民族幹部のあいだの学力差のみならず，少数民族幹部のあいだにも，学力水準の高い民族とそうでない民族がおり，これらの格差を是正するための有効な仕組みが存在していない [Lê 2005: 41]，と現状を認識した政府が，ようやくそうした状況を是正するために採った一つの対応策として位置づけられるだろう。

1-5 少数民族地域における高等教育就学人口の拡大

1-4-2 で述べたように，ドイモイ政策が軌道に乗りはじめた 1990 年代初頭以降，高等教育へ進学する学生の数は急増した。就学者の量的な伸び率で見ると，1990 年度における高等教育機関就学者数を 1 とすれば，2000 年度にはその数は 7.5 倍，2004 年度には 10.9 倍にまで拡大した。トロウの高等教育システムの段階的移行モデルに従えば，もはやベトナムの高等教育は，エリート段階からマス段階へと突入したといってもよいかもしれない[77]。

このような高等教育拡大の波は，徐々に少数民族が多く居住する山間部地域へも波及してきている。とはいえ，その数はまだ平野部にははるか及ばない。2003 年度における大学・短大進学者を示した図 1-5-1 によれば，少数民族人口の割合の高い西北地方，越北地方，中部高原の進学者数は，ほかの地域よりもかなり少ないことが示されている。

この理由としては，第一に，山間部と平野部キン族地域において，子どもを大学や短大へ進学させる際の，家計にかかる経済的な負担感の相違が挙げられる。2006 年度における 1 年間に子ども一人当たりにかかる小学校と大学・短大の教育支出額を，それぞれ地域別に見てみよう。まず小学校では，紅河デルタでは 61 万 3,000 ドン，東南部で 103 万 6,000 ドンであるのに対し，少数民族が多く居住する越北地方では 30 万 1,000 ドン，西北地方ではわずか 14 万

---

76) Nghị định Chính phủ số 134/2006/NĐ-CP, "Quy định chế độ cử tuyển vào các cơ sở giáo dục trinh độ đại học, cao đẳng, trung cấp thuộc hệ thống giáo dục quốc dân", ngày14/11/2006, http://vanban.moet.gov.vn (教育訓練省ウェブサイト)(2009 年 7 月 19 日閲覧).

77) この点については，[近田 2005: 341] でも指摘されている。近田はベトナムの高等教育の現状を指して「そろそろエリート段階からマス段階への移行期にさしかかろうとしている」と評しているが，おそらく現状ではすでにマス段階（トロウのモデルによれば就学率 15〜50％）の初期に突入しているといえよう。

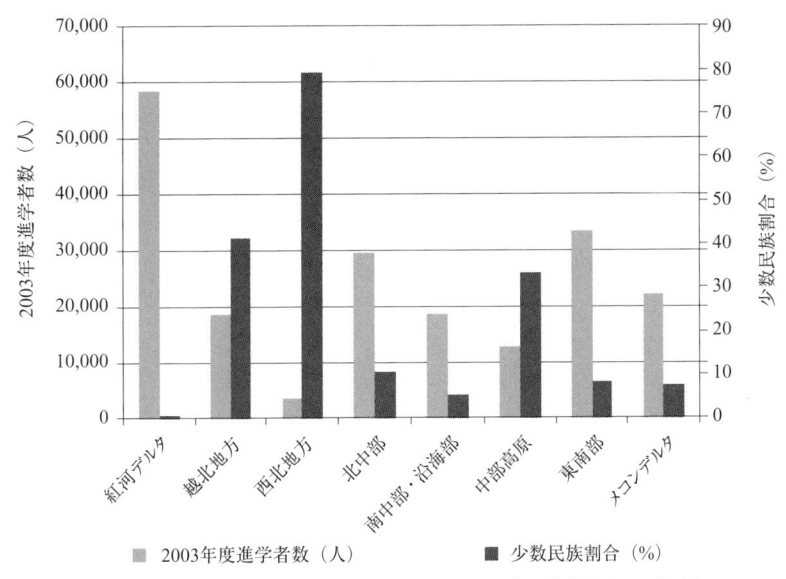

図1-5-1　地域ごとにみた大学・短大就学者数と少数民族割合（2003年度）
出典：［Bộ Giáo dục và đào tạo 2003］より筆者作成。

5,000ドンと，支出額における地域格差は非常に大きい。ところが，これが大学・短大になると，同じく1年間にかかる教育支出額は，紅河デルタで401万6,000ドン，東南部で504万1,000ドンであるのに対し，越北地方で416万3,000ドン，西北地方でも327万3,000ドンとなり，ほぼ同等かそれ以上の支出が必要とされている［Tổng cục thống kê 2008: 80］。

小学校にかかる教育支出額を1とした場合の，大学・短大に対する教育支出額の割合を地域ごとに比較してみると，紅河デルタでは6.6倍，東南部で4.9倍であるのに対し，越北地方では13.8倍，西北地方については22.6倍となっている。少数民族が多く居住する山間部と，平野部の圧倒的な経済格差を考えると，子どもを大学や短大に進学させることが，家族にとってはそれだけ重い経済的負担となってのしかかってきているのである。

第二に，山間部少数民族地域における中等教育の未普及という問題が存在する。2000年に初等教育普及率が全国的にほぼ100％に達したことを受けて[78]，

---

78)　個別のデータを見てみると，中国との国境地域に位置する少数民族地域ラオカイ省バットサット県における6歳から10歳までの児童の小学校就学率（2004年度）は93.8％に達している（2006

教育訓練省は2001年より基礎中学校教育普及キャンペーンに着手し，就学対象年齢（11歳〜18歳）にある小学校の卒業生全員に対して中学校課程の卒業を義務化する試みを実施している[79]。この成果として，ベトナム全土では2000年代に中学校課程の就学者が急増した。しかし，少数民族が多く居住する山間部では，中学校を卒業した生徒が高校へ進学する割合は5割から6割強で[80]，依然として中学校の卒業生の半数弱は高校へ進学できずにいる。また，高校に進学した場合でも，少数民族の学生が中退するケースは多い。例えばラオカイ省では，省内の普通高校全22校のうち，少数民族学生の割合が6割以上を占める高校の平均中退率6.3％に対し，それ以外の高校の平均中退率は3.0％であり，前者と後者のあいだには2倍以上の開きがある。

　その一方で，先ほどの2003年度高等教育機関進学者数を1997年度のデータと比較した進学者数の伸び率で見た場合，実は少数民族地域の方が全国平均値よりも高く推移していることが明らかになった（図1-5-2）。依然として中等教育の普及が遅れている少数民族地域において，平野部キン族地域を含む全国の平均値よりも高い高等教育機関進学の伸び率が観察された背景には，1990年代以降全国各地に建設された，民族寄宿学校という新しい学校制度の導入による影響があった。

　民族寄宿学校が，少数民族の進学熱を支えた一つの重要なきっかけとなったことについて，ランソン省チラン県の教育室に勤めるタイー族の女性，ヒエンの事例を挙げてみたい。ヒエンは，チラン県クアンソン社で生まれ，1989年にクアンソン社の普通中学校を卒業した。高校進学を希望していたが，両親は彼女の進学には「絶対に反対」だったため，中学校を卒業してから2年間，両

年12月にラオカイ省バットサット県教育室にて入手資料より）。モン族やザオ族，パジー族など，多数派民族であるキン族との関係がそれほど強くない少数民族が多く居住し，ベトナム北部少数民族地域でも特に貧しい地域であるが，それでもこの小学校就学率を達成していることは初等教育普及キャンペーンの大きな成果といえよう。

79) Nghị định của Chính phủ số 88/2001/NĐ-CP ngày 22/11/2001 "về thực hiện phổ cập giáo dục trung học cơ sở".

80) 筆者の調査結果によれば，高校への進学率はA．ラオカイ省民族寄宿学校で49.0％，B．ラオカイ省バットサット県の普通高校で65.3％，C．フート省民族寄宿学校で59.8％，D．フート省タインソン県の普通高校で53.9％であった。本データは，2006年12月から2007年3月にかけて行った高校生（12年生）を対象とした自記式配票方式によるアンケート調査から，中学校最終学年時のクラスの生徒総数と，そのうち高校へ進学した生徒数をもとに算出した。回答数はA．119人，B．160人，C．117人，D．188人。

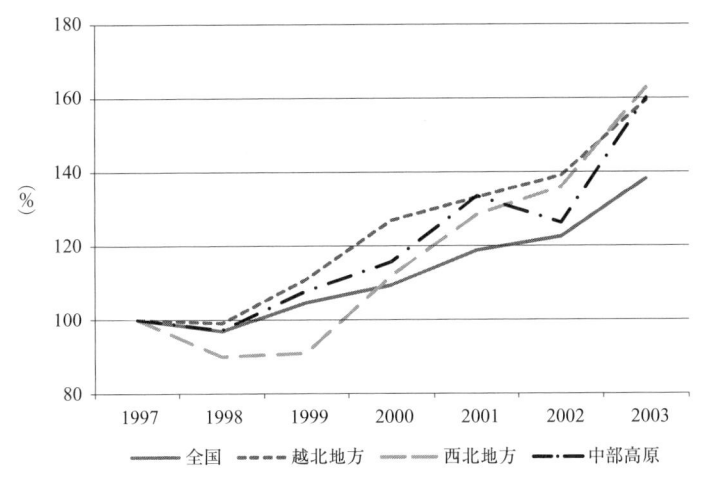

図1-5-2　地域別に見た大学・短大就学者数の推移（1997年を100とした場合の伸び率）
凡例：――全国　-----越北地方　―――西北地方　-・-・-中部高原
出典：［Bộ Giáo dục và đào tạo, 1997, 2003］より筆者作成。

親を手伝って農業に従事しながら，実家で家族とともに暮らしていた。当時，ヒエンが居住していた山間部地域，とりわけ経済社会的条件の悪い「僻地」の人々のあいだでは，「女子は高校に進学する必要はない，早く結婚して子どもを生むことがよいこと」，という認識が共有されていた。そのため，9年生（中学校3年生）の同じクラスで学んでいた女子10人のうち，半分が「高校に進学することなど全く考えず」，中学校を卒業した後は実家に戻って両親の手助けをしながら婚期がくるのを待っていたという[81]。

しかし，どうしても高校に進学したかったヒエンは，親には内緒で1992年にランソン省民族寄宿学校へ願書を提出し，合格した。しかし晴れて高校に進学することになってからも，両親は彼女が高校に通っていることを積極的に捉えておらず，高校を辞めて実家に戻ってくるように，といい続けた。

　「両親の反対を押し切ってランソン省民族寄宿学校に進学したものの，11年生（高校2年生：引用者注）になってもまだ，父は私が勉強を続けていることに反対していた。11年生の休暇に私が実家に戻ると，父に「もう学校には戻るんじゃない」といわれた。私は泣いて，何も答えなかった。そして，夜になってから，誰にもいわず，クアンソン社からドンモー町（チラン県の県都：引用者注）に一

81）　2004年10月28日ランソン省チラン県教育室にておこなったインタビュー。

人で歩いて降りていった。当時，道路はまだ舗装されておらず，とても細い道路だったので，ドンモー町に降りるまでに徒歩で3時間かかったわ。そして，（ランソン省民族寄宿学校があるランソン市まで：引用者注）一人で鉄道に無賃乗車して学校に戻ったの。[82]」

このインタビューからは，1990年前後の山間部地域において，進学に対する考え方が，親の世代と子どもの世代で大きくかけ離れていたこと，そして，そのような状況下にあって，少数民族の子どもたちが進学に対する夢をつないでいくために，民族寄宿学校が重要な存在となっていた様子を読み取ることができる。ヒエンの両親はいずれもタイー族で，父親はクアンソン社の副主席，主席，農民会主席を歴任し，ムラの中ではそれなりの実力者であった。しかし，それでもなお，彼女の父親は娘が高校へ進学することに対して，強固に反対していた。母親が病気がちだったため，長女であるヒエンが，幼い弟や妹たちの面倒をみる必要がある，というのがその理由であった。これに対し，ヒエンは進学に対する強い意思を持っていた。しかし，親にきつく反対されていたので，地元の普通高校であるチランA高校では，学費や，下宿にかかる費用を出してもらうことはできない。詳しくは第3章で述べるが，これに対し民族寄宿学校であれば，在学期間中の学費が免除されるほか，寄宿舎での生活費用についても支給されるため，金銭的な負担はかからない。そこでヒエンは，ランソン省民族寄宿学校への進学を希望し，親に黙って家を飛び出してもなお，この学校で学び続けることを選択したのである。

彼女がそこまでして高校に通い続けることにこだわった理由とは，高校卒業後に，高等教育機関へ進学するという目的があったからであった。ランソン省民族寄宿学校を卒業したヒエンは，大学を受験した。しかし，結果は不合格だった。

「12年生を卒業すると，当時の民族寄宿学校卒業生の大半は，短大を受けて，小学校か中学校の先生を目指すのが主流だった。でも，私はどうしても高校の教員になりたかったので，大学を受験したが，合格できなかった。しかし浪人することになれば，実家に戻らなければならない。実家には絶対に戻りたくなかった。その時点で，まだ試験に間に合うのは中級専門学校しかなかったので，仕

---

82) 2004年10月28日ランソン省チラン県教育室にておこなったインタビュー。

ランソン省チラン県の県都ドンモー町。高校に通い続けることを親に反対された16歳のヒエンは,家族に黙って夜中に家を抜け出し,歩いて3時間かけてこの町まで降りて,ランソン省民族寄宿学校に戻った。(2004年10月)

方なく中級専門学校を受けて進学することにした。[83]」

彼女の語りには，山間部の農村地域で育った彼女にとって，学歴を持つことが実家を離れるための唯一の手段であると考えていた認識がよく現れている。先にも述べた通り，少なくともこの当時，中学校を卒業した生徒たちが，適切な時期にしかるべき相手と結婚するまで，実家に住んで親の手伝いをしながら農業に従事するという過ごし方が，とりわけ女子の典型的なライフコースとして社会的な認識を得ていた。こうした「伝統的な」生活サイクルから抜け出し，農業以外に自らが従事できる仕事を得るためには，どうにかして中級専門学校以上の高等教育機関に進学しなければならない。ヒエンに対するインタビューからは，当時の（少なくとも若年世代の）少数民族の人々にとって，民族寄宿学校とは，その夢をかなえるためのほぼ唯一の手段であり，学歴主義的な成功モデルと分かちがたく結びついた存在として，知覚されていた様子がうかがえる。

1-6　小括

本章では，植民地支配から独立し，多民族からなるベトナム国民を創出するという課題を担ったベトナムの国家エリートたちが，識字教育と職業分配制度を通じてどのように少数民族たちとの関係を取り結んでいったのかという問題を考察した。国家エリートたちは，平野部からキン族を派遣して少数民族たちを公教育制度に参加させることで，彼らを国家空間に取り込んでいこうとした。しかしベトナム語を母語とせず，キン族とは全く異なる生活文化を持った少数民族が多く居住する山間部地域は，職業分配制度によって強制的に平野部から派遣されたキン族幹部たちにとってなかなか馴染むことのできない「未開」の土地であった。国家が幹部人材を一元的に管理することを目的とした職業分配制度は，キン族幹部の側の抵抗によってその構造的なひずみを露呈させたのであった。ドイモイ政策の開始に伴って職業分配制度が廃止されたことをきっかけに，平野部からキン族を派遣するというそれまでの山間部の発展モデルが改められ，地元出身者の中から，自分たちの地域社会の発展を牽引していけるようなエリート人材を育成するための新たな教育政策の方針が打ち出された。そ

---

[83]　2004年10月28日ランソン省チラン県教育室にておこなったインタビュー。

こで推薦入試制度が導入されたものの，高卒者を対象に，無試験で高等教育機関に入学させる推薦入試制度の仕組みだけでは，将来的に地元の幹部となる人材の「優秀さ」を保証することができないというジレンマに直面した。そこで，より効率的に少数民族の中から優秀な幹部候補生を育成するための新たな学校制度として開発されたのが民族寄宿学校であった。

第2章

民族寄宿学校の誕生

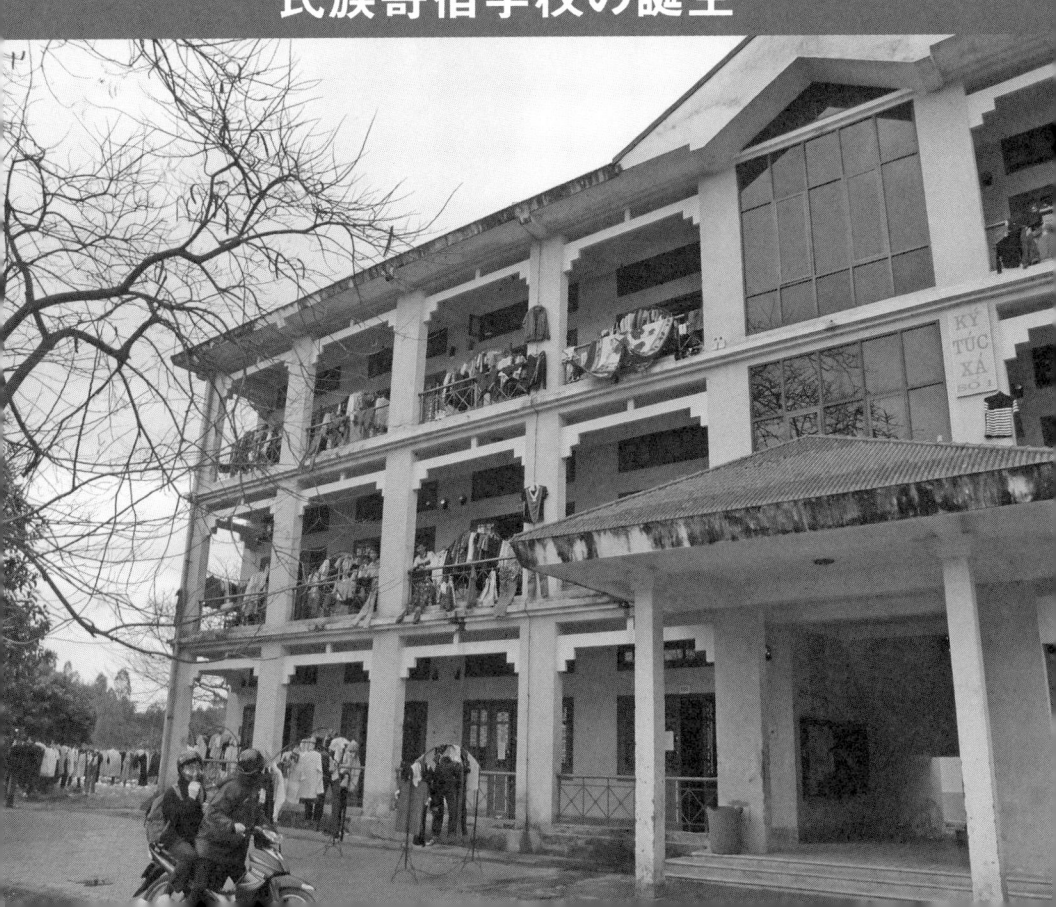

本章では，国家エリートたちが困難に直面した少数民族地域における教育政策の課題に対して，地域社会，とりわけ地方エリートたちがどのようにイニシアティブを発揮して解決していったのかを明らかにする。国家から一定の自立性を維持していた地方の指導的エリートたちは，国家エリートが作りあげた公教育の仕組みが，山間部地域の住民たちを学校教育に動員するという点において大きな混乱を引き起こしていることを早くから認識していた。そこで，地域社会ごとの学校制度として「民族青年学校」を立ち上げ，それぞれの地域の事情に即して運用していった。

2-1 「民族青年学校」の建設

2-1-1 地元幹部の養成事業

第1章で明らかにしたように，ドイモイ政策が導入される以前までの山間部少数民族地域は，深刻な幹部不足の状況に陥っていた。では，平野部からキン族のエリート幹部を派遣するという政策方針だけが，ベトナム政府の描く唯一の山間部の発展ビジョンだったのであろうか。答えは否である。ベトナム政府は，1949年の時点ですでに，平野部からキン族幹部を派遣するという方法だけで山間部地域の発展を担っていくことには限界があることを認識していた（第1章 1-3-1参照）[1]。そこで，こうした状況の打開策として期待されたのが，地元幹部の養成事業であった。1952年8月に出された「現在の党の少数民族政策に関する政治局決議」には，次のように記されている。

> 「地方において工作を開始する際，ほかの地域からきた幹部の助けが必要であることは当たり前（cố nhiên）である。しかし，地元の一般大衆の状況を理解して迅速に働きかけ，同時に地元の運動を地元の人々が自ら担うようにしようとするならば，地元幹部の養成が急務である。地元幹部が仕事をするようになれば，その土地の人々が疑念を抱いたり，キン族が「統治」しにきているとの誤解を

---

[1] 1949年1月の第10連区の幹部会議では，「自分こそがここで（山間部：引用者注）幹部になると思いこんだ平野部出身幹部が，地元の少数民族出身者に対して，劣った存在として軽蔑し，自分の随員のようにしか扱わず，責任を持って工作を担当させなかったり，逆に担当させた時にはまかせきりで適切な助言をしないといった姿勢が批判され」たという。[古田 1991：389]

招くことはなくなるであろう。[2]」

　ここで急務とされた「地元幹部の養成」とは，具体的には，すでに行政機関や軍隊で働いている少数民族の青年たちの中から，成績の優秀な人々を選抜して，「山間部の人々の学校」に入学させ文化と政治を学ばせた後，山間部の各地域において骨幹となる幹部へと養成させる，という方法であった[3]。この1940年代末とは，フランスとの抗戦が対峙段階に入り，フランス側支配地域に対する工作の一環として，少数民族居住地域での活動を系統的に展開するようになったベトナム人共産主義者たちが，それまで行われていたような有力者の掌握から，大衆運動の組織化という方向性に移行した時期であった［古田1991: 384-386］。少数民族を中心とする地元住民のあいだに働きかけて，ベトミン側で抗仏戦争に参加する人々を動員するためには「下からの大衆動員」が必要であり，同時に，平野部からやってきたキン族の幹部たちと地元の住民とを結びつける仲介役として，少数民族の中から優秀な人材を育成していく必要性が認識されたのである。

　そしてこれ以降，山間部地域では，地元の優秀な人材を集めて行政職員や教員に養成していくための教育事業が展開されていった。ただしこのことは，地元出身以外の幹部，すなわち平野部キン族幹部をないがしろにしてよいという意味では当然なく，「ほかの地域からきた幹部」すなわち平野部のキン族幹部の養成についても同時に目配りを怠らないことが同時に確認されている[4]。言い換えると，山間部少数民族地域における幹部問題とは，地元出身幹部の育成と，職業分配制度によって平野部から派遣されてきたキン族幹部の定着定住促進政策という二つの「軸」のあいだでの，微妙なバランスをいかに保っていくかという問題にほかならなかった。このことが政治首脳部からも強い関心を集めていたことについては，1960年9月5日に行われたベトナム労働党第3回全国代表大会における，レ・ズアンの政治報告で次のように述べられていること

---

2) Nghị quyết Bộ Chính trị về chính sách dân tộc thiểu số của đảng hiện nay (tháng8/1952), [Hội đồng dân tộc của quốc hội khóa X 2000: 45]．
　なお，この箇所については［古田1991: 394］にも一部引用されている。

3) Nghị quyết Bộ Chính trị về chính sách dân tộc thiểu số của đảng hiện nay (tháng8/1952), [Hội đồng dân tộc của quốc hội khóa X 2000: 45]．

4) Chỉ thị của ban bí thư số 128-CT/TƯ "về việc đẩy mạnh hơn nữa việc thi hành chủ trương tăng cường công tác vùng cao", [Hội đồng dân tộc của quốc hội khóa X 2000: 66]

とからも明らかになる。

　「民族幹部の養成と訓練を行うこと，そして同時に少数民族幹部と山間部に従事するキン族幹部の団結を強化することに対しては，とりわけ重視する必要がある。これは，党の民族政策を正しく実現するための最重要な条件なのだ。[Lê 1978: 13]」

　そこで，山間部における地元幹部の養成事業において，医療や教育，果樹・野菜栽培，家畜飼育，林業，地質などの専門性を持つ幹部と，鍛冶や大工，建設に携わる職人など技術労働者の育成が，具体的な重点項目として挙げられた[5]。中でもとりわけ，県や社の行政に携わる人材を中心に，行政幹部を充実させることに主眼が置かれた。1958年2月24日付で出された第128号書記局指示には，「1960年末までにこれらの事業が軌道に乗るように努力する[6]」として，わずか三年足らずの短期目標が定められている。それほど地元幹部の養成事業が急務と考えられていた様子を示している。

　ところが，こうした早急な政策方針は，地方の教育現場に大きな混乱をもたらしたに過ぎなかった。その原因の一つが，少数民族幹部の養成事業に具体的な計画が策定されていなかったことであった。平野部で行われていた幹部養成の枠組みを真似するばかりで，山間部の現状に合わない教育プログラムや学校の形態がやみくもに適用されていただけであり，それぞれの地域に合った柔軟な対応がなされていなかった[7]。

　また同時に，山間部の人々の総体的な学力水準の低さという問題も存在した。山間部における非識字状況は依然深刻で，就学者の数や，新しく開設される学校やクラスも非常に少なかった[8]。現職幹部たちの多くが，非識字状態をよう

---

5) Nghị quyết hội nghị trung ương lần thứ 14, tháng11/1958, [Hội đồng dân tộc của quốc hội khóa X 2000: 61]．ここで取り上げられた重点項目については，1961年に開始した第一次五カ年計画の中にも同じ形で取り上げられている (Chỉ thị của ban bí thư số 84-CT/TW ngày3/9/1964 "về nhiệm vụ công tác giáo dục ở miền núi trong hai năm học 1964-1965 và 1965-1966", *Văn kiện của đảng và nhà nước về chính sách dân tộc từ năm 1960 đến năm 1977*, nxb. Sự thật, Hà Nội, 1978, p. 122.)。

6) Chỉ thị của ban bí thư số 128-CT/TƯ "về việc đẩy mạnh hơn nữa việc thi hành chủ trương tăng cường công tác vùng cao", [Hội đồng dân tộc của quốc hội khóa X 2000: 66]．

7) Chỉ thị của ban bí thư số 84-CT/TW ngày3/9/1964 "về nhiệm vụ công tác giáo dục ở miền núi trong hai năm học 1964-1965 và 1965-1966", *Văn kiện của đảng và nhà nước về chính sách dân tộc từ năm 1960 đến năm 1977*, nxb. Sự thật, Hà Nội, 1978, p. 120．

8) Chỉ thị của ban bí thư số 128-CT/TƯ "về việc đẩy mạnh hơn nữa việc thi hành chủ trương tăng cường

やく脱却したばかりか，小学校1年生以下の学力水準であった。後で詳しく述べるが，1960年前後にホアビン社会主義労働青年学校に入学した，青年層の社や合作社の幹部（第2期生と第3期生の合計）906人のうち，「読み書きできる」程度，または小学校1年生程度の教育レベルしか持たない人，および非識字者の合計は，65.2%（591人）を占めていた［Nguyễn et al. 1998: 23］。

2-1-2　地方のイニシアティブ

　このような状況の中，ホアビン省である画期的な試みが行われた。少数民族地域の地元幹部の育成を目的とした，新しいタイプの教育機関が設立されたのである。「ホアビン社会主義労働青年学校」（以下，ホアビン校）と名づけられたこの新しい学校は，ホアビン省ベトナム労働青年団の発案によって建設され，1958年2月1日に正式に開校した[9]。ホアビン省内の幹部，ホアビン省ベトナム労働青年団（以下，ホアビン労働青年団）の団員たち［Nguyễn 1998: 178］を対象に，その中から優秀な人材を選抜することによって，基礎レベルに当たる合作社や社，さらには県や省で働く幹部を養成することが，ここで行われる教育の目的であった。

　この新しい学校設立のきっかけとなったのは，ホアビン労働青年団幹部たちによる「大胆なアイディア」であった［Nguyễn et al. 1998: 14-15］。後に1964年から1970年にかけてホアビン校の党委員会書記を務めたグエン・ヴァン・チョンの回顧録によれば，設立の経緯は，開校1年前の1957年に遡る。1957年7月，「ホアビン救国青年団」から「ホアビン省ベトナム労働青年団」へと名称が変更された。これを受け，ホアビン労働青年団の幹部たちが省内各地を巡り，すでに活動していた各支部の名称の変更，あるいは新たな支部設立のための運動を展開することになった。ところがいざ地方に赴いてみると，彼らは，ホアビン労働青年団の団員達のほとんどが非識字者であること，社のホアビン労働青年団の書記や，ましてや社の主席でさえも文字を知らないという状況を目の当たりにした。かつて抗仏戦争中，兵士となった若者たちは，敵の飛行機を避けて森に隠れている昼間のあいだ，文字を学び，読み書きを学んでいた。ところが，戦争が終結して平和な時代が訪れると，こうした識字活動の機会ま

công tác vùng cao", ［Hội đồng dân tộc của quốc hội khóa X 2000: 62］。
9)　開校当初は「労働青年学校」と名づけられていた。

でもが彼らの生活から失われてしまっていたのである [Nguyễn 1998: 178–180]。ホアビン労働青年団の幹部たちは，彼らが予想していた以上に悪化していた，基礎レベルの若い幹部たちの非識字状況に直面し，苦悩した。そのときの様子について，グエン・ヴァン・チョンは次のように述べている。

> 「平和になってみると，経費もないのに，どうやって青年たちに文字を教える活動を行えばよいというのか。この頃，ホアビン労働青年団は，毎年わずか二つの研修クラスしか組織しておらず，毎週1クラス当たり数十人の生徒を教えるだけであった。こんな状態では，どうやって青年に対する文盲一掃が可能なのだろうか？ [Nguyễn 1998: 180]」

そこで早速，ホアビン労働青年団の書記であったドアン・ヴァン・トーと，後にホアビン校の初代校長を務めたチャン・ゴアンが中心となり，労働と学習の両方を同時に行う半学半労学校という新しい学校制度の設立が提案された。それまで中央政府から再三にわたって，山間部における地元幹部の育成事業を重視するようにとの通達がなされるものの，実際には具体的な計画方針が立たず，混乱していく現場に直面したホアビン労働青年団の幹部たちが，自ら知恵を絞り，山間部の現場に合った学校システムの建設に乗り出した結果であった。

この画期的なアイディアは，同様の問題を抱えていた周辺の山間部地域に急速に拡大し，1963年末の時点までに北部20省に計61校が建設され，5,000人強の生徒が学ぶまでになった[10]。こうした地方での動きに対し，中央政府もすぐさま反応した。1964年の第84号政治局指示の中で，「(山間部における幹部養成事業を促進するうえで：引用者注) 青年に対して最もよい学校形態であるのは，半学半労民族青年学校である。[11]」と述べ，この学校制度のあり方を肯定的に評価したのである。さらに，翌1965年には，政府首相第64号指示「民族青年学校システムの建設と拡大について」において，この新しい学校制度が，ベトナムの経済状況に合致していることが正式に認められた[12]。そのうえで，

---

10) Chỉ thị của ban bí thư số 84-CT/TW ngày3/9/1964 "về nhiệm vụ công tác giáo dục ở miền núi trong hai năm học 1964–1965 và 1965–1966", *Văn kiện của đảng và nhà nước về chính sách dân tộc từ năm 1960 đến năm 1977*, nxb. Sự thật, Hà Nội, 1978, p. 119.

11) Chỉ thị của ban bí thư số 84-CT/TW ngày3/9/1964 "về nhiệm vụ công tác giáo dục ở miền núi trong hai năm học 1964–1965 và 1965–1966", *Văn kiện của đảng và nhà nước về chính sách dân tộc từ năm 1960 đến năm 1977*, nxb. Sự thật, Hà Nội, 1978, p. 122.

12) 「すでにいくつかの (民族青年：引用者注) 学校は，農業，林業分野の技術改善コンテスト運

今後は政府の主導によって、この学校システムを各地に積極的に普及させていく方針が示された。

> 「民族青年学校とは、半学半労文化学校の一類型である。この学校の目的は、16歳以上の各民族の男女を教育、訓練し、知識のある新しい労働力として合作社の骨幹となすとともに、民族幹部の養成事業において予備人材となるような人材を養成することである。(中略)
> 　今後、山間部における経済発展の要求に基づき、民族青年学校システムを拡大発展させることが必要である。各県に生徒数 100 人前後の規模の小学校を 1 ～2 校、省には生徒数約 200 人規模の中学校を少なくとも 1 校設立すること。[13]」

このようにして、ホアビン省ではじまった「大胆なアイディア」は、中央政府によるお墨付きを得て、山間部各地に拡大していった。地方から発信されたこの新しい学校システム建設の動きに対し、中央が肯定的な評価を与えることで、地方からの動きを追認していくという経路のあり方は、中央集権的なベトナムの政治構造において、地方の声を中央政府に届けるための重要な手段であった。ドイモイ政策の提唱に至った一連の過程について論じた古田元夫は、経済管理メカニズムへの人々の抵抗が、「地方の実験」という形で、地方の貿易や生産請負制の導入を認めることへとつながったとして、「下から」あるいは「地方から」の突き上げという要素が重要な役割を果たしていたと評し[14]。それと比較するとややスケールは小さくなるものの、ホアビン省で発案され、その後、各地方へと急速に拡大した「民族青年学校」という新しい学校システムの導入もまた、幹部養成事業という人材育成の分野において、「地方の実験」が全国に拡大し、中央政府に採用された典型的な事例であった。

動において牽引役の役割を果たしており、家畜飼育や作物栽培に関する経験を蓄積した学校がある地域では合作社にも広がってきている。このことは、民族青年学校が、民族幹部を補足するための青年養成学校の一類型として、我が国の経済状況および山間部の個別な条件に合致していることを示している。」Chỉ thị của thủ tướng chính phủ số 64-TTg/VG ngày31/5/1965 "về việc xây dựng và mở rộng hệ thống trường thanh niên dân tộc", Văn kiện của đảng và nhà nước về chính sách dân tộc từ năm 1960 đến năm 1977, nxb. Sự thật, Hà Nội, 1978, p. 136.

13)　Chỉ thị của thủ tướng chính phủ số 64-TTg/VG ngày31/5/1965 "về việc xây dựng và mở rộng hệ thống trường thanh niên dân tộc", Văn kiện của đảng và nhà nước về chính sách dân tộc từ năm 1960 đến năm 1977, nxb. Sự thật, Hà Nội, 1978, p. 137.

14)　古田は、「地方から」の突き上げと同時に、レ・ズアン書記長をはじめとする共産党最高指導部(政治局)に、こうした突き上げを受けとめる柔軟性がなお存在していたことも、こうした決定がなされるうえでは重要だったと思われる、としている。［古田 2009: 40］

後で述べる通り，この「民族青年学校」のシステムが，今日の山間部少数民族地域において重要な役割を担う民族寄宿学校制度につながっていくからである。

2-2 「民族青年学校」の仕組み：ホアビン社会主義労働青年学校

　では，「民族青年学校」とはどのような仕組みによって運営されていたのであろうか。ここで注目しておきたいのは，先に引用した1965年の政府首相第64号指示の中で，「民族青年学校」という学校形態が，「半学半労文化学校」ないしは「青年養成学校」の一類型である，と位置づけられていたことである。つまり「民族青年学校」とは，そのように名づけられた特定の学校制度ではなく，山間部地域において，地元の幹部養成を行うことを目的に設置された一連の学校群を指す総称であった。このことは，この「民族青年学校」タイプの各学校の名称が実際にはバラバラで，必ずしも統一されていなかったことに端的に示されている。例えば，この新しい学校制度の先駆けとなったホアビン省の試みは，「ホアビン社会主義労働青年学校」と名づけられたのに対し，このホアビン社会主義労働青年学校をモデルに，1976年にザライ・コントゥム省に建設された学校は，「ダックトー民族青年半学半労学校［Nguyễn 1986: 8-10］」と呼ばれていた。また，ギアロ省フーイエンにあった同様の学校は，「フーイエン民族青年学校［Văn 1975］」であったし，ほかにも「労働普通学校」，「民族少年学校 (trường thiếu nhi dân tộc)［L. K. H. 1988］」など，さまざまな名称の学校が，「民族青年学校」として存在していた[15]。同様に，これらの「民族青年学校」タイプの学校群には，何か統一された運営機関があるわけでも，画一化された学校制度を持っていたわけでもなかった。当然ながら，教育カリキュラ

---

15) なお，1977年にヴィンフー省タインソン県フオンカン社において，ホアビン校をモデルとして建設された学校の名称は，「民族青年半学半労学校」であった（2007年3月8日フオンカン普通高校にて教員ハオへのインタビュー）。したがって，これらの学校名称の多様な分布は，地域ごとの差異によるものではない。なお，この学校に関しては，上述したハオのほかに，フオンカン普通高校副校長のビェットも，「民族青年半学半労学校」であったと述べており，これ以外に特定の地域名はつけられていなかったと回答している（2007年3月8日フオンカン高校にて副校長ビェットへのインタビュー）。当時，この地域に「民族青年学校」が存在したことは確かだが，実際に地域を特定する名称がつけられていなかったか，あるいは，この名称が一般名詞化されて人々のあいだに通称されていた可能性がある。

ムについても，学校ごとにさまざまなバリエーションを持っていた。この点に，「民族青年学校」の大きな特徴があった。

　また同時に，この「民族青年学校」タイプの学校群は，教育行政が管轄する公教育制度の外側に位置づけられていた。「民族青年学校」が建設されはじめた1960年前後の時期，ベトナム民主共和国におけるすべての公教育機関は，教育省を頂点とする教育行政によって一元的に管理されていた。具体的には，省ごとに設けられた教育司（Ty Giáo dục）と[16]，その下位の行政単位である県に設けられた教育室（Phòng Giáo dục）による管理のもと，幼稚園から高校，大学に至るまでの公教育制度が組み立てられ，各学校に対する予算配分や，教員の人材配置（すなわち「職業分配制度」）を行っていた。これに対して，「民族青年学校」タイプの学校の管理運営は，ほとんど教育行政の手を離れたところで行われていた。詳しくは後述するが，自給自足による学校運営の形態が認められ，国家から教育予算を投入されない学校制度として存在していたのである。

　このような理由により，「民族青年学校」タイプの学校として位置づけられた各学校は，統一された機関ないし規格によって統制されていたのではなく，地域社会をベースとして，あくまで学校単位で運営されていた。したがって，これらの学校群に共通した学校制度の仕組みを再現することは難しい。そこで本書では，「民族青年学校」の出発点となったホアビン校の歩みを追いながら，ここでどのような学校経営が行われ，地域社会における幹部養成事業にとって，どのような役割を果たしていたのかを明らかにすることにより，「民族青年学校」タイプの学校制度の，一つの典型的なスタイルを明らかにしていきたい。

2-2-1　半学半労スタイル

　ホアビン校で行われていた教育制度を特徴づける最も大きな要素は，学生たちが昼間は道路の敷設や農作業などの労働を通じて，実践的な技術を学び，夜になると文字の読み書きをはじめ，普通教育で行われているような学問的知識の習得を行うという，「半学半労（vừa học vừa làm）」スタイルを採用していたことにある。このようなスタイルが考案された背景には，地域社会の中で青年幹

---

16)　現在の教育訓練局（Sở Giáo dục và đào tạo）に相当。

部として若者たちを育成するための場を作るには，自給自足，すなわち学校自ら経営努力を行うしか方法がない状況に置かれていたことと密接に関連している。2-1-2 で前述したグエン・ヴァン・チョンは，このときのことを，「若者たちには学校に学びにくるようにと招集しておきつつ，実際には鋤やスコップを手渡して道路の敷設工事を行った。そうしないと，学校で学び，食事をするための費用が賄えなかったからだ［Nguyễn 1998: 180］」と振り返っている。ホアビン校では，1958 年に学校が設立された当初，ホアビン省の交通司（Ty Giao thông）から道路敷設工事を請け負っていたが，その後すぐ「労働」の中心的基盤は農業にシフトした。ホアビン省やフート省内に七つの分校を建設し，そこに大規模な農場を併設することによって，農作物栽培や家畜飼育をしながら，そこで得られた利益をもとに学校の運営と教育事業を展開していったのである[17]。

こうした自給自足型の学校経営のあり方は，ホアビン省の人民委員会や党委員会で高く評価され，中央政府の目に留まった。前出の 1965 年 5 月 31 日付政府首相第 64 号指示「民族青年学校システムの建設と拡大について」には次のように記されている。

> 「財政と食糧について，学校が設立されたばかりで自給自足の能力を持たないときは，国家が生徒 1 人当たり 1 カ月 15 キロの米を支給する。その後，学校の食糧自給状況に応じて，支給の度合いを徐々に引き下げていくが，凶作など自然災害が生じた際は必要な量を保障するものとする。もし学校が，地方（行政：引用者注）から，家畜飼育，工業作物・果樹栽培，食糧加工に関する計画を与えられた場合には，食糧および商業に関連する各機関は，作物を買い上げて販売し，学校が生徒の学習，飲食を保障できるようにする必要がある。[18]」

ここには，学校経営が軌道に乗るまで，ないしは何らかの天災によって食糧の確保が難しい場合にはベトナム政府が支援すると記されている。しかしこのことは裏を返せば，自給自足型の学校経営のあり方を公に認めるので，基本的

---

17) ホアビン校では，道路の敷設工事で貯蓄した 36 万ドンと，ホアビン省党委員会からの提供を受けた 30 万ドンの資金を合わせた計 66 万ドンを元手に，800 頭の牛を購入し，その飼育を行ったという。［Nguyễn 1998: 181-183］

18) Chỉ thị của thủ tướng chính phủ số 64-TTg/VG ngày31/5/1965 "về việc xây dựng và mở rộng hệ thống trường thanh niên dân tộc", *Văn kiện của đảng và nhà nước về chính sách dân tộc từ năm 1960 đến năm 1977*, nxb. Sự thật, Hà Nội, 1978, pp. 137-138.

第 2 章　民族寄宿学校の誕生　89

には学校の自助努力によって，経営責任を負うようにという通達でもあった。教員の給料から学校の固定費，生徒の飲食費に至るまで，すべての経費が教育省の予算によって賄われる公教育制度下の学校とは異なり，学校それ自体を経営母体としたうえで，自力で学校を運営していくことが義務づけられたのである。同じ政府首相第64号指示には，学期開始から3カ月から6カ月のあいだ，生徒1人当たりにつき18ドンから20ドンの奨学金が支給されると記されている。しかしこの資金源については，「地方予算から充てること」とされ[19]，あくまで地方行政の枠組みの内部で自己完結するシステムであることが求められた。自給自足型の経営方法が中央政府によって公式に認められたことは，同時に，地方行政の仕組みの中の公的な存在として，「民族青年学校」が相対的な独立性を確保したことを意味していた。

ただし，中央政府によるこうした「お墨付き」が与えられるまで，「民族青年学校」は，どうやったら自分たちが公的な存在として認められるのかという問題に直面し，懸命にもがいていた。

ホアビン校の名称をめぐる，興味深いエピソードがある。

ホアビン校が正式に開校する以前，新たに設立する学校の名前をどうするかの話し合いが行われた。ここで，校長以下，学校の首脳部より「青年農場（Nông trường thanh niên）」という名称が提案された。ホアビン省の省政府から少しでも資金を投資してもらうためには，学校としてではなく農場として自らを位置づける必要があり，そのための苦肉の策として考え出された名前であった［Nguyễn 1998: 181-182］。ところが，教員たちのあいだからは，自分たちは学校であり農場という名称はふさわしくないという意見が相次いで出され，そこで，通称名として，「ホアビン社会主義労働青年学校」という名称を使うことが提案され，賛同を得た。その後，この「ホアビン社会主義労働青年学校」という通称名の方が徐々に社会に浸透していったが，同時に，省の行政機関向けには，「青年農場」という，いわば公的な名称がしばらく使用されていたという［Nguyễn 1998: 182］[20]。

---

19) Chỉ thị của thủ tướng chính phủ số 64-TTg/VG ngày31/5/1965 "về việc xây dựng và mở rộng hệ thống trường thanh niên dân tộc", *Văn kiện của đảng và nhà nước về chính sách dân tộc từ năm 1960 đến năm 1977*, nxb. Sự thật, Hà Nội, 1978, p. 138.

20) 1962年8月にホー・チ・ミンがホアビン校を訪れた際，当時の校長だったチャン・ゴアンが，「私たちの学校は農業生産に転向しましたが，資金不足にあえいでいます。（青年農場と）名前を変えてはじめて，資金を借り入れる資格を得ることができます。」と述べたところ，ホー・チ・

このエピソードが示すのは、ホアビン校の首脳部が、自分たちに予算を分配してくれる（かもしれない）行政機関向けと、それ以外に対して向ける顔を区別して、学校の名乗り方を巧みに使い分けていたことである。学校に限らず、機関や組織が自らにつける名称とは、社会の中で自らがこうありたいと望む自己表明であるとともに、すでにある社会秩序の中で、その手続きに則って自らを位置づけることにより、私的な存在から公的な存在として認識してもらうための一つの手段でもある。ホアビン校は、地方のイニシアティブ、それも地方の行政機関と直接的なつながりを持たないホアビン労働青年団の発案によって発足したという経緯から、設立当初はあくまで私的な存在としてしか認識されていなかった。ホアビン省から直接予算を分配されるためには、私的な存在から公的な存在として認知される必要があったが、教育行政の管轄下にあるものとされていた公教育制度の外側に位置していたホアビン校にとって、通称名で「学校」を名乗ることはできても、公的な存在としては認めてもらえない。そこで彼らは、「青年農場」という、別の新しい名乗りを表明することによって、学校とは別の経路を通じて、公的な存在になろうとしたのである。

　このように考えてみるならば、「民族青年学校」タイプとされた各学校が、実はバラバラな名称を名乗っていた理由についても、推測することが可能である。これらの学校は、「民族青年学校」という、あいまいに設定された学校群の一部として存在しつつ、自らを取り巻く地域社会の中で、少しでも多くの資源を獲得するための自己表明の手段として、公的な名称と通称名を巧みに使い分けていたと考えられるからである。これは、教育省を頂点とした教育行政とは別の、独立した経営システムによって運営される学校制度であったからこそ持ちえた交渉手段であった[21]。同時に、この経営方法に対して、中央政府からのお墨付きを得ていたことにより、その交渉力には有効性が付加されていた。「民族青年学校」とは、中央集権的な行政支配構造に対して、地方の一機関がささやかなイニシアティブを発揮できる、貴重な場でもあったのである。

　しかしこのように、「民族青年学校」が、学校組織でありながらも教育行政

　　ミンは、「ここは農業学校（trường nông）であって、農場（nông trường）ではない。」と答えたとされている（この点については2-2-2で後述する）。[Phạm 1998: 213].

21）なお、ホアビン校設立初期は、教員に対する呼称も anh giáo, chị giáo であったという。通常ベトナムの学校では、thầy giáo, cô giáo という呼び方が「先生」を表す一般名詞であるのに対し、ホアビン校の教員たちは、いわゆる一般的な意味での「先生」とは呼ばれていなかったことを示している。[Nguyễn et. al. 1998: 17]

からは切り離された，あくまで独立した公的な存在として認められていたことにより，教育行政とのあいだにはさまざまな軋轢が生み出されていた。

その一つが教員の配置である。第1章で論じたように，ドイモイ政策導入以前のベトナムでは，「職業分配制度」と呼ばれた人材配置の仕組みによって，あらゆる公的な職業への人材配置が行われていた。教育省が管轄する公教育制度下の普通学校については，教育省が立てた毎年の人事計画に基づき，教員の採用人数と彼らの赴任先，赴任期間が定められていた。この際，山間部少数民族地域や南北統一直後の南部地域など，職場環境が劣悪な（と思われていた）地域には，師範学校を出たばかりの新人教員たちが，半ば強制的に派遣されていった。

ところが，教育省の管轄外に存在していた「民族青年学校」は，この正式な教員の人材配置を受けることができなかった。とりわけ，学科科目を教える教員の人材不足は深刻であった [Nguyễn 1998: 183]。ホアビン校でも，ホアビン省の教育司との直接交渉を何度も重ねた結果，組織の責任はホアビン労働青年団が負うとしたうえで，学科科目については教育司が「助ける」という約束を取りつけた。そうしてはじめて，ようやく数人の教員を派遣してもらうことができたという [Nguyễn 1998: 183]。

このような深刻な教員不足という状況の中，ホアビン校では教育行政を通じた人材派遣のほかに，労働青年団のネットワークにも教員派遣の経路を切り開かざるを得なかった。彼らに対する給料はホアビン校が支払ったが，学校の財政が厳しいときは給料の支払いが滞ることもあった。しかし，グエン・ヴァン・チョンの回想録によれば，給料が十分に支払われていないときでさえ，平地から派遣されてきた教員たちは献身的に教育に従事したという。

> 「1962年からは，ハノイで10年生を卒業（高校卒業に相当：引用者注）した生徒たちが，ハノイ労働青年団による呼びかけに応じ，ホアビン社会主義労働青年学校にやってきてくれた。本来，彼らに対してはわが校が給料を支払わなければならなかったが，しかしまだ学校には給料を支払えるだけの収入がなかった。それにもかかわらず，彼らは熱心に仕事に取り組み，少しも不平不満を漏らすことはなかった。[Nguyễn 1998: 183]」

チョン自身も，中央教科委員会の研修会議の席で，「なぜ彼らは，これほどの困難にもかかわらず仕事を投げ出して帰ろうとしないのでしょう？　どなた

か教えてください」と発言した [Nguyễn 1998: 183]。第1章で見たように，この時期，平野部からキン族の教員たちを山間部に派遣する職業分配制度は，なかなか安定的な軌道に乗らず，多くの困難を抱えていた。さまざまな報奨制度や罰則が設けられ，何とかして派遣先の任地に定着させようとの工夫が行われたが，派遣された若い教員たちが，どうしても任地に馴染めずに葛藤を繰り返していたことは，すでに述べた通りである。その矢先，教育省の管轄外に設立された「民族青年学校」が，積極的に人事面での成功をアピールする姿が，教育行政の幹部たちの目に苦々しく映っていたであろう様子は想像に難くない[22]。

　この教員配置の問題以外にも，民族青年学校と教育行政のあいだにはさまざまな摩擦が発生した。1964年以降，ホアビン校では小学校から中学校，高校の建設を続けていったが，これらの各段階の卒業試験の合格率が非常に高かったことから，教育行政のトップより，ホアビン校の教育の質は認められないとのクレームがついた。こうしたクレームに対して，ホアビン校の首脳部は自らの正当性を主張し，反論しなければならなかった [Nguyễn 1998: 187]。

　また，1970年にホアビン校が大学の分校を建設するにあたり，党中央書記であったトー・ヒューより，農業，林業，師範の3モデルのうち，どれか一つのモデルを選択するようにとの指示を受けた。ホアビン校は農業モデルを選択したため，本来大学省の管轄を受けるはずであったホアビン校の大学分校は，農業省の管轄下に置かれることとなった。大学分校の管轄機関をめぐるこうした対応は，ベトナムではじめてのケースであったという [Nguyễn 1998: 187][23]。

　これらの出来事を通じて見えてくるのは，本来教育行政が管轄するはずの，教育課程ごとの卒業試験や，大学分校の設置について，独自の方針でどんどん

22）　ただし，1962年から1975年までホアビン校の副校長を務めたディン・ホアットの回顧録では，ホアビン校では経費不足により給料が滞りがちで，そのことによって教員や職員の士気が弱まり，転任していくものもいたとされている [Đinh 1998: 195]。したがって，グエン・ヴァン・チョンが中央教科委員会で発言したほど，実際の状況は楽観的ではなかったようである。しかし，チョンの発言の姿勢は，時勢の追い風を受けた民族青年学校の勢いを表しており，これに対して，やはり教育行政の側では面白くなかったであろうことが推測できる。

23）　なお，その前年の1969年に教育省と大学省の大臣がはじめてホアビン校を訪問している。ホー・チ・ミンの訪問からようやく7年後のことであり，そのあいだにもレ・ズアンやファム・ヴァン・ドンをはじめ，副首相クラスがたびたび同校を訪れていたことを考えると，教育省と大学省の反応がいかに遅いものであったかがわかる。[Đinh 1998: 201–203]

進めてしまうホアビン校の運営のあり方に対して，教育行政とのあいだでの調整が必ずしもうまくいかなかったという状況である。こうした不満は，「民族青年学校」で実践された新しい教育モデルに対する批判として噴出した。「労働」と「学習」を組み合わせた半学半労スタイルに対して，教育行政の内外からさまざまな批判意見があり，あからさまに馬鹿にしたり，けなしたりする人も決して少なくなかった [Đinh 1998: 192]。

しかしその一方で，中央政府レベルでは，「民族青年学校」という学校制度に高い関心を払っていた。「民族青年学校」における半学半労スタイルの実践こそ，党とホー・チ・ミンが提唱した，「学ぶことは行動とともに，理論は実践とともに」という教育に対する考え方を，忠実に実現していると考えられていたからである [Nguyễn 1998: 187]。1962年8月にホアビン校を訪問したホー・チ・ミンをはじめ，ファム・ヴァン・ドンやレ・ズアンなど，政府や党の要職者がたびたび視察に訪れた。ホー・チ・ミンの訪問直後の1962年度には，教育司によって多くの教員がホアビン校に配置されたが [Đinh 1998: 194]，当初教員派遣に難色を示していた教育司が，急遽，方針を転換せざるを得なかったのも，中央政府からのこうした高い関心と意向を受けたものと推測される。

2-2-2 即戦力の育成

「民族青年学校」が，教育行政から独立した学校制度として存在していたことは，この学校で行われる教育カリキュラムや授業のスケジュール，生徒のリクルートの方法についても，学校の独自裁量が認められていたことを意味していた。

2-1で述べたように，1965年に出された政府首相第64号指示（「民族青年学校システムの建設と拡大について」）によれば，「民族青年学校」の入学対象は「16歳以上」と定められた[24]。ホアビン校の入学対象とされたのは「16歳～25歳 [Nguyễn et al. 1998: 56]」であり，これは，普通高校の就学年齢を少し上回る，「青年層」を対象としていることを意味していた [Nguyễn 1979]。すなわち，普通学校の就学年齢の枠組みから落ちこぼれてしまった人々に対して，ピンポ

---

24) ただしこの年齢規定に関しても，各学校が独自の規定を設けており，ダックトー半学半労民族青年学校では「15歳～25歳」とされるなど，必ずしも「16歳以上」が厳密に守られていたわけではない。[Nguyễn 1986: 8]

イントで教育の機会を与えることで，即戦力となる人材を確保し，彼らを「新しい社会主義人［Nguyễn et al. 1998: 15］」として育成することが，「民族青年学校」の目的とみなされていた。

　実際のところ，1958年4月に入学したホアビン校の第1期生200人強のうち，大部分は，社の主席や常務委員，ホアビン労働青年団の執行委員であった［Nguyễn et al. 1998: 16］。また，翌年のはじめに入学した第2期生（約400人弱）も，卒業するとすぐ地元に戻り，土地改革と農業合作社建設に直接携わるようになった［Nguyễn et al. 1998: 21］。前節で明らかにしたように，ホアビン校が設立された背景には，非識字状況にあった青年層に対する識字教室を，という目標があった。そこで，まず手はじめに，すでに社の要職に就いていた人々を動員したことは想像に難くない。彼らは学校に寄宿して集団生活を送りながら，道路敷設作業や農作業などの労働を通じて，生産隊や農業合作社の幹部と一般の人々を動員する方法を学んだ[25]。ホアビン校の創立初期には，1日の就学時間のうち8時間が労働に充てられており，一方で，学習については，昼間に行われる講義と，夜間に宿題をする時間しか設けられておらず，かなり労働に比重を置いたカリキュラムが組まれていた［Nguyễn et al. 1998: 20］。そこで行われる教育レベルも，識字教育段階から小学校高学年までが中心であった。第2期生と第3期生の教育レベルについて，入学時と卒業時の変化を比較してみると（図2-2-1），入学時には「読み書きできる」レベルであった生徒が最多の302人を占めていたのに対し，卒業時には「3年生」のレベルの人が297人で最も多くなっていることがわかる。残念ながらこの図の元データには，個々人の教育レベルがどのように推移したかという情報は掲載されていないので，あくまで全体的な傾向の比較しかできない。しかしそれでもなお，入学時には，ようやく読み書きができるようになったか，せいぜい小学校の低学年レベルでしかなかった大半の人々が，ホアビン校での学習期間を経て，小学校高学年（小学校は4年制），ないしは中学校低学年（中学校は3年制）のレベルまで向上したことが読み取れる[26]。

25）　なお，第1期生に対する学習面の課題は，卒業するまでに，ベトナム語の読み書きがスムーズにでき，加減乗除の四つの計算方法をマスターし，簡単な報告書を書けるようになることであった。［Nguyễn et al. 1998: 16-17］
26）　開校当初ホアビン校には小学校1年生から3年生までのクラスしかなかったが，その後1961年には中学校課程が設置された。［Nguyễn et al. 1998: 29］

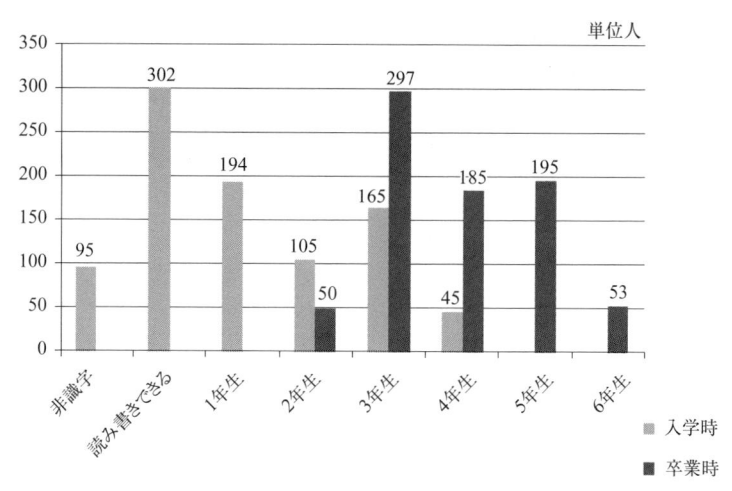

図 2-2-1 ホアビン校卒業生における教育レベルの変化（第 2 期生と第 3 期生の合計）
[Nguyễn et al. 1998]

　ここで行われていた教育内容とは，教育省によって作成された文化補習プログラムをベースにしつつ，いくつかの内容を追加したものであった。ただし，教育省による文化補習プログラムよりも学習期間は大幅に短縮され，合計 7 カ月で，1 年生から 6 年生までの学習をすべて終えられるように設定されていた。そのため，教案については，ホアビン校の教員たちが独自に編集したものを使用していた [Nguyễn et al. 1998: 25-26]。
　先ほど述べたように，ホアビン校の設立初期には，学習よりむしろ労働が重視されていたが，その背景には，2-2-1 でも述べたように，自給自足型による学校経営により，自力で経費を稼ぎださなければならないという事情があった。学校が賄わなければならなかったのは，教員の給料や学校の固定費ばかりではない。寄宿生活を送る生徒の食費と生活費に加え，生徒一人一人に対して，毎月の給与が支払われていた。つまり，ホアビン校で学ぶ生徒たちとは，「学生」であると同時に，自給自足型の学校経営を支える貴重な「労働者」でもあったのである。識字や計算方法をはじめとする基本的な学問知識，および労働作業を通じての技術的な知識を得られるうえに，現金で給与がもらえるホアビン校の仕組みは，地域社会で暮らす人々にとっても，この学校への入学を希望する際の，重要なモチベーションの一つになっていたと推測できる。
　ところが，学校の経営基盤が，学校設立初期の道路敷設工事から，農業へと

移った第5期生（1962年）のあたりから，学校の経営はますます厳しくなった。その理由は，ホアビン校の教員たちの農業技術や家畜飼育に関する経験が乏しく，708ヘクタールに及ぶ大規模な農場を効果的に経営していくことができなかったからであった。教員や幹部たちに対する給料の支払いは数カ月間も滞り，毎日の食事はごくわずかで，ご飯の代わりにキャッサバを食べなければならないこともあったという。ホアビン校におけるこうした窮状に対し，学習と経営の基本的なあり方を疑問視する声が相次いだ。ホアビン校の創設を支えたホアビン省党員会においてさえ，「半学半労」という学校形態に反対する人も現れた [Nguyễn et al. 1998: 34-36]。

　しかし，こうした逆風を一気に吹きとばしたのが，1962年8月のホー・チ・ミンによるホアビン校への訪問であった。ホー・チ・ミンは，「ここは幹部を養成するための学校であり，利益を得て経営するための農場ではないのです。ここは，農業学校（Trường nông）であり，農場（Nông trường）ではありません」と述べ，ホアビン校に幹部養成学校としての位置づけを与えた [Nguyễn et al. 1998: 37]。これ以降，ホアビン校は，地元地域に貢献できる，即戦力となる幹部人材を養成するための学校としての色彩を強めていくこととなる[27]。1958年から1970年までの12年間にホアビン校を修了した生徒3,029人の進路先を見ると，1,756人（57.9%）は故郷の村に戻り，地元の合作社や行政機関の幹部として就職し，県や省の機関へ就職した人は511人（16.8%）であった。大学および職業学校（中等技術学校）へ進学した生徒は524人（17.3%）であったという [Zuy & Mai 1971]。

　先ほど述べたように，設立初期のホアビン校では，とりわけ「労働」に多くの時間が割かれており，「学習」に関しては，小学校高学年または前期中等教育低学年のレベル程度しか想定されていなかった。その後，徐々に入学者の学力水準が上昇するにつれて学年が増やされていき，1966年度には高校課程までのすべての学年が整った [Nguyễn et al. 1998: 48]。また，その学習成果も

---

27) 1962年のホー・チ・ミンによるホアビン校訪問は，1961年に北ベトナムで始まった第一次五カ年計画で「社会主義建設」への着手が目指されたことと関係していると考えられる。1958年11月に開催された第二期第14回中央委員会総会において，1960年までに初級合作社化を達成するなど，急速な生産関係の国有化，集団化を軸とした「社会主義建設」に入ることが展望された。ホアビン校訪問時のホー・チ・ミンの発言にも，農業を中心とした社会主義建設の重要性が説かれ，ホアビン校において実践されていた半学半労形式を「よい」と称賛している。ホアビン校をめぐる政治的な文脈についての検討は，今後の課題としたい。

高く，1960年代後半には，ホアビン校の卒業試験合格率 (92％以上) は，ホアビン省内の各高校のうち第2位を占めるまでになった [Nguyễn et al. 1998: 50]。

しかし，この時期までのホアビン校は，あくまで，合作社や社において，実際に農業に携わる基礎レベルの幹部を育てることに主眼が置かれており，その点において，やはり普通学校とは決定的に異なる存在であった。小学校から高校に至るまで，各課程での教育プログラムや講義内容については，すべて地域社会の実態に関連するものであったし，同時に，農業を中心とする「労働」に関しても，地元の生産品に即した労働プログラムが組まれていた [Nguyễn et al. 1998: 51-52]。

ところが，1970年代に入ると，ホアビン校の性格には少しずつ変化が生じた。それまで，初等教育から前期中等教育を中心に行われてきた「学習」面のシフトチェンジが図られ，後期中等教育および高等教育に力点が置かれるようになったのである[28]。教育省が管轄しない形態でのはじめての大学分校が設立され，1971年には初年度の学生として101人が入学した [Nguyễn et al. 1998: 69]。この大学分校設立に関しては，省レベルの幹部として従事する，大学の教育レベルを持った地元幹部を養成するようにという，中央政府からの意向があった。

同時に，それまで別々の存在として位置づけられていた，「民族青年学校」と教育行政との関係が急速に接近した。1969年度，教育省大臣であったグエン・ヴァン・フエンと，大学省大臣のタ・クアン・ビューが揃って，はじめてホアビン校を訪問した。実は1962年のホー・チ・ミンによるホアビン校訪問の際は，教育省からは大臣ではなく次官が同行しており，教育行政トップの大臣が同校を訪問するのはこれがはじめてであった [Đinh 1998: 202]。この翌年の1970年8月17日付で，大学分校の設立を決定した第138号決定「ホアビン社会主義労働青年学校における半学半労大学クラスの設置について」が出され，同じく1970年度より，早速，大学準備クラスが設置された [Đinh 1998: 202]。

この大学準備クラスの設置は，それまでのホアビン校の仕組みに一滴の，しかし重要な変化をもたらした。というのも，このクラスに進学した生徒の中

---

[28] これに伴い，1975年度には初等教育課程が廃止されている。[Nguyễn et al. 1998: 70]

に，ホアビン校の高校課程 10 年生 (最終学年に相当) の 93 人に加え，ホアビン省内の普通高校からの進学者 8 人が含まれていたからである。このように，普通学校の生徒がホアビン校の学校課程に参加するのは，ホアビン校史上はじめてのことであった [Nguyễn et al. 1998: 69]。

さらに，1971 年 6 月には，教育省と中央教科委員会の主催による「先進単位の統括会議」が開かれ，「民族青年学校」についての議題が取り上げられた。加えて，1975 年 2 月 25 日付の『人民教員』紙上には，「先ごろ，教育省は，将来に向けて，このタイプの学校制度 (ホアビン校をモデルとして北部地域に建設された半学半労スタイルの民族青年学校：引用者注) を強化し，よく発展させるために，任務と解決方法について話し合うための会議を開催した」とする報告が掲載された [Nguyễn 1975]。ここで言及された教育省主催の会議については，正式な会議の名称や正確な日程は明らかではないものの，記事によれば，各行政機関や，教育司，各校の校長クラスの人々が多数参加したとされている [Nguyễn 1975]。すなわち教育行政のメインストリームを担う幹部たちが中心となって，「民族青年学校」を議題とした話し合いの場が設けられたのである。

ここで注目したいのは，この新聞記事を書いたグエン・クアン・ジンという人物が，教育省の「文化補習部 (Vụ BTVH)」の所属となっていることである。この記事が実際にこのジンという人物によって書かれたかどうかはさておき，文化補習部の幹部が「民族青年学校」に関する会議報告を掲載したということは，それ自体大きな意味を持っていた。教育行政のトップである教育省が，ようやく「民族青年学校」の存在を認め，自らの一機関として位置づけたことを意味していると考えられるからである。さらにホアビン校についても，1976 年にホアビン省とハタイ省が合併してハソンビン省が新設された時点で，ハソンビン省教育司に直属する教育機関となった。この時期から，ホアビン校をはじめとする「民族青年学校」は，教育行政が管轄する学校制度の一部に位置づけられ，全国の教育部門における「旗頭」の機関として，正式に認められた [Nguyễn et al. 1998: 42; Nguyễn 1975]。そしてこれに伴い，それまで労働を重視してきた教育カリキュラムも，大幅に改められた。創立初期には一日 8 時間が充てられていた労働に代わり，学習面が強化されるとともに，教育スケジュールが一年単位で組まれることとなった。「7 + 4 + 1」カリキュラム，すなわち 1 年のうち 7 か月間は学習を行い，4 か月間は労働を行い，1 か月間を休暇に充てる，とされたのである [Nguyễn et al. 1998: 98–99]。

しかし逆に考えれば，教育省の管轄下に組み込まれたにもかかわらず，依然として，労働と学習という二つの方針の組み合わせを基盤とするカリキュラム構成が堅持されていたことには，注意しておく必要がある。大学分校の設置に象徴されるように，1970年代以降，ホアビン校の教育活動方針は，将来的にホアビン省の行政機関で働くための，大学や専門中学校を卒業した高学歴の幹部育成へとシフトをチェンジしつつあった。しかしこのことは，ホアビン校が開校以来の目標としてきた「即戦力となる人材の確保」，すなわち，学校を卒業するとすぐ，地元地域の社や合作社に戻り，直接的に地元の発展に貢献できる人材を育てるという目標を放棄したことを意味していたのではない [Nguyễn et al. 1998: 98]。それどころかむしろ，大学への進学者を多く出すようになった1980年代以降も，進学の機会を持たない人々に対しては積極的に職業訓練を行い，有能な地元幹部として彼らを育成することに力が入れられていた。このように，ホアビン校に代表される「民族青年学校」は，設立から一貫して，即戦力となる人材を確保し，彼らの育成を行うことを第一の目的として運営されていたのである。

2-2-3 多民族共生の場

ホアビン校に代表される，「民族青年学校」の三つ目の制度的な特徴として挙げられるのは，これらの学校群が，基本的に，すべての民族に対して平等に門戸を開いていたことである。「民族青年学校」という名称からは，ややもすると，少数民族だけを対象とした学校制度のような印象を受けるかもしれない。しかし実際には，特定の民族を優先的に入学させるなどの優遇措置は行われておらず，キン族の在籍者も多くを占めていた。先に述べたように，「民族青年学校」の主要な目的とは，地元地域の発展に直接的に貢献するための，即戦力となる幹部を養成することとされてきた。そのためには，地域社会に居住するすべての若者たちに対して，平等に進学の機会を与えることによって，広く優秀な人材を拾い上げる必要があったのである。

1958年4月にホアビン校に入学してきた第1期生，約200人強の民族内訳は，キン族，ムオン族，ターイ族，タイー族，ザオ族から構成されていた。また，その後の第2期生以降も同様に，生徒の民族籍は多様なバリエーションを有していた。その後，カリキュラムの重心が，労働から学習へとシフトした1970

年以降も，ホアビン校における多民族性は引き継がれた。1976年度におけるホアビン校の高校課程の生徒計368人のうち，少数民族生徒は153人（41.6％）であったという［Nguyễn et. al. 1998: 83］。必然的に，残り6割弱が，キン族の生徒だったことになる。

　生徒の民族籍をめぐるこうした状況は，ホアビン校以外の「民族青年学校」にも共通していた。1975年の時点で，北部ベトナムには20校の「民族青年学校」高校課程が設立されていたが，これらの学校の延べ生徒数7,141人のうち，少数民族は2,231人を占めていたという［Nguyễn 1975］。つまり，少数民族の生徒が全体の約3割強（31.2％）に相当する一方，残りの約7割はキン族の在籍生であった。さらには，南北統一後に南部地域や中部高原に拡大した「民族青年学校」でも，同様であった。1976年にザライ・コントゥム省に建設されたダックトー半学半労民族青年学校では，1977年から1986年までの卒業生延べ747人に対し，少数民族籍の生徒の割合は45.1％（337人），残りの54.9％（410人）がキン族であったとされている［Nguyễn 1986: 8］。

　このように，「民族青年学校」の生徒の民族内訳について見てみると，キン族生徒の割合が半数以上を占めていた。しかし逆の見方をすれば，少数民族の生徒も，3割から5割弱在籍していたことになる。これは普通高校の状況と比べると，格段に高い数字であった。全国統計からの引用によれば，1981年の時点で，高校の学歴を持つ少数民族の割合は，最も高いムオン族でも人口のわずか3.4％であったし，ザオ族は0.4％，モン族に至ってはわずか0.08％だったからである［Đỗ 1989: 11］[29]。

　普通学校と比べ，「民族青年学校」における少数民族在籍者の割合が格段に高かった背景には，この学校制度における生徒のリクルート方法が密接に結びついていたと考えられる。といっても，ホアビン校をはじめ「民族青年学校」がどのように生徒を集め，入学者の選抜を行っていたのかについては，現時点ではまだ十分な資料がなく，はっきりと再構成することは難しい。しかし，1962年から1975年までホアビン校の副校長を務めたディン・ホアットの回顧録には，ホアビン校の運営が徐々に軌道に乗りはじめた1962年ごろの様子として，「生徒たちは，数多くの人々の中からどんどん推薦される（cử tuyển ồ ạt）形で入学してきた［Đinh 1998: 195］」と記されている。実際，この時期の全校

29）　なお，中学校卒の学歴保持者の割合は，ムオン族25.8％，ザオ族3.8％，モン族0.8％であった。

生徒は合計で 1,700 人 [Đinh 1998: 195]，一学年当たりで見ても 400 人から 800 人であり [Nguyễn et al. 1998: 20–25]，学校規模としてはかなりの大所帯であった。すでに述べた通り，1970 年代はじめまで，ホアビン校では学習よりも労働を重視したカリキュラムが編成されていた。したがって，おそらくこの時期のホアビン校では，なるべく多くの労働力を確保することに主眼が置かれ，何らかの試験を課して入学者の選抜を行うというよりむしろ，ほぼ無試験に近い状態で生徒を入学させていたことが推測される。

ホアビン校における大所帯傾向は，その後，カリキュラムの重心が労働から学習へとシフトしていく過程で縮小されていったが，「民族青年学校」における入学者の選抜の仕組みの「甘さ」だけは，残存した。1979 年 1 月 25 日付の『人民教員』紙に掲載された「春，半学半労学校に関する初期の経験を語る」と題された記事には，「民族青年学校」が絶対に避けなければならない課題の一つとして，「高校に選抜されなかった生徒を吸収するための学校とみなして，半学半労学校を開校しているような地域がある」と指摘されている [Người Giáo viên Nhân dân 1979]。つまり，試験を通じて入学者を選抜する普通高校へ進学するよりも，半学半労学校，すなわち「民族青年学校」へ進学する方が簡単であったこと，そのために普通高校に合格できなかった場合の，いわば「滑り止め」のような存在として，「民族青年学校」が認識されていたことを物語っている。

このように，「民族青年学校」への入学者の選抜方法をめぐっては，ネガティブな意見も存在していた。しかし，こうした選抜方法の「甘さ」があったからこそ，それまでなかなか普通高校へ進学できなかった少数民族の子どもたちに，貴重な進学の機会をもたらすことができたと考えることも可能であろう。したがって，ベトナム各地に建設された「民族青年学校」とは，少数民族の生徒が高校に進学するための重要な経路の一つであったと同時に，多民族が混住する地域社会において，「多民族共生」というあり方を実践的に経験する，重要な場となっていたと考えられる。

2–3 「民族青年学校」から民族寄宿学校へ

これまでに述べてきたように，ホアビン省ベトナム労働青年団による「大胆なアイディア」から出発した「民族青年学校」とは，半学半労形態を軸に，自

給自足型の運営基盤を持つ，さまざまな学校をひっくるめて名づけられた，ある学校タイプの総称であった。ところが，1980年代後半になると，これらの学校を，統一された一つの学校制度に改組したうえで，全国規模の学校組織としてネットワーク化する動きが生じた。教育省による，「民族青年学校」改革である。

2-3-1 「民族青年学校」の制度改革を望む声

　実は，1970年代の終わりごろからすでに，現場の教員たちのあいだでは，「民族青年学校」の制度改革が必要だとする声が上がっていた。1979年2月10日付の『人民教員』紙の読者投稿欄には，ザライ・コントゥム省の教科委員会に所属する，ビック・ホアンという人物による投稿記事が掲載された。この記事によれば，ザライ・コントゥム省に属する半学半労学校では，質的，量的側面において，近年大きな成果を上げているものの，しかし，これらの学校における問題点として，以下のような現状が指摘された。

> 「（前略）このタイプに属する学校（半学半労学校：引用者注）では，果たしてどのようなプログラムに基づいて教育が行われているのだろうか？　仕組みはどのように組織されているのか？　指導管理の問題や，労働と学習，教育と関連するほかの諸機関（農業，工業，林業……（原文ママ））との関係はどうなっているのか？　3年間という教育期間に対し，民族生徒たちは，年齢も違えば，文盲からそれ以上（の学力レベルにあるもの：引用者注）がいたり，そのほかにもまだ多くの困難や格差を抱えているのだ！
> 　普通教育のプログラムに従った教育を行うことができないのは，当然である。しかし我々は，青年を対象とした文化補習プログラムを適用することもまた，適切でないように感じている（ザライ・コントゥムでは，現在はそのプログラムを適用しているが（原文ママ：引用者注））。[Bịch 1979]」

　ビック・ホアンは，半学半労学校が抱えるさまざまな不均衡，他機関との協力関係をふまえたうえで，現在行われている教育プログラムの内容が，必ずしも実情に沿っていないことを鋭く指摘した。そして，教育省と教育科学研究院に対して，半学半労学校における教育プログラムのあり方をどのように考えているのかお聞かせ願いたいと述べ，記事を結んでいる。

また，1981年10月24日付の同紙の同じく読者投稿欄には，「民族少年学校群に対して，もっと関心を払うべき」と題し，ゴー・チュオンと署名された記事が掲載された。

> 「（民族少年学校は：引用者注）党の民族政策を深く認識し，先頭を歩んでいく際の数多くの困難に見舞われながらも，各校は，多くの民族を擁する寄宿学校としての指導方法を改善し，対象に精通し，確信し，そして接近して教育を行うことによって，多くの有益な経験を引き出してきた。
> 　しかし，これらの経験は，学校単位，省単位の枠組みの中にのみ適用されるに留まっており，広く意見交換をするまでには至っていない。我々は，もっと関心を払うべき，数多くの問題があると感じている。[Ngô 1981]」

この人物の所属はソンラー民族少年学校となっているから，おそらくは，実際にこの学校で教鞭をとっていた教員であろう。彼によれば，「さまざまな民族が学ぶ寄宿学校の管理方法」，「文学や数学などの学科科目を教えること」，「冬休み・夏休みのこと」，「生徒のリクルート方法」，「職業訓練」，「生徒に対する奨学金や備品を全国で統一させること」，「特定の専門科目に配置される教員を増やすべき」，などの議題を挙げたうえで，毎年ないし数年に1度，これらの問題を共通して話し合う場を設けるべきだ，と提案している[Ngô 1981]。

読者の投稿欄に掲載されたこれらの記事は，あくまで個人的な意見という体裁がとられていた。しかし，『人民教員』紙が，教育省およびベトナム教育労働組合(Công đoàn giáo dục Việt Nam)の機関誌であったという性格を考慮すると，こうした記事が採用された背景には，各地域の「民族青年学校」の現場にいる教員や末端の行政職員たちのあいだに，同じような問題関心を抱いている人が多かった可能性が高い。彼らは，機関誌における読者投稿欄という，非公式な意見表明の経路を通じて，地方や中央の教育行政に対し，「民族青年学校」という学校システムの抜本的な改革，とりわけ全国規模でのネットワークの構築や，カリキュラム統一の必要性を切実に訴えたのである。

2-3-2　民族寄宿学校の制度化：教育省の試み

こうした「下から」の突き上げは，教育行政のトップである教育省を動かした。1985年6月29日，教育省は，教育省第661号決定「民族寄宿学校の組織

と活動に関する規定」を出し,「民族青年学校」の学校システムを大きく変容させる組織改革に着手することを決定した。ここにはじめて,「民族寄宿学校 (Trường Phổ thông Dân tộc Nội trú)」と名づけられた学校制度が誕生することになった。

では,「民族青年学校」から,民族寄宿学校への学校改革は,どのようなものだったのであろうか。そこで以下,教育省第661号決定,およびその内容を具体的に補足した教育省第23号通達によって定められた,民族寄宿学校に関する規定の内容を明らかにしていきたい。

教育省がまずはじめに行ったのは,それまでバラバラに名づけられていた「民族青年学校」群の個々の学校名を廃し[30],新たに「民族寄宿学校」という統一名称を用いて,呼び表したことである。教育省第23号通達第1条には,「1954年以降今日に至るまで,民族地域には,国家が費用を負担する民族寄宿学校タイプの学校群が存在し,さまざまな名称で呼ばれてきた。(中略) 今後は,民族寄宿学校と名づけた,一つの学校タイプに統一することとする。[31]」と記されている。この規定により,それまでさまざまな名称で呼ばれていた,「民族青年学校」タイプの学校はすべて,「民族寄宿学校」という新しい学校名称に一本化されることとなった[32]。

そしてこれに伴い,公的な教育機関としての,民族寄宿学校の制度化が行われた。まず,それまでの成人教育と普通教育の狭間のあいまいな位置づけから,はっきりと,普通学校体系の中に位置づけることを定めた。そのうえで,教育課程については,小学校から高校までのそれぞれの課程について設置するとした[33]。同時に,教育内容についても,「教育プログラムの内容,教科書は,普通学校で使用されている教科書の内容とし,学校の特性および性質に合わせて補足調整するものとする。[34]」とされた。これにより,労働と学習という二本

---

30) 教育省第661号決定には,「北部では主に「山岳部少年学校」,南部と中部高原では「寄宿普通学校」という名称が一般的」と記されている。

31) Thông tư số 23-TT ngày29/6/1985 hướng dẫn thực hiện "Quy định về tổ chức và hoạt động của các trường phổ thông dân tộc nội trú".

32) そのうえで,個々の学校の個体識別を行うために,民族寄宿学校という名称の後に,地域名ないしは,地域で名づけた名前をつけること,とされている。(Thông tư số 23-TT ngày29/6/1985 hướng dẫn thực hiện "Quy định về tổ chức và hoạt động của các trường phổ thông dân tộc nội trú".)

33) Thông tư số 23-TT ngày29/6/1985 hướng dẫn thực hiện "Quy định về tổ chức và hoạt động của các trường phổ thông dân tộc nội trú".

34) Quy định về tổ chức và hoạt động của các trường phổ thông dân tộc nội trú (Ban hành theo quyết định

の柱で構成されていた半学半労学校の教育スタイルは姿を消し，原則として，普通学校と同じカリキュラム内容に基づいた教育を行う，学習面のみに特化した教育機関となることが定められた。同時に，民族寄宿学校の管理は，各省の教育局（Sở Giáo dục）が統一して行うとされたことによって，教育行政が管轄する公教育制度の枠組みの中に，ほぼ完全に組み込まれた[35]。

　しかし，教育行政の管轄下に置かれ，公教育の枠組みの中に取り込まれたとはいえ，この教育省第661号決定によって定められた民族寄宿学校は，一般的な普通学校とは明らかに異なる特徴を有していた。

　第一に，この学校の入学対象が，少数民族，しかも「少数派少数民族（các dân tộc thiểu số ít người）」に限るとされたことである。第661号決定第13条によれば，民族寄宿学校に入学できる基準は，「少数派少数民族，特に山岳部，僻地に居住し，社の人民委員会による保証を受けた家族の履歴が明らかな者[36]」とされている。これ以外の少数民族，および山間部に居住するキン族については，教育省第23号通達の中に，次のように記されている。

　　「民族寄宿学校の正対象は，山岳部，僻地の少数派少数民族の優秀な青少年である。
　　　山間低地部に居住する少数派少数民族についても，民族寄宿学校への選抜の対象となるが，幹部養成計画に基づいて省の人民委員会が毎年定める，一定の割合に基づくこと。
　　　多数派少数民族（các dân tộc thiểu số đông người）の青少年および，キン族幹部の子どもについては，民族寄宿学校の入学対象には含まれない。[37]」

　つまり，民族寄宿学校が想定した主要な入学対象とは，山岳部，僻地に居住する，少数派の少数民族であり，おなじ少数派少数民族でも，低地部に居住している場合には，その入学者の割合を限定することが定められている。その一方で，多数派少数民族に関しては，キン族と同様に入学の対象に含まれないこ

---

　　　số 661/QĐ ngày29/6/1985 của Bộ trưởng Bộ Giáo dục).（第9条）
35) 　Quy định về tổ chức và hoạt động của các trường phổ thông dân tộc nội trú (Ban hành theo quyết định số 661/QĐ ngày29/6/1985 của Bộ trưởng Bộ Giáo dục).（第6条）
36) 　Quy định về tổ chức và hoạt động của các trường phổ thông dân tộc nội trú (Ban hành theo quyết định số 661/QĐ ngày29/6/1985 của Bộ trưởng Bộ Giáo dục).（第13条）
37) 　Thông tư số 23-TT ngày29/6/1985 hướng dẫn thực hiện "Quy định về tổ chức và hoạt động của các trường phổ thông dân tộc nội trú".

ととされた。教育省第661号決定第2条には，この学校の目的として，「少数派少数民族の幹部育成計画に基づき，幹部を養成するために，一般的な教育水準を授けること。」とされている。すなわち，少数派少数民族幹部の育成を目的として，小学校から高校までの教育課程で学ばせるとともに，その卒業資格を与えることが，この時点で教育省が想定していた民族寄宿学校の役割であった。その理由は，1980年代後半という時期に，教育行政が直面していた大きな困難を背景に読み解くことができる。

実は，1980年代後半，民族寄宿学校の前身であった「民族青年学校」は，大きな経営危機に見舞われるとともに，存在意義を問われる事態に直面していた。「民族青年学校」のいわば代表格であったホアビン校ですら，解体の危機に追い込まれていた。1988年2月22日付『人民教員』紙に掲載された，「ホアビン社会主義労働青年学校の解決方法をめぐる意見」と題された記事には，当時の社会の中で，ホアビン校の存在意義をめぐる批判的な見方が存在し，ホアビン校の解体を求める声が上がっていたことが示されている。

> 「教育分野の英雄単位であるホアビン社会主義労働青年学校は，最近，さまざまな困難に直面して衰退が深刻化しており，解体すべきとの意見が出されている。こうした意見は，現実の困難を前にして，それを克服する能力に対する悲観的な見方，さらにいえば，この学校を維持していく要求はもうなくなったのだから，存在する理由がない，という理解に端を発している。[N. T. T. 1988]」

その大きな理由が，市場経済の導入がもたらした経済の混乱と，それに伴う学校の経営不振であった。ホアビン校では，ホアビン省人民委員会の決定により，農場および学校用地として使用する土地が支給されていた。しかし，(おそらくは地元住民とのあいだに) 土地をめぐるトラブルが生じ，農業生産が安定的に行えなくなるという事態が生じた。そこで，農業手法を，狭い土地でもできる深耕に変更したり，生産部門の主体を農業から手工業，加工業に移してはどうか，などの議論が行われたが，結局，混乱を回避することはできなかった [Nguyễn et. al. 1998: 107]。市場経済が導入されたことによって，国家による丸抱え式補助金制度が廃止されたこの時期，それまで支給されていた生徒の食糧，とりわけ米が配給されなくなったことにより，ホアビン校の400人を超す生徒たちは深刻な食糧不足に陥った。学校の首脳部は，何とかして食べ物を確保しなければならないという事態に追い込まれていた [Nguyễn et al. 1998:

107-108]。

　同時に，学校の存在理由を疑問視する意見も出された。かつて，ホアビン校は地元幹部の養成のために，近隣に住む青年たちを集め，労働と学習の両方に軸足を置いた教育活動を行っていた。生徒たちにしてみれば，ホアビン校に通うことは，農業に関する実践的な技術を習得できると同時に，中学校や高校の卒業資格を得ることができるというメリットを有していた。しかし，1980年代後半の時期になると，すでにどの県にも普通高校が建設され，高校に進学できる条件を持った若者たちは，家の近くの普通高校に進学するようになった。ホアビン校に進学してくるのは，近くに普通高校がない，一部の僻地に居住する人々に限られるようになっていた [Nguyễn et al. 1998: 108-109]。

　教育省をはじめとした各級の教育行政，およびホアビン省の党委員会（常務班）で検討が重ねられた結果，「国内外の教育発展事業における歴史的意義を有する学校」という理由で，ホアビン校の存続は決定された [Nguyễn et al. 1998: 114-115]。しかし，こうした歴史的な意義づけを与えられなかった，ほかの「民族青年学校」については，解体されたり，規模が縮小されるなど，衰退の一途をたどっていた [Bộ Giáo dục và Đào tạo 2000: 2]。

　こうした状況に直面した教育省は，新たに，民族寄宿学校という学校制度を作ったものの，その対象者を，すべての少数民族，ましてや山間部に居住するキン族にまで拡大することは不可能と考えた。そこで，山間部地域に暮らす人々のうち，普通学校へのアクセスがより難しい人々，すなわち，普通高校の建設が遅れている「僻地」に居住する，しかも少数派少数民族に限定することによって，かつての「民族青年学校」よりも小規模で，かつピンポイントな教育対象を定めた学校制度を作り上げようとしたと考えられる。

　1980年代後半のベトナム経済の混乱を背景としていると思われるもう一つの点が，民族寄宿学校をめぐる，二つ目の制度的な特徴にも表れている。それは，学校の運営方法である。すでに見てきたように，以前の「民族青年学校」では，自給自足型の経営スタイル，すなわち農作業をはじめとする生産活動を集団で行うことによって，教員の給与から生徒の生活費，学校の運営にかかる固定費を捻出するという仕組みが取られていた。新たに設立された民族寄宿学校でも，この学校経営のあり方を，部分的に継続させることが定められた。第661号決定第11条には，次のように記されている。

「民族寄宿学校は，生徒，教員，公職員の生活をよく組織し，世話をしなければならない。国家によって支給される経費のほか，各学校は，学校内での生活をさらに改善し，生産性を高めるために，地方の各機関および大衆団体，および生徒の父母による支援を受けなければならない。[38]」

さらに，続く第12条にも，「国家の経費に加え，団体活動を行うために用いる物資を購入する目的で，学校は関連する諸機関の支援を受けることが必要である。また，与えられた備品や用具を保持し，使用する計画を立てなければならない。」と示されている。これは，民族寄宿学校を運営していくためには，国家の経費，すなわち教育省から分配される予算のほかに，関連するほかの行政機関や大衆団体による資金援助，および生徒の父母たちからの寄付を，学校側の自助努力によって集めるように求めたことを意味していた。1986年12月にドイモイ政策が導入される直前，ベトナムの経済は大きく混乱し，それまでの丸抱え式補助金制度に基づく行政組織の運営のあり方が大きく綻びを見せていた時期であった。当然ながら，教育行政もその例外ではなかった。第1章で見たように，教員に対する給料の支給額を引き上げることができず，生活に困窮した教員たちが，もっと実入りのいい仕事を探して，学校の現場を離れてしまうという，極めて混乱した事態に追い込まれていた。そのようななか，「民族青年学校」の制度改革を行い，民族寄宿学校という新しい学校組織を立ち上げたものの，財政面では100％の支援をすることができないと考えた教育省は，学校制度としては教育行政の管轄下に組み込む一方で，その経営については，教育行政以外からの資金確保の道を閉ざすことはしなかった。それによって，それまで「民族青年学校」が行ってきた，自給自足に基づく学校経営の利点を生かし，何とか自力でも運営を維持していける新しい学校制度を作り上げることを試みたのである。

しかし，いくら教育省がこうした「半自給自足」型の経営方法を認めたとはいえ，先に述べたホアビン校の経営危機に見られるように，この混乱期に，自力で学校経営を行うことは厳しかった。しかも，国家からの予算分配も十分かつ適切には行われておらず，そのような状況の中では，少数民族の生徒を学校に吸収することは不可能であった［Trần 1993: 1］。結果的に，教育省による民

---

38) Quy định về tổ chức và hoạt động của các trường phổ thông dân tộc nội trú (Ban hành theo quyết định số 661/QĐ ngày29/6/1985 của Bộ trưởng Bộ Giáo dục).（第11条）

族寄宿学校改革の本格的な実施は，事実上の先送りとなった。

2-4　民族寄宿学校建設プロジェクト

　ところが，衰退しかかっていた教育省の民族寄宿学校改革は，その後1990年代初頭に一気に再燃し，猛烈なスピードで実施されていくこととなった。そのきっかけとなったもの，それは，第1章1-4-3で述べた「少数民族政策のドイモイ」，すなわち，政治局第22号決議と，それに続く少数民族幹部養成のための政策方針の展開であった。

2-4-1　政治局第22号決議と少数民族幹部の育成

　政治局第22号決議に示された新たな少数民族政策における，主要な柱の一つとは，それまで，平野部からキン族の幹部を派遣してきた職業分配制度を改め，少数民族や地元出身者の中から，地方行政に従事できる人材を輩出し，彼らを中心とする地域発展の枠組みを作ることであった。職業分配制度廃止後の山間部地域において，確実に地元に戻ってきてくれる幹部を確保しておくために，推薦入試制度という新しい制度が導入された。しかし，推薦入試制度の実施過程ではさまざまな問題が生じ，さらに，毎年省ごとに推薦される生徒の数では，そもそも圧倒的に量的な限りがあった。そこで，推薦入試制度とは別の仕組みによって，地元出身の優秀な幹部人材を育成するための操作が必要になり，民族寄宿学校に着目されることとなった。政治局第22号決議には，次のように記されている。

　　「山間部全体，および個々の地域ごとの経済，社会の発展の要求に合致するような教育体系を見直す。まずはじめに，民族寄宿学校，半学半労学校，職業教育センター，山間部各民族子弟のための準備クラスを強化，拡大し，必要性のある分野について，大学および専業学校に入学できるように準備する。[39]」

　中央政府が出した政策文書の中で，「民族寄宿学校」という学校組織の名称が記されているのは，管見の限りでは，この政治局第22号決議がはじめてで

---

[39]　Nghị quyết Bộ Chính trị số 22-NQ/TW, ngày 27/11/1989, "về một số chủ trương, chính sách lớn phát triển kinh tế-xã hội miền núi", [編者不明, 1992: 34]

ある。そのおよそ半年前の1989年6月12日に出された閣僚評議会第65号指示には，「教育省は，各民族生徒に対する寄宿学校（các trường nội trú）を強化し，また，これらの学校に対する学校設備を充実させる計画を立てる。財政省，労働・傷病兵・社会省と協力して，生徒に対する生活費の程度の調整を検討すること。」と記されており，まだはっきりとは「民族寄宿学校」という名称は登場していない。しかし，寄宿舎併設タイプの学校制度を拡充させることが，この時期の少数民族政策にとって，とりわけ重要な方針の一つであると考えられていたことは確かである。

深刻な財政難により，実質的には先送りされた形になっていたとはいえ，教育省ではすでに，民族寄宿学校と名づけた新しい学校制度を作り，全国的な組織化へと着手していた。地元の発展に貢献する優秀な人材の確保，とりわけ地元出身の少数民族幹部をどのように育成するか，という課題に直面した中央政府は，教育省が考案したこの新しい学校制度とそのネットワークを利用することにしたのである。

2-4-2　第7プログラムと全国規模化

1990年3月に出された，閣僚評議会第72号決定「山間部経済・社会発展の具体的な主張と政策について」には，次のように記されている。

> 「教育省は，山間部における基礎普通学校システムの再組織化に対する具体的な計画を立案する。国家は，民族子弟寄宿学校（trường con em dân tộc nội trú）の建設に資金を投資し，山岳部，僻地の社の学校の建設費用を支援する。[40]」

この決定により，教育省がはじめた民族寄宿学校の建設プロジェクトは，ようやく国家予算による財政的な支援を受けることとなった。国家によるお墨付きを得たことにより，頓挫しかけていた民族寄宿学校改革は，一転して積極的に展開されていく。第72号決定から1年3ヵ月後の1991年6月25日，教育訓練省は，「山間部，少数民族地域，辺境地，島嶼部および多くの困難を抱える地域における教育の強化と発展事業」の主任委員会の正式な発足を決定した

---

40) Quyết định của Hội đồng Bộ trưởng số 72-HĐBT, ngày13/3/1990, "về một số chủ trương, chính sách cụ thể phát triển kinh tế-xã hội miền núi", [編者不明，1992: 76; phạm 2001: 14-15]

（教育訓練省第1450号大臣決定[41]）。当時，教育訓練省が取り組まなければならないとされたいくつかのプロジェクトは，それぞれ番号をつけて通称名で呼ばれていた[42]。そこで，民族寄宿学校に関するこのプロジェクトは，通称「第7プログラム」と名づけられた。

　第7プログラム主任委員会（以下，主任委員会）の初期のメンバーは，以下の9人から構成されていた [Phạm 2001: 181]。

1. チャン・スアン・ニー（教育訓練省次官）
2. チャン・シー・グエン（民族教育センター長）
3. チャン・チャム・フオン（教育出版社社長）
4. チャン・ゾアン・クオイ（インフラ・設備総公社社長）
5. グエン・シー・トゥエン（教員部副部長）
6. ファム・チー・ダイ（学校研究・設計院副院長）
7. ブイ・コン・ト（国際協力部副部長）
8. ファム・ディン・ターイ（科学技術部副部長）
9. グエン・ヴァン・アン（計画・財政部副部長）

　プロジェクトメンバーの所属を見ると，教育訓練省事務次官のチャン・スアン・ニーがプロジェクトの責任者となり，民族教育センター長のチャン・シー・グエンが常任副主任を務めたほか，教育行政のナンバーツーである事務次官以下，教育訓練省の各部局の副部長クラス，および教育出版社，インフラ・設備総公社のトップが並んでおり，教育訓練省の肝入りでこの第7プログラムが開始されたことが読みとれる。

　さて，この主任委員会の活動の目的は，「幹部を養成すること，とりわけ山間部で従事する，教員，医療幹部，林業幹部，社会管理幹部を養成する」ことであるとされた [Bộ Giáo dục và đào tạo 2001: 2]。社会管理幹部とはすなわち，県や省など，地方の行政機関で働く行政職員のことを指す。政治局第22号決議によって示されたような，地元出身者の中から，山間部の地域発展の牽引役

---

41) 教育省は1990年に教育訓練省に改組された。
42) 第7プログラムのほかに，非識字撲滅および初等教育普及に関するプロジェクトは「第4プログラム」，教員養成に関するプロジェクトは「第6プログラム」と呼ばれていた。[Bộ Giáo dục và đào tạo 2001: 41]

となる幹部人材を育成するという方針は，この第7プログラムによって，具体的に実現されていくことになった。そして，そのための方法として，衰退しかけていた民族寄宿学校制度を復活させ，改めて新しい学校制度として整備するプロジェクトが展開されていった［Bộ Giáo dục và đào tạo 2001: 2］。事業活動の期間は，1991年から2000年までの10年間とされ，政府予算による集中的な予算投資を受けながら，民族寄宿学校の建設，および全国ネットワーク化事業がスタートした。

2-4-3　民族寄宿学校の全国ネットワーク化

　1991年にプロジェクトを開始すると，主任委員会はまず，それまでの「民族青年学校」を，民族寄宿学校という名称へと改めて統一し，学校制度の統一化を図った。それまで「民族青年学校」を持たなかった地域については新たに学校を設置したうえで，それらすべての民族寄宿学校を，教育訓練省など中央省庁が直轄する「中央レベル」，省ごとの教育訓練局が管轄する「省レベル」，県ごとの教育訓練室が管轄する「県レベル」の三段階に分類した。そして，それぞれの管轄ごとに教育課程が分けられた。省レベルには高校課程，県レベルには中学校課程，そして中央レベルには，高校卒業後に高等教育機関へ進学するための準備機関としての民族大学準備学校が設けられた［Bộ Giáo dục và đào tạo 2001: 2］。

　第7プログラムが開始する直前の1989年と，プログラム実施後の1999年度における，中央レベル，省レベル，県レベルそれぞれの民族寄宿学校の学校数と生徒数を比較したものが表2-4-1である。これを見ると，第7プログラムが実施された10年間で，中央レベルの民族寄宿学校は，学校数が10倍，生徒数が約7倍，省レベルの民族寄宿学校は，学校の数が4.3倍，生徒数は約8倍，県レベル民族寄宿学校は約2.8倍，生徒数は約4.6倍に増加していることが示されている。省全体としてみればキン族人口が圧倒的に多い場合でも，少数民族が集住する地域には県レベルの民族寄宿学校が設置されるなど，第7プログラムの実施を通じて，少数民族が居住するベトナム全国のほぼすべての地域を対象に，民族寄宿学校のネットワークが張り巡らされていった［Bộ Giáo dục và đào tạo 2001: 2–3］。

表 2-4-1　第7プログラム実施による民族寄宿学校の量的拡大

単位：学校数＝校，生徒数＝人

	中央		省		県	
	学校数	生徒数	学校数	生徒数	学校数	生徒数
1989年度	1	500	10	1,750	68	8,172
1999年度	10	3,511	43	14,157	190	37,992

出典：［Bộ Giáo dục và đào tạo 2001: 2-3］より筆者作成

2-5　小括

　本章では，地方エリートのイニシアティブによって設立された「民族青年学校」が，地方ごとの独自性を持った私的な教育機関から，教育訓練省の管轄下に置かれ，全国統一化された公的な教育機関へと変容していくプロセスを明らかにした。国民国家としての独立後，国家エリートたちは，新たに国民化の対象となった山間部地域にさまざまな公的制度を普及させるために，平野部からキン族のエリート人材を派遣すると同時に，地元出身の少数民族幹部を育成していくという，幹部養成の二重構造を描いた。しかし，地元の実情を考慮しないままに進められた国家主導による性急な少数民族幹部養成事業は，山間部地域に混乱をもたらし，山間部地域の幹部人材の教育状況改善は困難に直面した。こうした深刻な状況を改善するために立ち上がったのが，地方の指導的エリートたちであった。地方エリートたちは，学習と労働を組み合わせた半学半労学校という新たなタイプの学校制度（「民族青年学校」）を立ち上げ，それぞれの地域の事情に合わせて柔軟に制度を適応させていくことにより，公的な教育制度の外側に，いわば私的な教育システムを作り上げていった。学習と労働を組み合わせたこのスタイルは，それまで公的な教育制度に馴染まなかった少数民族を含む山間部の人々を対象に，実地で役に立つ技術や知識と労働に対する報酬というインセンティブを用いることで彼らを学校に動員し，教育機会を提供する役割を果たした。

　1970年代になると，現場の教員たちからの制度化を望む声に対応する形で，教育省は，それまで多様な地域性を持っていた「民族青年学校」を，民族寄宿学校という全国統一された学校制度に変革するプロジェクトに着手した。この過程で，「民族青年学校」からは労働の要素が姿を消し，学習をメインとする普通教育体系の中に組み込まれるとともに，少数民族のみを対象とする新たな

学校制度として組織化されることとなった。地方エリートのイニシアティブによって立ち上げられ，それぞれの地域社会に埋め込まれていた「民族青年学校」は，教育省による制度化と対象の限定化のプロセスを経て，地域住民に教育機会を提供するための学校から，全国の少数民族のための学校へと大きく作り変えられていった。

第2部

民族寄宿学校をめぐる運用の地域的多様性

第3章

民族寄宿学校の制度と運用

民族寄宿学校とは，具体的にどのような制度的仕組みを持つ学校制度なのであろうか。また，ベトナムの普通教育体系のなかでどのような位置を占めるのであろうか。本章では，学校制度としての民族寄宿学校のシステムを整理したうえで，制度の運用段階に設けられた地方政府の裁量性について明らかにする。

3-1　新たな学校制度としての民族寄宿学校

　第2章で述べた通り，民族寄宿学校の制度は，1985年に教育省によって出された教育省第661号決定「民族寄宿学校の組織と活動に関する規定」をベースとしている。しかしながら，後で見るように，1991年以降にベトナム全国に拡大されていった新しい民族寄宿学校は，第661号決定で定められていた規定とは必ずしも合致しない点が多い。この新しい学校に対する制度的な枠組みがはっきりと明文化されたのは，1997年のことである。1997年8月に，教育訓練省によって出された，教育訓練省第2570号決定「民族寄宿学校の組織と活動について」と，教育訓練省第16号通達「民族寄宿学校の組織と活動に関する規定実施ガイド」において，民族寄宿学校の制度的枠組みが記されている。すでに6年前から本格的な建設プロジェクトがはじまっていたにもかかわらず，なぜ制度的な枠組みの設計が1997年まで遅れたのであろうか。言い換えると，各地における民族寄宿学校が実質的な活動をスタートさせていた1997年という時期になぜ，改めて統一的な仕組みを制度化する必要があったのであろうか。この点についてはさらなる検証が必要であるが，おそらくは，1998年にベトナムではじめて公布された教育法が，一定の影響を与えていたと推測される。

　1998年12月2日に国会を通過したベトナム教育法の第3章第3項第56条には，民族寄宿学校について，次のような条文が記載されている。

> 「民族寄宿学校，民族半寄宿学校（trường phổ thông dân tộc bán trú），大学準備学校（trường dự bị đại học）。
> 1. 国家は，少数民族の子弟，および特別困難な経済・社会的条件を有する地域に長期的に居住している各民族の家族の子弟を対象に，これらの地域に対する幹部養成の基盤を創り出すために，民族寄宿学校，民族半寄宿学校，大学準備学校を設立する。
> 2. 民族寄宿学校，民族半寄宿学校，大学準備学校は，教員の割り当て，インフラ，

設備および予算配分に関して優遇を受けるものとする。[Luật Giáo dục 1998][1]」

すでに実態としては全国各地に設立されていたとはいえ，新たに定められる教育法において，民族寄宿学校という学校制度が，正式な国家の教育機関であることを示すためには，その前に教育訓練省がきちんとした制度的枠組みを設定しておく必要があった。そこで，教育法公布の前年に当たる1997年に，民族寄宿学校に関する制度的な整備化が，急ピッチで進められた。その結果，教育法公布の1年半前に出されたのが，教育訓練省第2570号決定，および教育訓練省第16号通達であったと考えられる。

では以下，この二つの政策文書に基づいて，具体的に民族寄宿学校の制度的側面を明らかにしていきたい。なお，この二つの文書は1997年8月14日の同日付で出されているが，第16号通達は第2570号決定の「ガイド」として位置づけられている[2]。このことから，特に具体的な記載箇所を示さない場合には，この二つをワンセットとして扱い，「1997年の民族寄宿学校規定」と呼ぶこととする。

3-1-1 入学対象

民族寄宿学校制度のベースとなった1985年の第661号決定と，1997年の民族寄宿学校規定で定められた新しい制度との最も大きな相違点は，この学校の入学対象者に関する規定である。第2章で明らかにしたように，1985年の第661号決定では，民族寄宿学校の入学対象は「少数派少数民族」に限定され，同じ少数民族でも，「多数派少数民族」についてはその入学対象に含まれていなかった（2-3-2参照）。これに対し，1997年の第2590号決定第19条では，民族寄宿学校の入学対象者について次のように記され，入学資格がすべての少数民族へと拡大したことが示されている。

「山岳部，僻地，辺境，島嶼部に居住する少数民族青少年 (thanh thiếu niên các

---

1) なお，2005年に改定された教育法でも，第3章第3項第61条に民族寄宿学校についての条文が記載されているが，その内容は1998年教育法と完全に一致する。
2) Thông tư hướng dẫn thực hiện bản Quy định về tổ chức và hoạt động của Trường Phổ thông dân tộc nội trú (PTDTNT), ngày 14/8/1997, [Đỗ 1998: 260].

dân tộc thiểu số）で，品行，学力，健康，年齢などの基準を満たすものが，毎年の選抜計画の定員に基づいて，民族寄宿学校に選抜される。その対象者とは以下の通り。

a. 教育的発展に多くの困難を抱え，幹部候補を創出する要求がある地域に，本人および家族の常住戸籍がある少数民族青少年については，優先的に選抜し民族寄宿学校に入学させる。

b. 低地部，町部に，本人および家族の常住戸籍がある少数民族青少年についても，依然，民族のための幹部候補を創出する要求がある地域に関しては，民族寄宿学校に選抜される。ただし，入学試験による選抜を経ること。

c. キン族生徒について：傷病兵，烈士の家族で，教育発展に多くの困難を抱える地域に，最低でも5年以上定住し，規定による基準を満たしていれば，民族寄宿学校に選抜される。ただし，この生徒の選抜者割合は学校の生徒数の5%を超えないこと。それぞれ個別のケースごとに，（省レベル民族寄宿学校については）省の人民委員会，（県レベル民族寄宿学校については）県の人民委員会の決定を受けることとする。[3]」

具体的に見ていこう。a項目とb項目の違い，それは居住地条件によって，「少数民族青少年」を二つのカテゴリーに分類していることである。a項目には「教育的発展に多くの困難を抱え，幹部候補を創出する要求がある地域」，b項目には「低地部，町部」でかつ「民族のための幹部候補を創出する要求がある地域」と記されている。ここで疑問が生じる。b項目には「低地部（vùng thấp），町部（thị trấn, thị xã）」と示されているのに対し，a項目については，具体的にはどのような地域のことを指しているのか，明確に示されていないのである。第16号通達を参照しても，「民族寄宿学校に入学する正対象は，経済・社会的な発展度合いが依然として低く，幹部が不足し，幹部候補を創出しなければならないという要求のある，山岳部，僻地に，本人と家族が長期的かつ安定的に定住している，少数民族の優秀な青少年である。[4]」と記されているだけで，やはり具体的な居住地条件の差異に関する記述はない。

実は，入学対象に関する規定をめぐるこの「あいまい性」こそ，民族寄宿学校の制度的枠組みを特徴づける，重要な点の一つであった。まず，民族寄宿学

---

3) Quy định về tổ chức và hoạt động của các trường Phổ thong dân tộc nội trú (PTDTNT), (Ban hành theo quyết định số: 2590/GD-ĐT ngày 14/8/1997 của Bộ Giáo dục và Đào tạo), [Đỗ 1998: 255].

4) Thông tư hướng dẫn thực hiện bản Quy định về tổ chức và hoạt động của Trường Phổ thông dân tộc nội trú (PTDTNT), ngày 14/8/1997, [Đỗ 1998: 263].

校の主たる対象者は少数民族であるということをはじめに確認し，そのうえで，少数民族という枠組みの中に含まれる人々の具体的な属性については，あいまいにぼかしておくことによって，制度上は「少数民族」であれば誰が入学してもよいと解釈することを可能にしたからである。詳しくは第4章で述べるが，この，制度上に設けられた「余地」のおかげで，民族寄宿学校を直接管轄する地方行政，つまり教育訓練局（省レベルの教育行政：省レベル民族寄宿学校を管轄）と教育室（県レベルの教育行政：県レベル民族寄宿学校を管轄）は，それぞれの地域の特性や条件を考慮した入学者選抜の仕組みを発展させていくことが可能となった。

　次に，c項目で言及されたキン族生徒に対する扱いについても，注意して見ていく必要がある。第2590号決定の第4条に「民族寄宿学校とは，本人および家族が，山間部，僻地に常住する少数民族のための学校である」と示されているように，民族寄宿学校とは，山岳部および僻地に暮らす少数民族の子どもたちを対象とする学校制度として想定されていた。しかし，山間部地域には少数民族のほかに多数のキン族も混住しており，いくら少数民族が多く居住するとはいっても，地域社会の中でキン族の存在を完全に無視することはできない。すでに述べた通り，1997年の民族寄宿学校規定が出される以前から，各地方では，民族寄宿学校の建設プロジェクトが次々に進められていった。ところがそもそも民族寄宿学校が誰を対象とする学校制度なのかという位置づけが不明瞭なまま進展したため，本来のターゲットである少数民族の子どもたちに混ざって，キン族の子どもたちも入学してきてしまうという事態が生じていた。例えば，ランソン省民族寄宿学校では，1992年度から2004年度までの生徒延べ1,102人の中に，キン族の生徒28人が含まれていた。この数字だけ見るとごくわずかのように思えるが，しかし，各年度ごとの生徒数の推移を示した表3-1-1を見てみると，別の側面が見えてくる。この表によれば，ランソン省民族寄宿学校において，学校規模がまだ小さかった1994年度までは，キン族の在籍者は全く見られないが，1995年度に生徒数の全体的な規模が大きく拡大した際，キン族の生徒が突然増え，1996年度には生徒総数の約1割を占めている。その後1997年度になると，再びキン族の割合は急速に減少するものの，完全にゼロになるかといえばそうではなく，ごく小規模ながら，ほぼ継続的に2003年度まで推移している。

　これは，キン族に対する1997年の民族寄宿学校規定の影響と，その後の推

表 3-1-1　ランソン省民族寄宿学校における生徒数の推移

単位：人

	少数民族	キン族	合計
1992	38	0	38
1993	50	0	50
1994	45	0	45
1995	142	10	152
1996	70	10	80
1997	58	2	60
1998	88	3	91
1999	108	1	109
2000	92	0	92
2001	127	1	128
2002	128	0	128
2003	98	1	99
合計	1,044	28	1,072

出典：2004 年 10 月 5 日ランソン省民族寄宿学校校長サーより入手資料より，筆者が修正して作成。

移を知ることができる興味深いデータである。ランソン省民族寄宿学校では，学校規模が一気に拡大した 1995 年度から 1996 年度にかけて，少数民族に混ざって 10 人程度のキン族も入学するという状況が生じていた。ところが，1997 年の民族寄宿学校規定において，「キン族は民族寄宿学校の正対象ではない」と定められたことを受け，急遽その数を制限しなければならなくなった。しかし，いったん門戸を開いた民族寄宿学校への進学チャンスに対して，キン族の中にも潜在的に進学したいという要求が続いたため，小規模ではありながら，継続的にキン族からの進学者も受け入れざるを得なくなった，と考えられるからである。もしかすると，彼らは実際に「烈士や傷病兵の子ども」だったのかもしれない。しかし問題は，彼らが本当に烈士や傷病兵の子どもだったかどうか，という事実の真偽ではなく，少数民族を対象とする教育制度でありつつも，完全にキン族の存在を排除しなかった点である。ここに，民族寄宿学校制度の枠組みを作成した，教育訓練省の苦悩と工夫を読み取ることができる。同じ地域社会で交ざり合って生活している以上，民族寄宿学校という優遇政策の恩恵が与えられる場から，もし強制的にキン族を排除しようとすれば，それまでうまくいっていた少数民族とキン族の関係性を変化させてしまう危険性がある。さらにはキン族の側から，民族寄宿学校は「逆差別」であるとの批判が出れば，少数民族に対する優遇政策それ自体の正当性を問われる事態にも発展

しかねない。その一方で，キン族の子どもたちにも自由な進学の機会を与えてしまえば，少数民族に対する優遇政策という本来の目的を十分に果たすことはできなくなってしまう。そこで，キン族に関しては，生徒数全体の5％を超えないという量的側面の制約と，それに加えて，傷病兵や烈士の家族という，ベトナム社会全体の文脈で「優遇されるべき対象」として了解されている条件を設け，民族寄宿学校とは，基本的には少数民族を対象としたものだが，例外として，キン族であっても入学できる場合がある，というぼんやりとした境界線を引いておくことによって，キン族の側からの不満の矛先が生じた場合にも，それが直接的に「キン族対少数民族」という構図に向かないように，巧みに視線を反らせようとした。このように考えられるのではないだろうか。

3-1-2　入学要件

　では，少数民族の子どもが民族寄宿学校に入学を希望する場合，より具体的にはどのような入学要件をクリアする必要があるのであろうか。この点については，第16号通達の中に，民族寄宿学校へ入学する「基準」として，以下の5項目が列挙されている。

> 「　―社の人民委員会が進学を保証した，明確な履歴を有すること。
> 　　―教育訓練省が少数民族に対して定めた，各学年ごとの対象年齢に当てはまること。
> 　　―選抜要求に基づき，合法的な履歴書と，各教育課程の卒業証書を有すること。
> 　　―健康であり，伝染性の疾病や身体的な障碍がないこと。
> 　　―選抜を受ける地域において，本人および家族が5年以上居住し，常住戸籍を有すること。[5]」

　この5項目の「基準」についてはいくつかの補足説明も付けられた。まず一番最初の項目に示された，「明確な履歴」とは，本人または家族が，ベトナム共産党から見て「反動的」な思想を持った党派，宗教などと関係を持っておらず，教養ある幹部または労働者になるために，教育を受けようとする展望を持

---

[5]　Thông tư hướng dẫn thực hiện bản Quy định về tổ chức và hoạt động của Trường Phổ thông dân tộc nội trú (PTDTNT), ngày 14/8/1997, [Đỗ 1998: 263].

フート省民族寄宿学校の寄宿舎。晴れた日には大量の洗濯物がたなびく。長期にわたる寄宿舎での共同生活は、生徒たちの自立心を養い、自分で自分自身のことを考えて行動する大人になることが目的だ。これも地域社会に貢献する少数民族幹部人材の育成方針の一つ。ただし、学期期間中、校門から外へ出ることができるのは週1回、日曜日だけと決まっている。(2011年3月)

つことを意味している。もし進学後に，こうした関係性が判明した場合には，学校は火急速やかに上級機関に報告するとともに，適切に事態が処理されるとされた[6]。

第二項目は，年齢に関する規定である。第16号通達によれば，年齢に関しては，教育訓練省が定めた普通教育課程の対象年齢を，3～4歳以上超えてはならない，とされた。1998年の教育法第22条には，教育課程ごとの入学年齢は，小学校は6歳，中学校は11歳，高校は15歳と定められていることから，民族寄宿学校では小学校は9歳～10歳，中学校は14歳～15歳，高校は18歳～19歳までの入学者を受け入れることが読み取れる[7]。

さらに，第五項目に記された，選抜を受ける地域での居住期間に関しては，「願書を提出した日から遡って5年間，受験する民族寄宿学校の学区内に居住していることが必要」とされている[8]。これは，短期的によその地域から引っ越してきて，その地域の民族寄宿学校への入学資格を得ないようにするための措置である。すでに見たように民族寄宿学校の目的とは，将来的に地元の地域発展に貢献できる，幹部候補生となる人材を育成することであった。ほかの地域から短期間だけ引っ越してきて民族寄宿学校に入学し，卒業するともともとの「地元」に戻ってしまうというような，本来の目的に合致しないケースが生じることを避けるために，選抜を受ける地域に「5年以上」居住し，そこが地元だといえる程度には，地域に根差した人材を集めるための工夫がなされたのである。

以上のことをまとめると，（本人および家族が）共産党支配に対して反動的な人物ではないという潔白性を持ち，普通教育課程の対象年齢からもそれほど大きく離れておらず，健康で，かつ最低でも5年間は該当地域に居住している地元出身の「少数民族」，これらの条件に当てはまる対象者が，民族寄宿学校に

---

6) Thông tư hướng dẫn thực hiện bản Quy định về tổ chức và hoạt động của Trường Phổ thông dân tộc nội trú (PTDTNT), ngày 14/8/1997, [Đỗ 1998: 263]．

7) 普通学校の対象年齢について，2005年の教育法第26条第2項には，さらに具体的に踏み込んで，次のように定められている。「教育訓練省は，知恵の発達が早い生徒に対して，学齢より早く学校に進学することができるケースを規定する。困難な経済・社会条件を持つ地域に居住する生徒，少数民族生徒，ハンディキャップや身体的障碍を持つ生徒，体力および知力の発育が遅れている生徒，身寄りのない孤児，国家の規定に基づき貧困家庭に属する生徒，外国から帰国した生徒に関しては，規定の年齢を超えてもよい。[Luật Giáo dục năm 2005]」。

8) Thông tư hướng dẫn thực hiện bản Quy định về tổ chức và hoạt động của Trường Phổ thông dân tộc nội trú (PTDTNT), ngày 14/8/1997, [Đỗ 1998: 263-264]．

入学できる要件として定められていることが示されている。

3-1-3 入試システム

　民族寄宿学校という優遇政策の恩恵の分配をめぐり、人々の意識のベクトルが民族を軸とした「不平等」を感じる方向に向かないようにするための工夫は、民族寄宿学校の入試システムに関する規定にも読み取ることができる。
　教育訓練省第2590号決定には、民族寄宿学校への入学者の選抜方法について、次のように規定されている。

> 「まずは教育訓練局が入試計画の定員と、入試対象地域を定めたうえで、省の人民委員会が、省内の民族寄宿学校の定員を認可し、決定する。（中略）
> 毎年の定員計画を守り、民族寄宿学校に入学する生徒を選抜する際、試験による選抜を行うか、推薦による選抜にするかは、各地域の具体的な状況に基づき、各学校の管理機関が決定すること。[9]」

　これはすなわち、各省ごとの教育訓練局が、毎年の「幹部養成計画」を立てたうえで、その人数に基づいて民族寄宿学校へ入学できる定員を決定してもよい、ということを意味した。その入試の実施方法についても、教育訓練局にほぼ一任されたことによって、誰を、どのように選抜するかという問題は、大部分が各地方の教育行政の管轄下に置かれたのである。これにより、民族寄宿学校の選抜のメカニズムは、省を単位として多様化していくこととなった。例えば、先ほども取り上げたランソン省民族寄宿学校では、入学試験を実施しつつ、同時に、社ごとに入学者の定員を割り当てるという、「定員割り当て型競争方式」とでも呼び得る方法での選抜が行われている。つまり、いったんは一律で入学試験を実施するものの、しかし通常の競争型試験のように、得点が○点以上の人は全員合格それ以下であれば全員不合格、という具合に、絶対的な基準によって合否ラインが定められているのではなく、社ごとに割り当てられた定員数の中で、点数の高い順に合否結果が決定される仕組みである。例えば、A社に対する定員数が1名であった場合、受験者全体の水準で見れば、A社の受験生全員がB社よりも高い得点を取っていたとしても、A社の中で最も高得点

---

9) Quy định về tổ chức và hoạt động của các trường Phổ thong dân tộc nội trú (PTDTNT), (Ban hành theo quyết định số: 2590/GD-ĐT ngày 14/8/1997 của Bộ Giáo dục và Đào tạo), [Đỗ 1998: 255-256].

であった1名しか民族寄宿学校に進学することはできない。しかも，この社ごとの定員数は毎年変動するので，年によっては居住している社に定員が割り当てられないこともある[10]。

これに対し，そのほかの省では，特定の基準を設けて，それに当てはまる対象者を優先的に選抜するようにしたり，反対に，優遇条件や居住地ごとの定員を全く設けず，試験による完全な競争原理によって，能力主義的に生徒を選抜する場合もある。これらの選抜メカニズムの相違と，それが地域社会にもたらした影響については第4章で詳しく明らかにするが，ここで強調しておきたいのは，これらの選抜メカニズムのあり方に，なるべく固定化された層の人々にその恩恵が偏らないようにするための，地域社会ごとのさまざまな運用上の工夫が施されていることである。先に述べたランソン省民族寄宿学校が所在するランソン省とは，少数民族の中でも比較的キン族に近い高い教育水準を有する，タイー族とヌン族が集住する地域である。山間部地域と，それよりも社会的インフラが整った低地の町部の居住者では，受けられる学校教育の質的水準やカリキュラムの内容，授業時間が異なるため，完全に平等な能力主義型の試験を実施すると，必然的に，居住地条件によって結果に偏りが生じてしまう。そこで，ランソン省教育局では，年度ごとに社に対して定員を割り当てるという方式によって，民族寄宿学校への合格者をめぐる不平等が生じにくいようにしたのである。

3-2 教育内容

3-2-1 教育課程

民族寄宿学校制度のもう一つの大きな特徴は，それが普通教育課程の中に位置づけられたことである。教育訓練省第2590号決定には，第3条に「民族寄宿学校は，全国の公立普通学校システムの中に置かれる」と示されている[11]。

---

10) 2004年10月5日ランソン省民族寄宿学校校長サーと副校長タムに対して行ったインタビュー。

11) Quy định về tổ chức và hoạt động của các trường Phổ thong dân tộc nội trú (PTDTNT), (Ban hành theo quyết định số: 2590/GD-ĐT ngày 14/8/1997 của Bộ Giáo dục và Đào tạo), [Đỗ 1998: 250].

この学校の設立の理念については，第2590号決定の第4条において，「生徒たちは，国家によって，生活し学ぶために必要な諸条件を保障されるとともに，学習期間を通じて，学校が育成し，寄宿舎生活を送る。この学校は，普通 (Phổ thông) で，民族 (Dân Tộc)，そしてこの学校の最も特

具体的には，次のような形で，小学校高学年から高校までの各課程にそれぞれ対応するように，いくつかの社をまとめた社グループレベル，県レベル，省レベル，中央レベルの各段階の民族寄宿学校が整備されていった。

「第6条：地方と国家による民族幹部の基盤を作り上げるという要求に基づき，民族寄宿学校の体系は，いくつかの社が集まって構成されるグループから，中

筆すべき点，すなわち寄宿生活 (Nội trú) という性格を有する。(Quy định về tổ chức và hoạt động của các trường Phổ thong dân tộc nội trú (PTDTNT), (Ban hành theo quyết định số: 2590/GD-ĐT ngày 14/8/1997 của Bộ Giáo dục và Đào tạo), [Đỗ 1998: 250])」と記されている。しかしこの箇所だけでは，意味がはっきりと示されていない。そこで第16号通達には，次のような説明が加えられている。

「民族寄宿学校の活動はすべて，普通 (PT)，民族 (DT)，寄宿の利点 (NT) という性質を体現しなければならない。民族寄宿学校は，普通学校の条例に基づく規定事項を実現するとともに，活動を展開する際には，民族性と寄宿生活の特質に注意を払う必要がある。「全体 (普通性 (tính chất PT))」と「個別 (民族性と寄宿という特性 (tính chất DT và đặc điểm NT))」の結合は，民族寄宿学校での教育活動の重要な特徴である。(Thông tư hướng dẫn thực hiện bản Quy định về tổ chức và hoạt động của Trường Phổ thông dân tộc nội trú (PTDTNT), ngày 14/8/1997, [Đỗ 1998: 261])」

これによれば，第2590号決定に登場する三つの単語のうち，「民族」と「寄宿」については，それぞれの特性を活かすように，という意味合いが読み取れる。ところが一方で，依然として，全体＝「普通」が何を指すのか，という点については十分に明らかにならない。そこで，第7プログラム主任委員会の責任者を務めた，チャン・スアン・ニーに対するインタビューで，民族寄宿学校の学校名に含まれている「普通」とは何を指すのか，との質問をしたところ，「民族寄宿学校の設立段階では小学校から高校までのすべての課程を含む，包括的な学校制度を設立することをめざしていた。その際，公教育制度に組み込まれるという意味で「普通 (phổ thông)」という単語が使われるようになった。」との回答が得られた。

すなわちここでいう「普通」とは，民族寄宿学校という学校制度が，小学校高学年から，大学準備学校に至る，包括的なシステムとして想定されていると同時に，職業教育課程ではなく，普通科課程の中に位置づけられることを意味している。このような，既存の枠組みにとらわれない新しい学校制度が導入された理由について，ニーは，「民族寄宿学校プロジェクトが起草された当時，一般のベトナムの公教育制度が，小学校，中学校，高校と，教育段階ごとに分かれているのに対し，こうした教育段階ごとの学校形態をそのまま少数民族地域にも適用して，同じような学校階梯を作っただけでは，なかなか学校制度として発展していかないと考えた。」と述べている (2007年2月24日ハノイ市内のニー氏の自宅にてチャン・スアン・ニーに対して行ったインタビュー)。

したがって，これらのことを考えあわせてみるならば，民族寄宿学校とは，少数民族生徒を集めた学校であることの特性を尊重し，起きてから寝るまで学校の管理下におかれる寄宿生活という教育スタイルの利点を生かしつつ，小学校から大学準備学校までの包括的なシステムを持つ，普通科課程の学校制度，という理念によって支えられる学校制度である，といってよいだろう。この理念に基づいて名付けられた学校名は，ベトナム語をそのまま訳せば「寄宿民族普通学校」(Trường Phổ thông dân tộc nội trú) となるのであるが，本書では，少数民族対象とした寄宿学校という学校のイメージをなるべく活かすために，「民族寄宿学校」という名称として訳出している。

第3章　民族寄宿学校の制度と運用　131

央が管理する各地方レベルに至るまでのそれぞれの単位に作られる。
1. 教育発展に多くの困難を抱え，人々の文化水準が低く，初等教育がまだ普及していない地域では，（小学校：引用者注）4年生と5年生を対象に，社グループごとに，半寄宿学校の形式で，民族寄宿学校が置かれる[12]。
2. 県レベル民族寄宿学校は，中学校課程にのみ置かれる。社グループを単位とする半寄宿学校が存在しない県については，さしあたり今後数年間は，県レベル民族寄宿学校が，4年生と5年生のクラスを併設する。
3. 省レベル民族寄宿学校は，高校課程にのみ置かれる。
4. 各地方における中央レベルの民族寄宿学校とは，大学準備学校，および各省庁や政府の要求に基づく，特別な能力向上クラスを指す。[13]」

　第2章2-4-2で示したように，民族寄宿学校とは，地元出身の少数民族の中から，山間部の地域発展の牽引役となる人材を発掘し，育成するという方針に基づいて建設された，いわば少数民族エリート養成のための学校である。しかしながら，中国の民族大学および民族学院に見られるように，少数民族を地方行政の中核的役割を担う人材に育成するためには，中等教育機関ではなく，大学や専門学校など，高等教育課程を拡充させ，進学者層を増やすための教育政策を行ったほうが効率的である。ところがベトナムでは，図0-7-1で示したように，高等教育課程に関しては，後述する民族大学準備学校を除けば，少数民族に特化した特定の学校制度は存在しない。他方，これまで公教育に取り込まれてこなかった，いわば「非就学者」を対象に，就学者の層を拡大させるためには，中等教育課程よりむしろ初等教育課程を拡充する必要がある。ところが，民族寄宿学校は原則として，初等教育課程にも設置されていない。
　ではなぜ，民族寄宿学校は，高等教育と初等教育の中間，すなわち中学校と

---

12) 半寄宿学校（民族半寄宿学校 Trường Phổ thông dân tộc bán trú）とは，道路インフラが未整備で毎日の通学が困難な地域に居住する子供たちを対象に，平日は学校に併設された簡易な宿舎か，教員の家に寝泊りして学校に通い，週末になると実家に戻る学校形態のことを指す。1980年代後半から建設され，2006年時点で30省以上に普及している [Uỷ ban Dân tộc 2006: 14–15]。民族教育局局長のシャイによれば，この学校形態は，まだ公式な学校システムとしては認定されていないが，中等教育課程に設けられた民族寄宿学校の前段階にこの学校があることによって，少数民族生徒の全体的なボトムアップと，中等教育機関以上への進学者の増大，という連続的な教育効果を上げているという（2011年3月10日教育訓練省にて教育訓練省民族教育局シャイに対して行ったインタビュー）。

13) Quy định về tổ chức và hoạt động của các trường Phổ thong dân tộc nội trú (PTDTNT), (Ban hành theo quyết định số: 2590/GD-ĐT ngày 14/8/1997 của Bộ Giáo dục và Đào tạo), [Đỗ 1998: 251–252]．

高校に置かれたのであろうか。この点について，第7プログラム主任委員会の委員長を務めた元教育訓練省次官，チャン・スアン・ニーは，筆者のインタビューに対し，次のように語った。

「一般的には，新しい学校制度は小学校から普及させていくものだ。しかし，民族寄宿学校に関しては，省レベル民族寄宿学校（高校課程：引用者注）から普及政策が開始された。現在では44省に省レベル民族寄宿学校が建設されている。なぜ高校課程から民族寄宿学校の建設がスタートしたかといえば，社のレベル（初等教育課程：引用者注）から建設したのでは，新たに建設しなければならない学校数が多過ぎること，そして，（山間部にある：引用者注）それぞれの社があまりにも僻地にあり，第1学年から第3学年程度しか揃っていない場合が多かったので，（県レベル（中学校課程）ではなく：引用者注）まずは省のレベルから先に投資をしていこうという展開になったのだ。[14]」

ニーの回答は，民族寄宿学校という新しい学校制度の建設を担った第7プログラム主任委員会が，少数民族のエリート人材の育成という課題に対して，速やかに結果を出さなければならないという，ある種のプレッシャーの中で，適切な方法を模索しながら学校建設事業を展開していったことを物語っている。初等教育課程から人材を育成していたのでは，彼らが大学に進学するまでに最低でも約10年は待たなければならない。市場経済の導入を決定したドイモイ政策がその弊害を露呈しはじめていた1990年代初頭，ベトナムが自らの国家としての枠組みを安定的に維持していくためにも，山間部地域を速やかに発展させることは，急務かつ不可欠な課題であった。したがって，その牽引役となる人材育成のための学校制度を作りあげるプロジェクトには，確実に，しかも迅速な結果を出すことが求められていたと考えられる。そこで，まずはとりあえず，短期間かつ最小限の財政的投資によって目に見える形で結果が出やすい中等教育課程がその目標として定められたのである。

同時に，1990年より開始した初等教育普及キャンペーンとの関係も見過ごしてはならない。教育訓練省民族教育局局長シャイによれば，民族寄宿学校の制度は，少数民族地域を中心に展開された初等教育普及運動と双翼の関係，すなわち初等教育制度の拡充と中等教育機関への進学者数の増大という目的を同

---

14) 2007年2月24日ハノイ市内のニー氏の自宅にてチャン・スアン・ニーに対して行ったインタビュー。

時に達成することを目指して構想されたという[15]。

　そもそも発展途上国における教育改革において，それまで教育制度へのアクセスが困難であった人々を対象とする場合には，基礎教育，とりわけ初等教育の拡充を行うことによって，就学人口のボトムアップを図るという方策が採られる。1990年にタイのジョムティエンで開催された，「万人のための教育世界会議」では，「基礎的な学習のニーズ」の概念を提示するとともに，すべての国民に初等教育を提供する（Universal primary education）ことが課題として掲げられた［斉藤 2001: 302-303］。この会議では，2000年を期限として「万人のための教育（Education for All）」を達成するための中間目標が設定され，世界中の発展途上国における初等教育の普及を積極的に促進するという目標が定められた。同会議に参加したベトナムでも，1990年より10年間の目標を立て，初等教育普及キャンペーンが開始された［Phạm 2000: 97-98］。このキャンペーンの対象者となったのは，主として北部山間部，中部高原および南部平野部に居住する少数民族であった。前述したように，政治局第22号決議に示された方針によって，少数民族の中から地元に貢献するエリートを育成することが喫緊の課題となった教育行政は，折しも世界的な風潮として活発化していた初等教育普及運動の流れに追い風を受ける形で，少数民族の教育水準の全体的なボトムアップを図るとともに，中学校と高校の課程に，それぞれ県レベルと省レベルの民族寄宿学校を建設することによって，初等教育を卒業した少数民族の一部を中等教育へと吸収するシステムを作り上げようとしたのである。

　ここで，序章0-7で示した教育階梯図を用いて，改めて民族寄宿学校の位置づけを確認しておきたい（参考：図0-7-1）。今日，ベトナムの教育課程は12年制であり，小学校5年制，中学校4年制，高校3年制である。この中で，高校課程には省レベル民族寄宿学校（各省に1校），中学校課程には県レベル民族寄宿学校（各県に1校）が設置されている。普通科課程に位置づけられていることによって，先に述べた入学要件を満たしてさえいれば，普通中学校から省レベル民族寄宿学校へ進学することも，反対に，県レベル民族寄宿学校から普通高校へ進学することも可能である。このほか，高校卒業後の生徒を対象に，大学進学を目指すための教育機関である民族大学準備学校もまた，原則的に少数民族を入学対象とする学校制度である。この民族大学準備学校の仕組みにつ

[15)] 2011年3月10日教育訓練省にて教育訓練省民族教育局局長シャイに対して行ったインタビュー。

朝起きてから寝るまで，民族寄宿学校での学校生活はすべて分刻みのスケジュールが組まれている。時間の区切りを示すために太鼓が打ち鳴らされる（2011年3月，フート省民族寄宿学校）

第3章　民族寄宿学校の制度と運用　135

いては，第6章で詳述する。

3-2-2 カリキュラム

　民族寄宿学校で実施される教育カリキュラムについて，教育訓練省第2590号決定には，次のように示されている。

>　「教授，教育内容は，主に普通学校の教科書の内容とし，ベトナムの各地方や，少数民族に関する知識については調整し，補足すること。民族寄宿学校の教育，学習活動は，学校の特性や性格に合うように，方法や内容を改善していかなければならない。民族寄宿学校は，知識を強化し，補足し，拡大するとともに，優秀な生徒を伸ばし，劣った生徒には補習を行うことを目的として，自習時間を利用することが許可される。[16]」

　この規定でも明らかなように，民族寄宿学校では，一般の普通学校と同じく，全国統一規格の教科書に従った授業が行われている。授業科目数や授業の時間数についても，普通学校と全く同じである。表3-2-1は，フート省タインソン県民族寄宿学校と，フオンカン普通中学校の9年生における，2007年度の時間割から，科目別にコマ数を比較したものである。これを見るとまずわかるように，いずれの学校でも授業時間数は28コマである。また，科目の種類や科目ごとのコマ数を比較してみると，タインソン県民族寄宿学校にはフオンカン普通中学校にはない，「生活」という科目が1コマあるのに対し，フオンカン普通中学校の「生物」の授業が3コマで，タインソン県民族寄宿学校より1コマ多い，という二カ所しか，両者のあいだに違いはない。つまり，授業カリキュラムの面で見れば，民族寄宿学校と普通学校とは，ほぼ全く同じ仕組みを持つと言ってよいだろう。

　また，授業で使用する言語もすべてベトナム語に限られ，少数民族言語が使われることはない。中学校1年生で入学したての頃はまだ，ベトナム語のイントネーションがうまくできない人がいたり，休み時間になるとクラスの中でも民族語が飛び交っているものの，しかし，授業中はベトナム語が唯一の使用言

---

16) Quy định về tổ chức và hoạt động của các trường Phổ thong dân tộc nội trú (PTDTNT), (Ban hành theo quyết định số: 2590/GD-ĐT ngày 14/8/1997 của Bộ Giáo dục và Đào tạo), [Đỗ 1998: 254].

表 3-2-1　タインソン県民族寄宿学校とフオンカン普通中学校の授業科目と時間数の比較結果

単位：コマ

	フオンカン普通中学校	タインソン県民族寄宿学校
ベトナム語	5	5
数学	4	4
生物	3	2
英語	2	2
歴史	2	2
物理	2	2
化学	2	2
体育	2	2
選択科目	2	2
地理	1	1
技術	1	1
音楽	1	1
共同体教育	1	1
生活	0	1
合計	28	28

出典：2007年1月，3月にフオンカン普通中学校，タインソン県民族寄宿学校で入手した時間割表より筆者作成。

語であるという[17]。

　ただし，普通学校と明らかに違うのは，民族寄宿学校の1クラスあたりの規模の大きさである。例えばフート省民族寄宿学校における，2006年度の12年生1クラスあたりの生徒数を，同地域の普通高校であるフオンカン普通高校の生徒数と比較してみると，フオンカン普通高校が平均47人であるのに対し，フート省民族寄宿学校は平均約30人であり，フート省民族寄宿学校の規模は普通高校のおよそ3分の2であった。このように，民族寄宿学校は，普通高校よりも1クラスごとの生徒数を少なくし，1人の教員が担当する生徒の数を限定することによって，質的にきめ細やかな教育を目指している[18]。

---

17)　2006年10月26日ラオカイ省バットサット県民族寄宿学校副校長ヒエンとマイへのインタビュー。

18)　第16号通達には，民族寄宿学校の1クラスあたりの平均生徒数は25人から30人とすること，と定められている。Thông tư hướng dẫn thực hiện bản Quy định về tổ chức và hoạt động của Trường Phổ thông dân tộc nội trú (PTDTNT), ngày 14/8/1997, [Đỗ 1998: 262]．

3-2-3　一日のスケジュールと寄宿生活

　学校教育の質の高さという観点で見ると，学習時間の長さについても，民族寄宿学校と普通学校のあいだには大きな相違がみられる。「民族寄宿学校」という名前が表す通り，この学校の生徒たちは，原則として，入学してから卒業するまでのあいだ，学校に併設された寄宿舎に入寮し，集団生活を送ることが義務づけられている。こうした寄宿生活のメリットを活かし，民族寄宿学校では，通常の授業カリキュラムの時間外にも厳格な「自習時間」が設けられている[19]。例えば，フート省民族寄宿学校とフート省タインソン県のフオンカン普通高校を例に，12年生（高校3年生）の1日のタイムスケジュールを比較したものが，表3-2-2と表3-2-3である。網掛け部分が，それぞれの学校の時間割のうち，学習に関連する時間帯である。これを見るとわかるように，民族寄宿学校の生徒たちには，普通高校の生徒と比べて，朝から就寝直前までかなりみっちりと学習時間が組まれている。午後の自習時間は通常授業と同様に扱われ出席が義務であるうえに，教員がクラスごとに見まわりを行って監督するため，生徒たちが勝手に休んだり，途中でさぼったりすることはない[20]。実際に筆者もこの自習時間の様子を観察したが，教壇に教員がいないとは思えないほど，生徒たちは静かに机に向って授業の予習・復習を行っていた[21]。すなわち，日本でたまに見られるような，「自習」とは名ばかりの自由時間の類ではなく，きちんと統制された学習時間として有効に活用されているのである。

　これに対し，フオンカン普通高校の授業は午前中，ないし午後のみの半日制であり[22]，フート省民族寄宿学校よりも圧倒的に学習時間が少ない（表3-2-3）。生徒たちの多くは近郊の農家の子どもたちであるから，学校に登校する前，あるいは学校から帰宅すると，まずは家事や農作業を手伝わなければならない。このため，自宅で勉強に充てられる時間は，夕飯の後片づけを終えた夜9時ごろから，就寝までのせいぜい2時間程度に限られてしまうというのが一般的な状況である。このように見てみると，民族寄宿学校に設けられた自習時間が，

---

19)　Thông tư hướng dẫn thực hiện bản Quy định về tổ chức và hoạt động của Trường Phổ thông dân tộc nội trú (PTDTNT), ngày 14/8/1997, [Đỗ 1998: 263].
20)　2007年1月25日フート省民族寄宿学校校長ミーへのインタビュー。
21)　2007年1月から3月にかけてフート省民族寄宿学校を訪問した際の観察。
22)　ベトナム語では2 ca (hai ca) と呼ばれる。

表3-2-2 フート省民族寄宿学校生徒の一日のスケジュール

時刻	内容
5：15	起床
5：15-6：00	着替え，身の回りの整理
6：00	朝食
6：30-7：15	小テスト
7：15-8：00	1時間目
8：00-8：05	休憩
8：05-8：50	2時間目
8：50-9：05	体操
9：05-9：50	3時間目
9：50-9：55	休憩
9：55-10：40	4時間目
10：40-10：45	休憩
10：45-11：30	5時間目
11：30-12：00	休憩
12：00	昼食
13：30	昼寝終了ベル
14：00-16：30	自習
16：30-17：30	自由時間
17：30	夕食
18：30-20：15	自習
20：15-20：30	休憩
20：30	寄宿舎の清掃
22：00	消灯，就寝

出典：2007年1月フート省民族寄宿学校にて聞き取りした情報をもとに筆者作成。

表3-2-3 フオンカン普通高校生徒（12年生）の一日のスケジュール

（登校）

時刻	内容
7：00-7：15	小テスト
7：15-8：00	1時間目
8：00-8：05	休憩
8：05-8：50	2時間目
8：50-9：00	休憩
9：00-9：45	3時間目
9：45-9：50	休憩
9：50-10：35	4時間目
10：35-10：40	休憩
10：40-11：25	5時間目

（帰宅）

出典：2007年3月フオンカン普通高校にて聞き取りした情報をもとに筆者作成。

いかに生徒の日々の学習時間の確保に役立っているかがわかる。

　また，経済的な支援という意味でも，民族寄宿学校は少数民族生徒の学習環境の向上に大きく貢献している。民族寄宿学校に入学した生徒には，学費やそのほかの共益費が完全に免除されるほか，毎月の生活費が支給される。そこから寄宿舎の食費や衛生費を支払うと手元に残るのはごくわずかであるものの，このおかげで，家族に経済的な負担をかけずに3年間ないし4年間の学校生活を過ごすことができる。さらに入学時にはゴザや雨合羽などの日用品が支給されるほか，新年度になるとノートやボールペンなどの文房具一式も与えられる。教科書も図書室から貸与される[23]。加えて，年一度，夏休みか旧正月休みの際に遠く離れた実家に帰宅するための往復交通費についても，学校からの支

23) Thông tư liên tịch Bộ tài chính-Giáo dục và đào tạo, Hướng dẫn một số chế độ tài chính đối với học sinh các trường phổ thông dân tộc nội trú và các trường dự bị đại học, 126/1998/TTLT/BTC-BGDĐT, 9/9/1998.

援が受けられるという[24]。

　ドイモイ政策の導入は，それまで丸抱え式補助金制度によって無償とされてきた公教育の授業料を受益者負担，すなわち生徒とその家族が支払うものへと変えた。山間部の少数民族地域に対しては，授業料の減免など一部の経済的優遇措置が復活したとはいえ，普通学校に通うとなれば，生徒たちは学校の建設費や父兄会費，さらには学校までの往復の移動にかかる費用など，さまざまな費用を自分たちで調達しなければならない[25]。それゆえに近年でもなお，特に僻地や山岳部地域に居住する人々の中には，経済的な理由から高校はおろか中学校への進学をも断念するケースが後を絶たない。タインソン県民族寄宿学校の9年生（中学校3年生）の女子生徒で，モン族のセオは，小学校5年生のときのクラスメイト39人のうち，9人が中学校に進学できなかった理由を次のように述べている。

　　「中学校に進学しなかった9人はすべて女子だった。彼女たちが進学できなかった理由は，家が貧しくて学費が払えないことと，子どもを学校にいかせると家庭での働き手を失ってしまうこと。特に，女子が進学することについては，いまだによく思われていないから，娘は家にいて両親の仕事を助けるべきだと考えている家族は多いの。[26]」

　こうした状況にあって，民族寄宿学校は，授業料の免除に加え，寄宿生活の費用，文房具，教科書，帰郷にかかる交通費に至るまで，かなりきめ細かく，学校にかかる経費を国家が負担することにより，子どもの進学に対する家族の経済的，心理的負担の軽減に配慮しているのである。

3-3　教員

　先ほど述べたように，民族寄宿学校は，普通学校と比べて圧倒的に学習時間

---

24)　入学時に支給される日用品は，1人用毛布，蚊帳，寝巻，ゴザ，雨合羽，長袖シャツ，ズボン（制服）である。Thông tư liên tịch Bộ tài chính-Giáo dục và đào tạo, Hướng dẫn một số chế độ tài chính đối với học sinh các trường phổ thông dân tộc nội trú và các trường dự bị đại học, 126/1998/TTLT/BTC-BGDĐT, 9/9/1998.

25)　例えば高校の場合，自宅からの通学距離が遠い生徒は学校周辺に下宿することになるが，この下宿費用も家庭の経済的負担感をさらに増大させることにつながっている。

26)　2007年3月11日タインソン県民族寄宿学校で行ったインタビュー。

が長いため，必然的にこの学校で働く教員たちの拘束時間も長くなる。午後の自習時間の監督に加え，持ち回りで寄宿舎での宿直業務が入ることもある。教育訓練省第2590号決定には，教員の労働時間について次のような規定が記されている。

> 「民族寄宿学校の教員には，山岳部で働く山間部教員に対する優遇措置のほかに，国家によって定められ，教育訓練省が指導する，各種寄宿学校の教員に対する現行の政策・制度が適用される。校長の指示により，課外授業活動を組織したり，生徒指導の担当を任された場合には，その活動時間を，実際の労働内容と時間にカウントできるように，正式な授業として置き換えることができる。[27]」

この規定に基づき，民族寄宿学校の教員たちには，通常の授業以外に行われるさまざまな課外活動の報酬として，正規給与のほかに，「手当 (phụ cấp)」と呼ばれるエクストラの報奨金が支払われている。例えば，フート省民族寄宿学校でベトナム語の教員を務めているハンの給料は，毎月280万ドンである。この内訳を尋ねてみると，正規給与の164万7,000ドンと，「寄宿舎宿直手当 (phụ cấp trực nội trú)」として，正規給与額の70%に相当する手当が含まれているとの回答があった[28]。2006年6月20日に出された政府第61号議定「特別困難な経済・社会的条件を抱える地域，および特殊学校 (trường chuyên biệt) に従事する，教員，教育管理幹部に対する政策について」によれば，民族寄宿学校を含む「特殊学校」で教える教員と職員については，給与額の70%を手当金として支給することが定められている。ハンの給与は，まさにこの規定通りの金額であることがわかる。

この一方で，ハンとほぼ同年齢で，フート省内の普通高校であるフオンカン普通高校の教員を務めるフォンの給与は，毎月210万ドンである。彼の収入はこれだけで，学校の教員の場合ありがちな課外授業などのアルバイトはしていないという。したがって，単純に比較しても，フート省民族寄宿学校のハンと，フオンカン普通高校のフォンの給与額には，70万ドンもの差があることになる[29]。

---

27) Quy định về tổ chức và hoạt động của các trường Phổ thong dân tộc nội trú (PTDTNT), (Ban hành theo quyết định số: 2590/GD-ĐT ngày 14/8/1997 của Bộ Giáo dục và Đào tạo), [Đỗ 1998: 254].
28) 2007年2月1日フート省民族寄宿学校で行ったハンに対するインタビュー。
29) 2007年3月7日フオンカン普通高校で行ったフォンに対するインタビュー。

今日、山間部で働く教員たちのあいだでは、民族寄宿学校に勤めることが一種のブームになっているという。その理由は、普通学校よりも給料が高いことばかりではない。ほとんどの地域において、民族寄宿学校は、省や県の中心地、すなわち山間部地域の中でも比較的発展した町部にあることが多い。したがって、山間部地域でありながら、教員たちにとっては、それほど生活に不便を感じずに「都会」で暮らすことができる。タインソン県民族寄宿学校の数学教師タインは、1994年に教師になってから約12年間ものあいだ、タインソン県内の山間部地域、とりわけ生活環境の困難な僻地に属するいくつかの社で、普通中学校の教師を勤めてきた。彼女の夫もまた中学校の教師であり、家族一緒に暮らしながら生活してきたが、自分の子どもの進学に少しでもよい環境をと考えて、タインソン町内にあるタインソン県民族寄宿学校へ転任願いを出した。夫はまだ以前の中学校に勤めているため、タインの転勤によって家族は離れて住まなければならなくなったが、それはやむを得ないと感じたという[30]。このように、たとえ家族が別居することになったとしても仕方ないと判断するほど、民族寄宿学校で勤務することが教員にとってメリットであると認識されている様子を示している。

3-4 量的規模

最後に、普通学校と比較して、民族寄宿学校の量的規模を明らかにしておきたい。あらかじめ述べておくと、民族寄宿学校は、各省ごとに1校の高校課程（省レベル民族寄宿学校）、県ごとに1校の中学校課程（県レベル民族寄宿学校）しか設置されていない。加えて、先に3-2-2でも触れた通り、普通学校と比べると、1クラスあたりの生徒数は制限されている。したがって、普通学校が吸収できる規模と比べると、民族寄宿学校の受け皿はかなりコンパクトである。フート省を例にとろう。フート省内に所在する公立高校（33校）、民立高校（25校）、半公立学校（8校）の、2006年度の生徒総数は55,064人であった。ここから一校あたりの平均生徒数を算出してみると、834.3人である。これに対し、フート省民族寄宿学校の生徒数はわずか356人であった。詳しくは第4章で述べるが、フート省は、少数民族の集住地域と、キン族の集住地域が比較的はっ

---

[30] 2007年3月12日タインソン県民族寄宿学校で行ったタインに対するインタビュー。

表 3-4-1 ラオカイ省民族寄宿学校と普通高校（計 23 校）における生徒数の比較結果

単位：人

	全体	女子	少数民族
ラオカイ省民族寄宿学校	404	155	404
普通高校の合計（23 校）	15,871	7,894	6,609
普通高校一校あたりの平均生徒数	690.0	343.2	287.3

出典：*Báo cáo thống kê chất lượng và hiệu quả giáo dục năm học 2005-2006 các trường học phổ thông* より，筆者作成（2006 年 12 月にラオカイ省教育訓練局にて入手資料）。

きり分かれており，また，キン族人口が省内人口の圧倒的多数を占めることから，上に挙げた数字のみの単純な比較はやや早計である。しかし（一応建前としては）民族寄宿学校はフート省全域を学区としていることから，あえて規模の比較を試みれば，普通高校一校あたりの生徒数は，フート省民族寄宿学校のおよそ 2.3 倍にも達することが明らかとなる[31]。

また，表 3-4-1 は，ラオカイ省民族寄宿学校と，ラオカイ省内の普通高校（計 23 校）における 2005 年度の生徒数を比較したものである。これを見ると，ラオカイ省民族寄宿学校の生徒総数が 404 人であるのに対し，ラオカイ省内にある普通高校の生徒の延べ人数は 15,871 人であり，民族寄宿学校に進学できる生徒の規模は，省内の普通高校全体からみればわずか約 40 分の 1 に過ぎない。さらに少数民族の生徒の数で比較しても，その割合は 404 人対 6,609 人であり，やはり圧倒的に普通高校の規模の方が大きい。ただし，普通高校一校あたりの少数民族生徒の平均生徒数が 287.3 人であるのに対し，ラオカイ省民族寄宿学校は生徒全員が少数民族であることを考えれば，少数民族に限ってみれば，ラオカイ省民族寄宿学校は，普通高校よりも彼らの高校進学に貢献しているといえるかもしれない。この点については，民族寄宿学校の選抜メカニズムとも密接に関わる問題であるため，次の第 4 章以降で詳しく明らかにしていきたい。

---

31) *Số liệu thống kê lớp, học sinh THPT theo trường, đầu năm học 2006-2007*（2007 年 3 月 13 日フート省教育訓練局にて入手資料）。

第4章

民族寄宿学校の選抜メカニズム
優遇政策の利益配分と高等教育進学をめぐる比較分析

第3章3-1-1で明らかにしたように，教育訓練省が定めた民族寄宿学校の制度的枠組みには，いくつかの点であいまいな部分，すなわち実際に制度を運用していくための「余地」が設けられ，その範囲内で，地方政府，とりわけ教育訓練局や教育室をはじめとする地方教育行政が主体的な運用性を発揮していくことが許されている。従って，ベトナム各地に建設された民族寄宿学校という学校制度とは，必ずしも全国統一の均質化されたものではなく，地域ごとの社会的な条件や，そこに暮らす人々の関係性が影響を与えいわば土着的な側面も併せ持っていると考えられる。そこで本章では，フート省とラオカイ省という社会的諸条件の大きく異なる地域の省レベル民族寄宿学校（高校課程）に焦点を当て，それぞれの地域における地方政府の主体的な取り組みと，その結果として，民族寄宿学校に対する人々のまなざしにどのような相違がもたらされていったのかという点を考察する。

　地方政府による主体的な取り組みを明らかにする方法として本書が着目するのは，民族寄宿学校への入学者を選抜するために設けられた入試メカニズムである。前章で明らかにしたように，民族寄宿学校とは，進学費用を国家がほぼすべて丸抱えすることによって，少数民族生徒に対して中等教育課程への進学機会を提供することを目的とした学校制度である。ただしその恩恵を受けることができる人数は限定されているため，誰がこの学校に進学できるかを決定する過程では，必然的に，何らかの形での競争原理を働かせざるを得ない。そこで，この貴重な教育機会の分配方法をめぐって，地方エリートたち，すなわち地方の教育行政がその主体性を発揮させることとなった。

　本章では，フート省とラオカイ省における民族寄宿学校の入学者選抜のメカニズムと，それぞれの制度を利用する人々のまなざしを比較分析する作業を通じて，民族寄宿学校という希少な教育機会を配分したり，獲得したりしようとするさまざまな主体によって「民族」が資源化されていく過程を解き明かしていく。「民族」の資源化という本書の基本的な視座と照らし合わせてみると，本章は次の三つの視点から，それぞれの資源化の契機について明らかにする試みであるといってよいだろう。第一に，フート省とラオカイ省という地方政府（地方教育行政）の視点である。この二つの地方行政は，民族寄宿学校という学校制度を通じて，誰をめがけて「民族」を資源化しようとしているのか。第二に，この学校制度を通じて，実際に教育機会を得る可能性を持つ人々の視点である。民族寄宿学校という学校制度は，地域社会に暮らす少数民族のうち，誰

に，どのような教育機会を提供しているのであろうか。そして第三に，地域社会全体からのまなざしである。すなわち，民族寄宿学校という限定された教育機会の恩恵をめぐって繰り広げられた「民族」の資源化という動的な契機は，それぞれの地域社会に暮らす住人たちのなかに，教育機会を獲得するために「民族」を資源化するという行為に対するどのような認識を作り上げていったのであろうか。

4-1　分析の視座とデータの概要

　具体的な内容に入る前に，本章と，続く第5章の問いと方法を確認しておこう。まず本章では，フート省とラオカイ省のそれぞれ省レベル民族寄宿学校（高校課程）に焦点を当て，これらの学校制度における入学者の選抜メカニズムを比較分析する。さらにその結果としてそれぞれの選抜方法がうみだしたいくつかの帰結（教育達成効果，少数民族と地域社会からのまなざし）を明らかにする。
　そのうえで第5章では，誰が民族寄宿学校という学校経路を利用するのか，という問いを立て，普通高校と民族寄宿学校（高校課程）進学者の属性の比較を試みる。これにより，どのような属性を持った人が，中学校から高校に進学する段階で資源としての「民族」を利用するのか，という問題を明らかにする。
　第4章と第5章の研究方法は，①フート省民族寄宿学校，ラオカイ省民族寄宿学校の2004年度の受験生と合格者の属性分析，②2006年10月から2007年3月にかけて筆者が実施した，ラオカイ省民族寄宿学校，バットサット第一高校，フート省民族寄宿学校，フオンカン普通高校におけるアンケート調査結果の量的分析，③同じく2006年10月から2007年3月にかけて筆者が実施した，各4校における校長，教員，生徒を対象としたインタビュー調査に基づく質的分析である。アンケート調査，およびインタビュー調査の詳細については該当箇所で説明を行う。
　第3章3-1-2で明らかにしたように，1997年の民族寄宿学校規定で示された民族寄宿学校の入学要件とは，「「少数民族」であること」，そして「（本人および家族）共産党支配に対して反動的な人物ではないという潔白性を持ち，普通教育課程の対象年齢からもそれほど大きく離れておらず，健康で，かつ最低でも5年間は該当地域に居住していること」，となっている。言いかえると，

これらの条件をクリアしてさえいれば，原則として，すべての少数民族に対して平等に，民族寄宿学校を受験する権利が与えられている。

ただしその選抜方法については地方教育行政に裁量権が委ねられたため，実際の選抜過程には各地方政府の独自性が発揮されることとなった。本章ではまず，フート省とラオカイ省という二つの地域の民族寄宿学校において実施されている入学者選抜の方法を，2004年度の受験生データを用いて明らかにする。それにより，それぞれの省の民族寄宿学校が，誰に，どのような教育機会を提供することを目的として運用されているのかを解き明かしていきたい。

4-2　フート省，ラオカイ省の民族構成と教育水準

なぜフート省とラオカイ省の民族寄宿学校を取り上げて比較するのか。結論の一部を先取りするならば，この二つの民族寄宿学校が全く異なる選抜方法によって少数民族生徒に教育機会を分配することを目的としているからである。

まずは，それぞれの選抜方法が実施されているフート省とラオカイ省の地域社会について，少数民族の居住状況，および民族ごとの教育水準を概観しておこう。

民族寄宿学校とは，原則として省を一つの学区とし，少数民族人口の多寡にかかわらず，高校課程の省レベル民族寄宿学校が1校，中学校課程に相当する県レベル民族寄宿学校が数校（基本的には1県に1校），建設されている。このことは必然的に，少数民族人口の多い省と，そうでない省とのあいだでは，民族寄宿学校の定員をめぐって競争する全体のパイの大きさが異なることを意味している。省別の少数民族人口を比較してみると，フート省の少数民族人口は約18万人（183,260人）であるのに対し，ラオカイ省には約40万人（397,109人）が居住している。省内人口に占める少数民族の割合で見ても，フート省が14.5％である一方で，ラオカイ省は66.8％であり，ラオカイ省の方が圧倒的に少数民族が集住する地域である。いずれの省でも，省レベルの民族寄宿学校の学校規模はほぼ同じであることから，単純に考えて，ラオカイ省の少数民族の子どもたちは，フート省の少数民族の子どもたちよりも2.2倍，民族寄宿学校に入りづらいことになる。

また，この少数民族割合の違いは，この二つの省における少数民族の「存在感」が異なることを示唆する。フート省のキン族人口は約100万人（1,077,859

人) で，これは省内人口 (約 120 万人 (1,261,559 人)) の 85.4%に当たる。つまり，圧倒的な多数派人口としてキン族が居住する中で，少数民族が文字通り「少数派」として存在している[1]。これに対し，ラオカイ省は，キン族が省内人口 (約 60 万人 (594,364 人)) のおよそ 3 割 (33.1%) を占めるに過ぎず，むしろ少数民族がマジョリティを占める地域である[2]。さらに，少数民族の民族内訳についても，ラオカイ省とフート省の状況は大きく異なっている。表 4-2-1 は，ラオカイ省とフート省における，少数民族の民族比率を示したものである。この表からまず明らかになるのは，フート省に比べ，ラオカイ省では少数民族のバリエーションが豊富であり，かつ，圧倒的大多数を占める民族が存在していないことである。最も人口比の高いモン族でさえも，少数民族人口のおよそ 3 割程度 (31.17%) であり，タイー族 (20.57%)，ザオ族 (18.69%)，ターイ族 (13.13%) と続いている。そのほかにザイー族 (6.21%)，ヌン族 (5.71%)，フラ族 (1.76%) に加えて，少数民族人口比が 1%未満の民族も 8 民族 (ハニ族，コム族，ラオ族，ボイ族，ホア族，ムオン族，ラチ族，ラハ族) が居住している。これらの民族をすべて併せると，ラオカイ省内に居住する少数民族の数は全部で 15 民族に達する。このことから，特定の大きな民族が存在せず，小さな民族がひしめき合って混住しているのが，ラオカイ省の少数民族構成の大きな特徴であると言える。

　これに対し，フート省では，少数民族人口の 9 割 (90.44%) をムオン族が占めている。ムオン族のほかにも，ザオ族 (6.07%)，タイー族 (1.03%)，サンチャイ族 (1.44%) も居住しているものの，フート省の少数民族社会は，圧倒的にムオン族が大多数を占める構成になっている[3]。

---

1) ベトナムの総人口比に占める少数民族の割合は約 13%であり，残り 87%はキン族の居住者であるから，これに照らし合わせてみれば，フート省内の民族バランスはほぼ全国平均的な民族比であるといえよう。

2) なお，ベトナムの北部山間部地域には，このようにキン族と少数民族の人口比が逆転している地域が多く存在するので，北部山間部地域に限っていえば，ラオカイ省のようなマジョリティーマイノリティ構成はそれほど珍しくない。

3) ここで，各民族の民族的特徴を概観しておきたい。1999 年のセンサスにおいて，ベトナムの少数民族のうち，最も多数派を占めたのがタイー族 (人口 147 万 7,514 人) である。タイー族は，タイー・ターイ語グループに属し，東北地方の，主として低地部に居住する。中国との国境に近い防衛上の要衝に居住することから，ベトナムの王朝は積極的な統治政策を展開し，17 世紀末には「藩臣」，19 世紀には「土司」として王朝の支配体制に組み込んだ。これに対し，同じく壮族と同源とされるのがヌン族である (人口 85 万 6,412 人)。ただし，タイー族に比べてベトナムへの移住時期が遅く，新規移住者を広く包摂するカテゴリーとしてヌンという名称が用いられるよ

表 4-2-1 ラオカイ省，フート省における少数民族別人口比

単位%

	ラオカイ省	フート省
モン	31.17	0.34
タイー	20.57	1.03
ザオ	18.69	6.07
ターイ	13.13	0.25
ザイー	6.21	
ヌン	5.71	0.19
フラ	1.76	
ハニ	0.78	
コム	0.71	
ラオ	0.40	
ボイ	0.29	
ホア	0.20	0.15
ムオン	0.20	90.44
ラチ	0.11	
ラハ	0.07	
サンチャイ		1.44
トー		0.08
少数民族人口（人）	397,109	183,260

出典：［Tổng cục thống kê 2001］より筆者作成．ラオカイ省を基準に民族割合の高い順に並べた．
それぞれの省内で，最も人口比の高い民族を網掛けしてある．

ただし，フート省の少数民族居住状況については，やや留意が必要である．省内の全域に少数民族が散らばって居住しているラオカイ省に対し，フート省

うになったという考え方もある．タイー族とヌン族は，類似した言語的，文化的特徴を有することから，タイー・ヌン族と称されていた時期もあった．また，1940 年代には，ホー・チ・ミンが革命の根拠地としたことから，キン族との接触機会が多く，現在ではほとんどの世代がベトナム語とのバイリンガル話者である．ムオン族は，ヴィエト・ムオン語族に属し，西北地方から北中部にかけて居住する（人口 113 万 7,515 人）．キン族と同源とされ，言語的にも，生活共同体としてもほぼ類似した特徴を有し，山間部に居住する人々を区別して，ムオン族という名称で呼ぶようになったのはわずかこの 100 年のことであった．モン族は，モン・ザオ語族の言語を話す民族で，東北地方，西北地方の，主として山間部の高い標高の地域に居住する（人口 78 万 7,604 人）．中国では苗族と呼ばれる．長いあいだ，焼畑移動耕作を生業としてきたため，ベトナム政府による定耕定住政策が施行されて以降も，近年までなかなか国民国家の枠組みに馴染まない存在であった．同じくモン・ザオ語族に属するザオ族は，南中国からラオス，ベトナム，タイの山岳部に広く居住する．中国では瑤族と呼ばれる．東北地方，西北地方を問わず，さまざまな地域に，ほかの民族と混ざり合って居住している．モン族と同様に焼畑移動耕作を生業としてきたが，現在では政府の定耕定住政策にしたがって低地で定住農耕に従事する人も多い（人口 62 万 538 人）［Bùi 1999; 石井 1999］．

表4-2-2 5歳以上の人口に占める民族別教育水準（全国平均）

単位：%

	未就学	小学校	中学校	高校	高等専門学校・大学	5歳以上人口（人）
モン	69.0	27.7	2.2	0.7	0.1	626,998
ザオ	42.8	47.5	7.7	1.6	0.1	530,424
タイー	8.5	40.2	33.3	15.9	1.8	1,330,371
ムオン	8.1	44.5	35.6	10.8	0.8	1,025,348
キン	7.4	35.7	30.7	22.8	3.1	59,942,833

＊就学中/既卒を含む
出典：[Tổng cục thống kê 2001] より筆者作成。

では，主として省内の2県（イエンラップ県，タインソン県）に，上述したほぼすべての少数民族が集住しているからである。少し古いが1996年のデータより，この2県の人口と，それに占める少数民族の割合を示すと，イエンラップ県の人口の65.1％に当たるおよそ4万人（40,950人）[4]，タインソン県の人口の58.9％に当たるおよそ9万人（88,500人）がムオン族で占められている[5]。したがって，キン族が8割以上を占めるフート省もまた，イエンラップ県とタインソン県に限ってみれば，ムオン族が人口の6割前後を占める，少数民族がマジョリティとして居住する地域といえる。

次に，ラオカイ省とフート省に居住する主要な民族の教育水準を見てみると，「少数民族」として一くくりにまとめられた人々のあいだには，教育水準の点で，大きな不均衡があることが明らかになる。表4-2-2は，ラオカイ省に多く居住する，モン族，タイー族，ザオ族，そして，フート省の少数民族人口のうち9割以上を占めるムオン族について，5歳以上の人口に占める，最終学歴の割合（全国平均）を示したものである。また，比較のために，キン族の教育水準も併せて示している。表4-2-2を折れ線グラフで示した図4-2-1を見ると，これら五つの民族の教育水準は，大きく二つの傾向に分かれていることが示される。キン族とほぼ同等の折れ線を描く，タイー族とムオン族のグループと，それとは対照的な分布を示すモン族とザオ族のグループである。以下，このこ

---

4) イエンラップ県の人口は6万2,837人。
5) タインソン県の人口は15万175人 [Trần và nhiều tác gia 1996: 98-101]。フート省は1997年1月1日にヴィンフー省が改組され設立したが，1996年に出版された本資料では旧ヴィンフー省となっている。ただし県ごとの地理的枠組みはほぼ変化していないと考えられるため本書ではイエンラップ県とタインソン県の人口における民族比についてこの資料を参照した。

単位：％

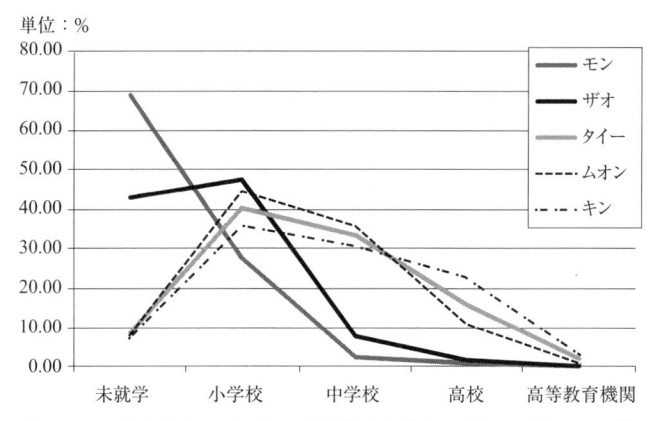

図4-2-1　5歳以上人口における民族別教育水準（モン族，ザオ族，タイー族，ムオン族，キン族）

＊就学中／既卒を含む
出典：［Tổng cục thống kê 2001］より筆者作成。

とについて詳しく見ていきたい。

　この2つのグループに分類される民族の教育水準について，その最大の相違は，未就学者と中学校以上，すなわち中等教育段階以降に進学できる人の割合にある。タイー族とムオン族の未就学者の割合は，それぞれ8.5％，8.1％であり，これはキン族の7.4％とほぼ同レベルに相当する。これに対し，モン族とザオ族の未就学者は，それぞれ69.0％，42.8％であり，タイー族とムオン族をおよそ35〜60ポイントも上回っている。初等教育課程になるといったんその差は縮まるものの，中学校になると再び，モン族・ザオ族と，タイー族・ムオン族の教育水準の差は歴然と開いていく。タイー族とムオン族のうち，中学校卒業が最終学歴という人の割合は，それぞれ33.3％，35.6％であるのに対し，モン族とザオ族は，わずか2.2％，7.7％となるからである。なお，モン族とザオ族のうち，中学校以上の学歴（中学校＋高校＋短大・大学）を持つ人の割合は，5歳以上人口のわずか3.0％，9.4％しかいない。これに対し，ムオン族とタイー族で，中学校以上の学歴を持つ人の割合は，47.2％，51.0％であり，いずれも半数前後を占めている。キン族についても56.6％であるから，ムオン族とタイー族はいずれも，多数派民族であるキン族の教育水準とほぼ同程度に達し，少数民族の中でもかなりキン族に「近い」民族といえよう。これに対し，モン族とザオ族の教育水準は，キン族には遠く及ばない。ザオ族については，居住地域

によって変わってくるものの,さしあたり全国平均値だけを見て考えれば,キン族から極めて「遠い」関係にある民族であることが示されている。

今述べたような民族ごとの教育水準の不均衡は,高等教育機関に進学する人々の民族籍のバリエーションを,はっきりと規定することになった。2004年から2005年にかけて,筆者がハノイ市内の四つの大学で行った調査では,回答者総数220人のうち,62.7％がムオン族（40人）とタイー族（98人）によって占められていた[6]。また,2007年1月に実施した中央民族大学準備学校での調査でも,2006年度の生徒総数541人のうち,タイー族が276人,ムオン族は83人を占め,この二つの民族だけで在校生の66.3％（359人）に達している[7]。これに対し,ザオ族は22人,モン族の進学者は一人も見られなかった。

このように,フート省とラオカイ省に居住する少数民族のあいだには,もともとの教育水準の点で大きな格差が存在する。では,このことを前提としたうえで,これらの民族が居住しているそれぞれの地域において,民族寄宿学校への入学者の選抜はどのように行われているのであろうか。次節以下では,キン族に「近い」ムオン族が大多数を占める地域の事例としてフート省民族寄宿学校と,モン族やザオ族など,キン族の教育水準から「遠い」民族が多く居住する,ラオカイ省民族寄宿学校を題材に,これら二つの地域における,民族寄宿学校への入学選抜の仕組みを明らかにする。そのうえでさらに卒業後の高等教育進学の状況を比較してみたい。

4-3 「機会の平等」型選抜：フート省

4-3-1 フート省民族寄宿学校の入学対象

はじめに,フート省民族寄宿学校の入学者選抜の仕組みを取り上げてみよう[8]。すでに述べた通り,フート省は,省人口の圧倒的大部分（85.4％）をキン

---

6) なおこの調査では,タイー族とムオン族にヌン族39人を足した合計は177人となり,回答者総数の80.4％を占めた。

7) 2007年1月24日に中央民族準備学校教務部にて入手した学生リスト（K32）より。さらに,ヌン族109人を加えると,タイー族,ムオン族,ヌン族の3民族だけで在校生の86.5％に達する。

8) なお,2004年度から2006年度の3年間における,フート省民族寄宿学校への受験者数は延べ919人であり,そのうち合格者は360人であった。2005年の合格率31.5％を筆頭に,2004年度,2006年度もそれぞれ合格率は46.1％,43.0％であり,平均4割弱（39.1％）しか合格できない難

イェンバイ省の高床式住居に暮らすトー族の一家。嫁のイェンは、「自分は学校に行けなかったからこんな暮らししかできない」と嘆く。1歳の息子には将来どんな教育を受けさせればよいかと頭を悩ませている。(2013年3月)

フート省民族寄宿学校の食堂にて。学校から支給された制服には、「民族寄宿学校」の校章が縫い付けられている。これを着て村に戻ると、近所の大人や子どもたちから羨望と尊敬のまなざしを浴びることができるという。(2011年3月)

族が占める一方で，タインソン県とイエンラップ県の2県にのみ少数民族が集住する。こうしたフート省内の居住条件により，フート省民族寄宿学校の入学対象については，まずタインソン県とイエンラップ県の居住者を優先させることが定められている。2006年度のフート省民族寄宿学校への入試規定を定めた，「2006年度における6年生，10年生入試ガイド (Hướng dẫn công tác tuyển sinh vào lớp6 và lớp10 năm học 2006-2007)（以下，入試工作ガイド）」には，フート省民族寄宿学校の入学対象者について，次のように記されている。

「a. 対象
　a1. タインソン県とイエンラップ県の，山岳地域 (vùng cao) の7社[9]と僻地に当たる31村[10]に，本人および家族が長期的かつ安定的に居住している，少数民族の生徒。
　a2. タイントゥイー県のフオンマオ社，イエンマオ社，およびタインソン県，イエンラップ県，ドアンフン県の山間地域 (miền núi) に指定された社に居住する少数民族の生徒については，もし少数民族幹部を育成する要求があれば民族寄宿学校への選抜対象に含まれる。選抜される割合については，a1の生徒をすべて優先選抜し終えた段階で省の人民委員会が決定する。
　a3. 少数民族幹部を育成する要求がある低地地域 (vùng thấp)，町，市に，本人および家族の常住戸籍がある少数民族青少年についても，民族寄宿学校への選抜対象になる。しかし，県の教育室と人民委員会が（受験者：引用者注）

閉校となっている。
9) タインソン県のスアンソン (Xuân Sơn) 社，ドンソン (Đông Sơn) 社，ヴィンティエン (Vĩnh Tiền) 社，ドンキュウ (Đông Cửu) 社，トゥオンキュウ (Thượng Cửu) 社，イエンラップ県のガーホアン (Nga Hoàng) 社，チュンソン (Trung Sơn) 社
10) 31村のうち27村は以下の通り。クタン (Cư Thắng) 社スアンタン (Xuân Thắng)，フオンカン (Hương Cần) 社ダーカン (Đá Cạn)，イエンルオン (Yên Lương) 社クアット (Quất)，ライー (Láy)，ボーソー (Bồ Xồ)，タンラップ (Tân Lập) 社ハタイン (Hạ Thành)，イエンソン (Yên Sơn) 社チェン (Chen)，チュ (Trụ)，チャイイエン (Trại Yên)，ヴォーミェウ (Võ Miếu) 社リエンタイン (Liên Thành)，ヴァンミェウ (Văn Miếu) 社タインカイー (Thành Cây)，タムタイン (Tam Thanh) 社タン (Tân)，カーキェウ (Khả Cửu) 社スオイシン (Suối Xinh)，ディックワー (Địch Quả) 社クエットチン (Quyết Trính)，トゥーガック (Thu Ngạc) 社デオムオン (Đèo Mương)，タイックキエット (Thạch Kiệt) 社ミンガー (Minh Nga)，ケーノン (Khe Nóng)，トゥークック (Thu Cúc) 社ミーアー (Mỹ Á)，ガーハイ (Ngả 2)，タンラップ (Tân Lập)，スオイザイー (Suối Giáy)，クエ (Quế)，スアンダイ (Xuân Đài) 社ヌオックタン (Nước Thang)，スオイボン (Suối Bòng)，キムトゥオン (Kim Thượgn) 社タンホイ (Tân Hồi)，ハバン (Hạ Bằng)，タンミン (Tân Minh)（残り4村については不明）。2007年3月6日フート省タインソン県民族寄宿学校での副校長キムへのインタビュー。

リストを認可し，試験を受けること。[11]」

　この規定によれば，フート省民族寄宿学校への入学対象者は，居住する地域ごとに三つのカテゴリーに分けられる。そのうえで，優先的に選抜される度合いの高い順から，タインソン県とイエンラップ県内の山岳地域の7社と，僻地の31村の住民 (a1)，次に山間地域に指定された社の住民 (a2)，そして最後に，低地地域や町や市に居住している住民 (a3) の3段階が示されている。ところが，実際の居住状況に照らし合わせてみると，実はこの規定で示された優遇度合いの差は，実質的にはそれほど大きな意味を持たないことがわかる。a2 で示された「山間地域」とは，タインソン県，イエンラップ県では山岳地域に指定されている7社を除くすべての地域，ドアンフン県については全域を指しており[12]，したがって a1 と a2 に記された対象者で，タインソン県，イエンラップ県，ドアンフン県に居住するすべての少数民族全員をカバーできてしまうからである。加えて，a3 には，本来であれば民族寄宿学校の入学対象とはならないはずの，「低地地域，町，市」に居住する人々についても，受験の対象に含まれることが示されている。これにより，少数民族でありさえすれば，フート省内のあらゆる地域の居住者が，フート省民族寄宿学校を受験する資格を与えられることとなった[13]。つまり，対象に関するこの規定は，一見すると地域ごとの優遇度合いに差を設けているように見えるが，受験資格という意味においては，省内全域の少数民族に対して門戸を開く姿勢を表しているのである。しかも後で述べるように，ここで設けられた居住地に関する3段階の条件は，実際の選抜プロセスにおいてはほとんど影響を与ぼしていない。この点が，フート省民族寄宿学校の選抜メカニズムの最大の特徴である。

　ただし，この項目には次の留意事項が設けられている点にはやや注意を払う必要がある。

---

11) UBND Tỉnh Phú Thọ, Sở Giáo dục và Đào tạo, "Hướng dẫn công tác tuyển sinh vào lớp6 và lớp10 năm học 2006–2007", số 589/SGD & ĐT-KT & KĐ, p. 7.（2007年1月フート省民族寄宿学校にて入手資料）

12)「フート省3区分分類（2005年8月2日）」民族委員会ウェブサイトより。http://cema.gov.vn/modules.php?name=Content&op=details&mid=2147,（2010年7月18日閲覧）

13) 先に述べた通り，フート省内の少数民族はタインソン県とイエンラップ県に集住しているので，実際には，a3 に挙げられている項目に該当する少数民族はほとんどいない。

「留意：山岳地域7社，または県の民族寄宿学校を卒業した生徒については，省の民族寄宿学校を受験し不合格であった場合に，自分の常住戸籍のある地域の普通高校，または半公立普通高校の10年生クラスに優先的に合格できる。」[14]

　一見すると，この留意事項は，山岳地域7社，すなわちa1対象に当てはまる人々と，県レベル民族寄宿学校の卒業生に関しては，それ以外の受験生から積極的に差別化しようとする優遇政策のように見える。しかし，実際には，特定の対象者を，フート省民族寄宿学校に対して優先的に入学させることを意図したものではない。a1として示された山岳地域（7社）の出身者と，県レベル民族寄宿学校の卒業生については，いったん省の民族寄宿学校を受験していれば，もしも不合格であった場合でも，普通高校への進学を保障する，すなわち「滑り止め」を用意することが記されているに過ぎないからである[15]。フート省の地方教育行政は，こうした規定を設けることで，機会の平等，すなわち，居住地の条件に関わらず誰でも平等に民族寄宿学校の受験資格を有することを示そうとしたと考えられる。

　すでに述べたように，民族寄宿学校とは，1989年の政治局第22号決議で示された，山間部の地域発展を担う新しい人材，すなわち，地元出身の優秀な幹部（公務員）を育成するための学校制度である，という目的を有していた。入学対象者をなるべく広く募ったうえで，その中で機会の平等を原則とする選抜の方法は，受験生個人が持っているさまざまな条件に関わらず，直接的に優秀な生徒を選抜するための仕組みである。言い換えると，もともとの教育水準や生活環境などの点で，ほかの人と比べてより多くの有利な条件を備えた人が合格しやすくなり，条件の差が結果の差に結びつきやすい。そこで，競争原理下において最も不利な状況に置かれていると思われる一部の人々（特にa1の対象者）に対しては，民族寄宿学校以外の進路先を確保しておくことによって，彼らに高校進学のチャンスが閉ざされていないという姿勢を示した。こうすることで機会の平等が個々人の条件の差に基づく不平等を温存する可能性があるこ

---

14) UBND Tỉnh Phú Thọ, Sở Giáo dục và Đào tạo, "Hướng dẫn công tác tuyển sinh vào lowsp6 và lowsp10 năm học 2006–2007", số 589/SGD & ĐT-KT & KĐ, p. 8.（2007年1月フート省民族寄宿学校にて入手資料）

15) 事実，タインソン県民族寄宿学校の卒業生は，全員がまずはフート省民族寄宿学校を受験するという。フート省民族寄宿学校を受験したという実績があれば，たとえ合格できなくても，地元の普通高校に無試験で進学することができるからである（2007年3月6日タインソン県民族寄宿学校校長ダン，副校長キムに対するインタビュー）。

とに対する，人々の不満を巧みにかわそうとしたと考えられる。

4-3-2　「機会の平等」型の入試選抜と得点の関係

　では実際のところ，入試工作ガイドに示された受験生の居住地ごとの区分（a1およびa2）は，合否結果にどのような影響を与えているのであろうか。そこでまず，2004年度にタインソン県からフート省民族寄宿学校を受験した119人について，合格者と不合格者の平均点と最低点を示したものが表4-3-1である。これを見ると，合格者の平均点が14.66点であるのに対し，不合格者の平均点は8.20点であり，両者のグループのあいだには平均点に差があることが示された[16]。したがって，フート省民族寄宿学校への選抜メカニズムにおいては，得点が重要な判断基準として用いられていることが読み取れる。

　次に，居住地区分と合否結果との関係を調べたところ，合格者58人のうち，a1に居住する対象者は25人，それ以外はすべてa2の対象者（33人）という結果が得られた（表4-3-2）[17]。つまり，居住地区分は，合否結果に対してそれほど大きな影響を及ぼしていないように見える。

　では，受験生の得点で見ると，居住地区分という要素は得点に何らかの影響を与えているといえるのであろうか。そこで次に，居住地区分別に平均点を比較してみたところ（表4-3-3），a1対象者の平均点11.46点に対し，a2対象者の平均点は11.38点であり，両者のあいだにはっきりした実力格差は見られなかった。

　さらに合格者と不合格者のグループに分けて，それぞれの平均点を出身地域ごとに比較したものが表4-3-4である。これによれば，合格者のグループでは，a1対象者とa2対象者の平均点はそれぞれ14.19点と14.98点，不合格者のグループでは平均点は9.02点と7.43点であり，ここにも，居住地に基づく得点の差はそれほど見られない。このことから，フート省民族寄宿学校を受験する生徒たちの実力は，居住地区分にかかわらずほぼ均衡した状態にあり，a1対象者に対して何か特別な優遇措置を講じなくても，a2対象者と同じ土俵の上に立って，選抜競争で勝ち残っていけるだけの学力を備えていることが示され

16）　受験科目は2科目（文学，数学）であり，科目ごとに10点ずつ，20点満点で評価される。

17）　タインソン県には，「入試工作ガイド」のa3に定められた「低地地域や町や市」に該当する地域がないため，a3からの受験生は存在せず，すべてa1かa2区分に属する。

表 4-3-1　合否別に見たフート省民族寄宿学校受験生の平均点と最低点

合格			不合格		
平均点	最低点	人	平均点	最低点	人
14.66	12.25	61	8.20	2.00	58

出典：2004年度フート省民族寄宿学校への受験生名簿より筆者作成（2007年3月タインソン県民族寄宿学校にて入手資料）。

表 4-3-2　出身地域別に見たフート省民族寄宿学校受験生の合否結果

単位：人

	合格	不合格	合計
a1 対象者	25 47.2%	28 52.8%	53 100.0%
a2 対象者	33 52.4%	30 47.6%	63 100.0%
合計	58 50.0%	58 50.0%	116 100.0%

出典：2004年度フート省民族寄宿学校への受験生名簿より筆者作成（2007年3月タインソン県民族寄宿学校にて入手資料）。合格者61人のうち，居住地不明の3人を除いて集計した。

表 4-3-3　出身地域別に見たフート省民族寄宿学校受験生の平均点と最低点

	受験生全体		
	平均点	最低点	人
a1 対象者	11.46	3.75	53
a2 対象者	11.38	2.00	63

出典：2004年度フート省民族寄宿学校への受験生名簿より筆者作成（2007年3月タインソン県民族寄宿学校にて入手資料）。

表 4-3-4　出身地域別に見たフート省民族寄宿学校の合格者と不合格者の平均点と最低点

	合格者			不合格者		
	平均点	最低点	人	平均点	最低点	人
a1 対象者	14.19	12.25	25	9.02	3.75	28
a2 対象者	14.98	12.25	33	7.43	2.00	30

出典：2004年度フート省民族寄宿学校への受験生名簿より筆者作成（2007年3月タインソン県民族寄宿学校にて入手資料）。合格者61人のうち，居住地不明の3人を除いて集計した。

表 4-3-5 出身中学校別に見たフート省民族寄宿学校の合格者と不合格者の割合

	合格	不合格	合計
タインソン県民族寄宿学校	40 71.4%	16 28.5%	56 100%
普通中学校	21 33.3%	42 66.7%	63 100%
合計	61 51.3%	58 48.7%	119 100%

出典：2004年度フート省民族寄宿学校への受験生名簿より筆者作成（2007年3月タインソン県民族寄宿学校にて入手資料）。

る。先ほどの表4-3-3と合わせて考えてみると、フート省民族寄宿学校を受験した生徒の得点は、居住地による影響をそれほど大きくは受けておらず、同時に、合否結果にも居住地による影響が及んでいないことが示唆されている。

では、何が、フート省民族寄宿学校を受験する生徒の得点に影響を与えているのだろうか。そこで次に、出身中学校、民族籍を加えて、それぞれと得点との関係を調べてみよう。

表4-3-5は、出身中学校と合否結果の関連について調べたものである。これによると、合格者のうち40人が、タインソン県民族寄宿学校を卒業した生徒によって占められている[18]。合格率でみると、タインソン県民族寄宿学校の卒業生の合格率は71.4%に達しており、受験生全体の合格率（51.3%）と比べると、約20ポイント高い。これとは対照的に、普通中学校を卒業してフート省民族寄宿学校に合格した人の割合は、タインソン県民族寄宿学校卒業生の半分程度（21人）であり、合格率も33.3%に過ぎない。このことから、フート省民族寄宿学校の選抜メカニズムにおいては、タインソン県民族寄宿学校を卒業していることが、何らかの影響を及ぼしている様子が読み取れる。

この出身中学校の種別は、受験生の得点にどのような影響を及ぼしているのであろうか。そこで次に、タインソン県民族寄宿学校の出身者と、普通中学校出身者の、受験生と合格者の平均点をそれぞれ見てみよう。まず先に合格者の平均得点を算出したところ、タインソン県民族寄宿学校出身者の平均点は

[18] 2002年度フート省民族寄宿学校への受験生名簿より（2007年3月タインソン県民族寄宿学校にて入手資料）。

表 4-3-6　出身中学校別に見たフート省民族寄宿学校の合格者と不合格者の平均点と最低点

	合格者			不合格者		
	平均点	最低点	人	平均点	最低点	人
タインソン県民族寄宿学校	14.90	12.25	40	9.39	2.00	16
普通中学校	14.20	12.25	21	7.74	3.75	42

出典：2004 年度フート省民族寄宿学校への受験生名簿より筆者作成（2007 年 3 月タインソン県民族寄宿学校にて入手資料）。

14.90 点であったのに対し，普通中学校出身者は 14.20 点であり，両者のあいだに得点差はほとんど見られなかった（表 4-3-6）。

　これに対し，受験生のほうの平均点の比較を見てみると，タインソン県民族寄宿学校が 13.33 点である一方で，普通中学校では 9.90 点であり，民族寄宿学校を卒業した生徒と，普通中学校を卒業した生徒のあいだには実力差があるといってよいだろう（表 4-3-7）[19]。したがって，フート省民族寄宿学校で行われている，「機会の平等」型の選抜メカニズムは，普通中学校を卒業した生徒よりも，タインソン県民族寄宿学校の卒業生に対してより有利な作用をもたら

---

[19] このように，タインソン県民族寄宿学校と比較してみた場合，普通中学校の生徒の学力水準は相対的に低い。このことは，民族寄宿学校以外の高校への進学状況にも影響を与えている。
　一例を示そう。タインソン県のフオンカン社にある普通中学校（フオンカン普通中学校）では，2004 年度に卒業試験を受けた 180 人のうち，高校を受験したのは約半数のおよそ 100 人であった。その内訳については，38 人がフオンカン普通高校の正規課程へ，20 人が同じくフオンカン普通高校の文化補習課程へ進学し，フート省民族寄宿学校へ進学できた生徒はわずか 2 人であったという。つまり，フオンカン普通中学校から高校へ進学できた人の割合は，受験者のほぼ 6 割，卒業生全体のうちの 33.3％に過ぎない。また，翌 2005 年度については，卒業試験を受験した 134 人のうち，105 人が高校を受験した。正確な数字ではないが，高校受験者のうち約 50％がフオンカン普通高校正規課程へ，約 15％がフオンカン普通高校文化補習課程に進学した。そのほかにフート省民族寄宿学校への進学者 4 人，同じくタインソン県内のタムノン社にあるタムノン普通高校への進学者が 2 人であった（高校進学率は，卒業生の 52.9％を占める（2007 年 3 月 8 日フオンカン普通中学校校長ニエンへのインタビュー））。
　他方，すでに述べたように，タインソン県民族寄宿学校の卒業生に対しては，もし省の民族寄宿学校への受験に失敗しても，地元の普通高校に進学できるという優遇政策が設けられているものの，実際にはこの制度を利用しなくても，タインソン県民族寄宿学校の生徒たちはほとんどが実力で高校に進学できる。この結果，タインソン県民族寄宿学校の毎年の進学率は，ほぼ 100％に達するという。進学先ごとに見てみると，フート省民族寄宿学校への進学者が卒業生のおよそ 70〜75％を占めるほか，越北山岳高校への進学者が 3〜5 人，そのほかは地元の普通高校へ進学する。「高校へ進学せずに地元へ帰る生徒はほとんどおらず，2005 年度に高校へ進学せずに地元へ帰ったのは 1 人のみ」だったという（2007 年 3 月 6 日タインソン県民族寄宿学校校長ダン，副校長キムに対するインタビュー）。

表 4-3-7　出身中学校別に見たフート省民族寄宿学校受験生の平均点と最低点

	受験生全体		
	平均点	最低点	人
タインソン県民族寄宿学校	13.33	2.00	56
普通中学校	9.90	3.75	63

出典：2004年度フート省民族寄宿学校への受験生名簿より筆者作成（2007年3月タインソン県民族寄宿学校にて入手資料）。

表 4-3-8　民族籍ごとに見たフート省民族寄宿学校受験生の平均点と最低点

	受験生全体		
	平均点	最低点	人
ザオ族	9.51	2.00	35
ムオン族	12.37	4.25	83

出典：2004年度フート省民族寄宿学校への受験生名簿より筆者作成（2007年3月タインソン県民族寄宿学校にて入手資料）。

していると考えられる。

では，民族籍ごとに見た場合，受験生の得点にはどのような影響が表れているのであろうか。表4-3-8は，タインソン県からフート省民族寄宿学校を受験した生徒の平均点と最低点を，民族籍ごとに比較したものである。これを見ると，ザオ族の平均点が9.51点であるのに対し，ムオン族は12.37点であり，両者のあいだには約3点分の得点の差があることが示されている。

ただし，フート省民族寄宿学校の受験の際には，実際に実力で獲得した得点のほかに，「優遇点」および「奨励点」と呼ばれる優遇加点を受けるケースがある。

入試工作ガイドには，高校入試の際の優遇加点措置について，次のように示されている。

「1. 優遇点
a）3点：烈士，81％以上の労働能力を失った傷病兵，それと同等の制度によって認定されている人の子ども。
b）2点：
　―戦闘英雄，労働英雄，ベトナム英雄の母，81％以下の労働力を失った傷病兵，および同等の制度により認定されている人の子ども。
　―困難な経済・社会条件の地域に居住し，学んでいる少数民族。

表4-3-9　奨励点ごとに見たフート省民族寄宿学校受験生の平均点と最低点

	受験生全体		
	平均点	最低点	人
奨励点4点	19.00	19.00	1
奨励点3点	―	―	0
奨励点2点	14.35	8.25	10
奨励点1点	12.81	7.00	51
奨励点なし	9.72	2.00	57

出典：2004年度フート省民族寄宿学校への受験生名簿より筆者作成（2007年3月タインソン県民族寄宿学校にて入手資料）。

　　c）1点：困難な経済・社会条件の地域に居住していない少数民族。困難な経済・社会条件の地域に居住し，学んでいる人（キン族：引用者注）。

2．奨励点
　　a）2点：教育訓練省が実施する期末試験，地域試験，国際試験で賞を取った人。教育訓練省主催，または省との共催によって実施された優秀9年生の期末試験，文芸コンテスト，スポーツコンテストで，1位（金メダル）を取った人。
　　b）1.5点：現行の規定第2条aで定められた，省が主催する期末試験で2位（銀メダル）を取った人。また，教育訓練省の規定に基づいて省の教育訓練局が主催した普通技能コンテストで，優に認定された人。
　　c）1点：現行の規定第2条aで定められた，省が主催する期末試験で3位（銅メダル）を取った人。また，教育訓練省の規定に基づいて省の教育訓練局が主催した普通技能コンテストで，良に認定された人。
　　d）0.5点：教育訓練省の規定に基づいて省の教育訓練局が主催した普通技能コンテストで，可に認定された人。[20]」

　このうち，「優遇点」が与えられる対象には，烈士（戦争で犠牲になった兵士）や傷病兵の子どもと並んで，少数民族が挙げられている。さらに，少数民族の中でも，「優遇点」2点の対象者と，1点の対象者がいることが示されている。しかし，この規定に示された，これら二つのカテゴリーを分ける基準は，「困難な経済・社会条件の地域」に居住しているかどうか，というあいまいな条件でしかない。実際，2004年度にタインソン県からフート省民族寄宿学校を受

[20] UBND Tinh Phú Thọ, Sở Giáo dục và Đào tạo, "Hướng dẫn công tác tuyển sinh vào lớp6 và lớp10 năm học 2006-2007", số 589/SGD & ĐT-KT & KĐ, p. 8. (2007年1月フート省民族寄宿学校にて入手資料)

表 4-3-10　奨励点ごとに見たフート省民族寄宿学校受験生の合格者と不合格者

単位：人

	合格	不合格	合計
奨励点 4 点	1	0	1
奨励点 3 点	—	—	0
奨励点 2 点	7	3	10
奨励点 1 点	34	17	51
奨励点なし	19	38	57

出典：2004 年度フート省民族寄宿学校への受験生名簿より筆者作成（2007 年 3 月タインソン県民族寄宿学校にて入手資料）。

験した生徒については，居住地域の地域区分にかかわらず，全員に対して，「優遇点」2 点が加点されていた。したがって，この「優遇点」に関しては，少なくともタインソン県からフート省民族寄宿学校を受験したすべての受験生に対して，一律的に付与されるものと考えてよさそうである。

これに対し，「奨励点」は，「優遇点」とは異なり，生徒本人の学力の高低によって加点度合いが変化する。このため，個々の学力がそのまま結果に反映されやすく，フート省民族寄宿学校の競争原理に基づく選抜プロセスにおける競争性を，さらに増大させる作用を担っている[21]。

合格率で見ても，奨励点 4 点を受けた人の合格率は 100％，同 2 点の受験生は 70.0％，同 1 点は 66.6％であるのに対し，奨励点を 1 点も加点されていない場合は合格率 33.3％となっており，奨励点を 1 点でも受けているかどうかが，合否結果に一定の作用を及ぼしているといえるだろう（表 4-3-10）。

ところが，次に民族籍ごとにそれぞれの合格率を比較したところ，ザオ族の合格率は 40.0％であるのに対し，ムオン族は 56.6％となっており，両者の差は 16.6 ポイントしか開いていないことが明らかになった（表 4-3-11）。

表 4-3-8 で見たように，受験生全体の得点分布で見れば，ムオン族の平均点の方がザオ族よりも約 3 点分も高いにもかかわらず，なぜムオン族ばかりが合格する，という状況が生じないのであろうか。この理由は，民族籍と出身中学校との関わりを調べると明らかになる。

表 4-3-12，および表 4-3-13 は，民族籍ごとに，出身中学校と合否結果の関

[21]　2004 年度の受験生名簿によれば，タインソン県からフート省民族寄宿学校を受験した生徒 119 人のうち，奨励点という名目により加点を受けた人は，4 点が 1 人，2 点が 10 人，1 点が 51 人であった。

表 4-3-11　民族籍ごとに見たフート省民族寄宿学校受験生の合格者と不合格者

単位：人

	合格	不合格	合計
ザオ族	14	21	35
ムオン族	47	36	83

出典：2004年度フート省民族寄宿学校への受験生名簿より筆者作成（2007年3月タインソン県民族寄宿学校にて入手資料）。

表 4-3-12　フート省民族寄宿学校受験生（ザオ族）の合格者と不合格者

単位：人

	合格	不合格	合計
タインソン県民族寄宿学校	12	4	16
普通中学校	2	17	19

出典：2004年度フート省民族寄宿学校への受験生名簿より筆者作成（2007年3月タインソン県民族寄宿学校にて入手資料）。

表 4-3-13　フート省民族寄宿学校受験生（ムオン族）の合格者と不合格者

単位：人

	合格	不合格	合計
タインソン県民族寄宿学校	28	11	39
普通中学校	19	25	44

出典：2004年度フート省民族寄宿学校への受験生名簿より筆者作成（2007年3月タインソン県民族寄宿学校にて入手資料）。

係を調べたものである。これによれば，ザオ族の合格者14人のうち，85.7％に当たる12人が，タインソン県民族寄宿学校の卒業生であった。一方，ムオン族について見てみると，合格者47人のうち，タインソン県民族寄宿学校の卒業生は59.6％（28人）を占める。つまり，ザオ族合格者の8割以上が，県レベル民族寄宿学校を卒業しており，合格者に占める割合はムオン族のおよそ1.5倍に達していることになる。

　すでに述べたように，県レベル民族寄宿学校を卒業した生徒の方が，普通中学校卒業生よりも相対的な学力水準が高く，したがって省レベル民族寄宿学校により合格しやすい。一般的には一定の学力差のあるムオン族とザオ族にもかかわらず，省レベル民族寄宿学校に合格した人を，民族別の合格率で比較した場合にはそれほど大きな差となって表れなかった理由は，ザオ族の合格者のほとんどが県レベル民族寄宿学校を経由していたからなのである。

ただし，このことは逆に，県レベル民族寄宿学校の卒業生でなければ，ザオ族の生徒がフート省民族寄宿学校に合格することが難しいという状況を示している。ザオ族の受験生35人のうち，普通中学校出身で合格したのはわずか2人しかおらず，普通中学校出身者からの合格率はたったの10.5％に過ぎないからである。ムオン族の場合も，普通中学校出身者の合格率は43.2％であり，ザオ族よりは4倍以上合格者の割合は高いものの，やはり民族寄宿学校卒業生に比べると不利な状況が浮かび上がってくる。タインソン県民族寄宿学校教員のトアンは，タインソン県民族寄宿学校からフート省民族寄宿学校に進学する生徒は，毎年約90％に達するとしたうえで，次のように話す。

「（フート省民族寄宿学校への合格者は：引用者注）特別困難社と比較しても，（タインソン県：引用者注）民族寄宿学校からの合格者の方が多い。特別困難社の生徒たちは学力が低いので，いくら受験してもどうしても合格できない。その結果，フート省民族寄宿学校は，県レベル民族寄宿学校からの進学者で占められてしまうのだ。」[22]

また，同じくタインソン県民族寄宿学校の教員チュンも，同様に，

「フート省民族寄宿学校への選抜は，社ごとに定員が割り当てられるのではなく，県ごとに定員が定められ，その中で試験によって行われている。試験では点数の高い順に合格するので，実際には，普通中学校を卒業した生徒はほとんど受かることができないのが現状だ。」[23]

と述べる。居住地による条件をつけず，広く受験生を募ることによってより優秀な人材を選抜しようとした結果，実質的に，普通中学校からの受験生にはなかなか進学のチャンスが与えられないという現状がよく示されている。

こうした状況は，人々のあいだに，フート省民族寄宿学校をめぐるある一つの固定化されたイメージを作り上げていった。ハノイの大学に進学した少数民族学生を対象に行ったインタビュー調査で，「なぜあなたはフート省民族寄宿学校に進学しなかったのですか」と尋ねた筆者の質問に対し，フート省イェンラップ県出身のフォンの答えがそのイメージを端的に示している。

---

22) 2007年3月10日タインソン県民族寄宿学校教員トアンへのインタビュー。
23) 2007年3月10日タインソン県民族寄宿学校教員チュンへのインタビュー。

「フート省民族寄宿学校の生徒の学力は，専科高校やフンヴオン高校（フート市内に所在する普通高校：引用者注）よりは劣るけど，少なくとも，フート省内のいくつかの山間部の県にある高校より質が高い。インフラ面でも優れている。だからみんな入学を希望するけれど，省の民族寄宿学校に入るためには，県レベルの民族寄宿学校（中学校課程：引用者注）に入学していなければならないので，10年生からフート省民族寄宿学校に途中入学することはできないの。」[24]

　フート省民族寄宿学校に入学するために，県レベル民族寄宿学校に入学していなければならないという規定は，実際にはどこにも存在しない。これまでに述べてきたように，フート省民族寄宿学校の選抜方法では，すべての少数民族の子どもたちに対して平等に受験の機会が保障され，入試の得点の多寡に応じた能力主義的な競争原理が適用されているからである。ところがその結果，普通中学校よりも民族寄宿学校の卒業生の方が，フート省民族寄宿学校の選抜に勝ち残りやすい仕組みができあがってしまった。そして，フオンの語りに表れているような，「県レベル民族寄宿学校の生徒しか受からない」，すなわち，普通中学校からは進学するチャンスが極めて少ない「高嶺の花」のようなイメージが作り上げられる一方で，県レベル民族寄宿学校以外の普通中学校の生徒たち，特に自分の学力に自信のない生徒のあいだに，あえて自分からあらかじめ競争を降りようとする空気を生み出した。

「フート省民族寄宿学校へ進学できる毎年の定員数はとても少ない。そのため，自分が住んでいる社に定員が割り当てられている場合でも，民族寄宿学校に願書を出して受験しようとする生徒が少ないのが現状だ。毎年受験のシーズンが近づくと本校の教員たちが，生徒に願書を出して受験してみるようにと勧めるが，中学校時代の成績が悪ければ，あえて試験を受けたがろうとする人は少ない。受験したところでどうせ受からないだろうという気持ちから，こうした判断が働くのだろう。」[25]

　では，なぜ県レベル民族寄宿学校の卒業生の方が成績優秀なのであろうか。なぜならば，ここでもやはり，試験による能力主義的な競争原理によって入学者を選抜するメカニズムが働いているからである。タインソン県民族寄宿学校

24）2005年7月6日にハノイ市内のハノイ師範大学寄宿舎にて実施したインタビュー。ハノイ師範大学2年生（1985年生まれ，ムオン族，女子）。
25）2007年3月8日タインソン県フオンカン普通中学校校長ニエンへのインタビュー。

では，2002年度以降，「試験による割り当て選抜（xét tuyển qua thi）」と名づけられた方法で，入学者の選抜が行われている。試験による割り当て選抜とは，第3章で見たランソン省民族寄宿学校と同様に，タインソン県内の社ごとに定員を設けたうえで，入学試験の点数に基づいて合格者が選抜される仕組みである[26]。一発勝負の試験に基づく能力主義的な競争によって合格者が選抜されるという意味では，フート省民族寄宿学校とよく似ている。

ただし異なるのは，定員を割り当てる単位が末端行政単位の社であること，そして，特定の民族籍，具体的にはザオ族とモン族に対して，「特別枠」措置が設けられていることである。この特別枠について，タインソン県民族寄宿学校の校長ダンは，以下のように述べる。

>「現在タインソン県民族寄宿学校で行われている試験選抜制度では，ザオ族およびモン族は，（ムオン族より：引用者注）優先的にわが校に合格できることになっている。例えばある社からわが校への受験希望の生徒が4人いたとしたら，通常であれば彼らの中から試験での得点が高い順に合格者が選抜されるところ，もしこの中にザオ族が1人でもいれば，その1人についてはたとえ獲得点数がそれほど高くなくても合格の可能性はある。
>　ただし，受験する2科目のうち，どちらか得点が2点以下の科目があった場合には，いかなる民族でも入学を許可されない。」[27]

ここで名指しされたザオ族とモン族のうち，モン族については，先ほど表4-2-2と図4-2-1で見たように，ムオン族と比較して，公教育システムに組み込まれる度合いが低く，依然として低学歴の人々が多い民族である。したがって，厳格な能力主義に基づく競争原理によって，入試での得点だけで合否を選別すれば，彼らが県レベル民族寄宿学校に進学する機会を手にすることはほとんどできない。事実，1998年度以降2006年度までの9年間に，タインソン県民族寄宿学校に合格したモン族の生徒はわずか5人だけであった。また，2002年度にこの学校に合格した生徒54人の平均点を民族ごとに算出してみたところ（表4-3-14），モン族の合格者2人の平均得点は1.63点しかなく，最も点数の高いムオン族と比較してみればその差は9.44点も開いていた。タインソン県民族寄宿学校のダン校長が述べたように，ザオ族とモン族に対して与えられる

---

26) 2007年3月6日タインソン県民族寄宿学校校長ダン，副校長キムに対するインタビュー。
27) 2007年3月6日タインソン県民族寄宿学校校長ダン，副校長キムに対するインタビュー。

表 4-3-14　民族別に見たタインソン県民族寄宿学校合格者の平均得点 (2002 年)

民族	平均点	合格者数 (人)
ムオン	11.07	35
ザオ	7.10	17
モン	1.63	2
合計	9.47	54

出典：2002 年度タインソン県民族寄宿学校合格者名簿より筆者作成 (2007 年 3 月タインソン県教育室にて入手資料)。

　優遇は,「得点 2 点以下の科目がないこと」が最低条件になるという。しかし実際には,モン族に関しては,この条件でさえもクリアできず合格者を出すことができないという厳しい状況の中で,柔軟な対応が取られている様子を示している。

　ところが,こうした優遇措置の適用にもかかわらず,実際には,民族寄宿学校に対するモン族の動員はなかなかうまく進展していない。タインソン県民族寄宿学校で学ぶ,モン族の女子生徒セオに対して行ったインタビューでは,モン族の生徒に対する優遇措置があるとはいえ,そもそも,この学校を受験できるだけの学力と学歴を持った生徒を確保することそれ自体が障害となっている様子が読み取れる。

> 「私の社からは,K2 (民族寄宿学校 2 期生,1993 年 9 月入学：引用者注) の学年ではじめてモン族の男子生徒がタインソン県民族寄宿学校へ進学した。それ以降は毎年,この学校に進学者を出している。社には定員が割り当てられているけれど,ほかに誰も受験する人がいないからとりあえず試験を受けさえすれば全員が受かる。たとえ入試で (20 点満点中：引用者注) 4 点しか取れなかったとしても。」[28]

　一方で,モン族と同じく,優遇選抜の対象となるとされたザオ族の平均点は 7.10 点であった。モン族に比べれば格段に高い水準にあるものの,しかし,ムオン族の平均点 11.07 点と比較すれば,約 4 点も下回っている。同様に 2006 年度合格者 (計 90 人) の得点を比較してみると,ムオン族 (63 人) とザオ族 (27 人) の平均得点は,前者が 13.03 点に対して後者が 9.4 点であり,ここ

---

28)　2007 年 3 月 11 日タインソン県民族寄宿学校にて行ったインタビュー。

でもやはりザオ族のほうが約4点低い[29]。この「4点分」の学力格差，まさにこれを埋めるために，タインソン県民族寄宿学校の校長が述べるような，特別の優遇措置が実施されている[30]。

ところが，すでに見たように，高校課程であるフート省民族寄宿学校になると，中学校課程（タインソン県民族寄宿学校）で行われていたような特定の民族に対する優遇措置は全く設けられておらず，すべての民族が一律の能力主義に基づく競争原理によって選抜される[31]。その結果，先に引用したフォンや，フォンカン普通中学校のニエン校長の語りに表れたように，フート省民族寄宿学校を受験するかどうかを判断する時点で，人々のあいだには「見えない境界線」が引かれ，自己選抜効果が働くことで，フート省民族寄宿学校には，より学力水準の高い，優秀な人材が集まりやすい仕組みが形成されていったと考えられる。

4-3-3　フート省民族寄宿学校の高等教育進学状況

では，このような能力主義に基づく公平な競争原理に基づいて入学者を選抜するフート省民族寄宿学校は，その後の高等教育進学という視点で見た場合に，どのような影響を与ぼしているのであろうか。

1998年度から2005年度にかけての高等教育進学率を示した表4-3-15によれば，フート省民族寄宿学校の進学率は，この学校からはじめての卒業生を輩出した1998年以降，2005年までの8年間に大きく上昇し，26.3％から49.5％へほぼ倍増した。進学先別に見ていくと，中級専門学校への進学者は，1998年に24.5％だったのが，2005年には17.7％へと，6.8ポイント減少する一方で，大学への進学者については，1998年の0％から，2005年には7.0％へ，また，短大についても，同じく1998年の1.7％から2005年には11.5％へと大きく拡大している（表4-3-15，図4-3-1）。

そこでさらに，大学，民族大学準備学校，短大を合計して進学率の伸び率を見てみたところ，1998年に1.7％であったのが，2005年には33.6％へと，

---

29) 2006年度タインソン県民族寄宿学校合格者名簿より筆者作成（2007年3月タインソン県教育室にて入手資料）。
30) フォンカン普通中学校の校長ニエンもまた，同校への受験については，ムオン族よりも県内の少数派人口であるザオ族がより優遇される仕組みになっていることを述べている。（2007年3月8日フォンカン普通中学校校長ニエンへのインタビュー）
31) 2007年1月25日フート省民族寄宿学校校長ミーへのインタビュー。

表4-3-15　フート省民族寄宿学校卒業生における高等教育進学者の割合（1998年度〜2005年度卒業生）

単位：%

進学先		1998	1999	2000	2001	2002	2003	2004	2005
	大学	0	2.3	4.0	7.2	8.2	6.1	7.2	7.0
	民族大学準備学校	n. a.	n. a.	5.1	2.0	6.1	11.2	16.4	15.0
	短大	1.7	2.3	4.0	2.0	4.1	9.1	7.2	11.5
	中級専門学校	24.5	17.2	25.5	25.0	19.5	22.4	18.5	17.7
合計	進学率（%）	26.3	21.8	38.7	36.4	38.1	46.9	46.3	49.5
	卒業生数（人）	57	87	98	96	97	98	97	113

出典：*Thống kê học sinh đỗ Đại học, Cao đẳng, Trung học chuyên nghiệp (từ năm học 1998-1999 đến năm học 2005-2006)* より筆者作成（2007年1月にフート省民族寄宿学校にて入手資料）。

31.8ポイントも増加していることが明らかとなった（図4-3-2）。とりわけ2000年前後の伸び幅が著しく，1999年には4.6％であったのが，2000年には13.2％，2002年は18.5％，2003年に26.5％へ拡大しており，このわずか4年間だけで約6倍に急増していることが示される。これらのことから，フート省民族寄宿学校からの高等教育進学状況は，毎年着実に量的拡大するとともに，その進学先についても，中級専門学校から，短大，大学へと，質的に上昇していると見ることが可能である[32]。

　なお，フート省内にある高校全41校のうち，2006年（2005年度卒業生）に，最も多く高等教育機関への合格者を出したのはフート省専科高校で，大学と短大を合わせた合格率は40.0％であった。本章4-2で述べた通り，フート省の民族構成は，ベトナムの多数派民族であるキン族の人口が8割以上を占め，ムオン族やザオ族を含む少数民族は，わずか14.6％を占めているに過ぎない。したがって，省内屈指のトップエリート校である，フート省専科高校との差がわずかであるということは，少数民族であっても，キン族のエリートたちと堂々と渡り合えるほどの優秀な結果を挙げていることを示している。

　少数民族が集住する地域の普通高校と比較してみると，さらに，フート省民族寄宿学校の進学状況は際立っている。タインソン県フオンカン普通高校における，2003年度から2005年度にかけての，大学，短大合格率を示したものが表4-3-16である。これを見ると，大学，短大を受験した生徒のうちの合格者

---

[32]　なお，表4-3-15中にある「民族大学準備学校」とは，序章0-7でも説明した通り，高校卒業後に大学統一試験を受験して，不合格であった場合に入学できる，少数民族のための大学準備課程である。詳しくは第6章で述べる。

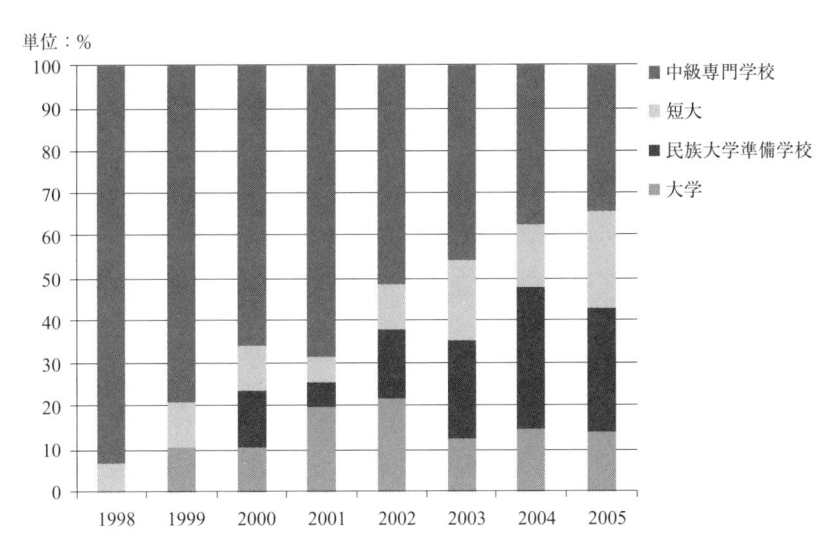

図 4-3-1 フート省民族寄宿学校卒業生における高等教育進学先の内訳と推移（1998 年度～2005 年度卒業生）

出典：*Thống kê học sinh đỗ Đại học, Cao đẳng, Trung học chuyên nghiệp (từ năm học 1998-1999 đến năm học 2005-2006)* より筆者作成（2007 年 1 月にフート省民族寄宿学校にて入手資料）。

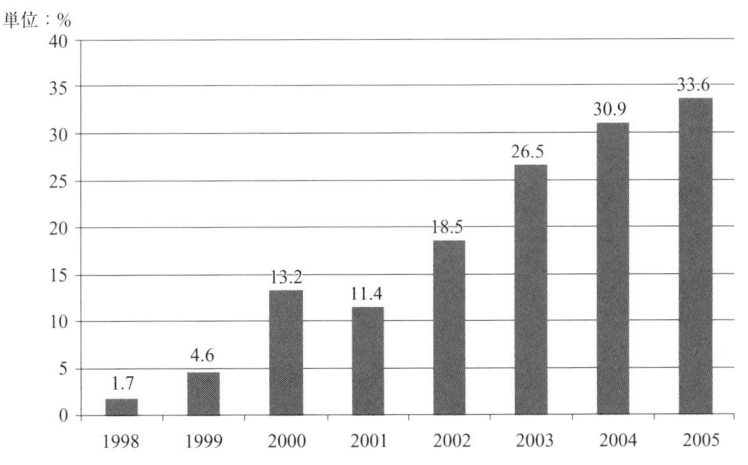

図 4-3-2 フート省民族寄宿学校卒業生における大学・短大・民族大学準備学校合計進学率の推移（1998 年度～2005 年度卒業生）

出典：*Thống kê học sinh đỗ Đại học, Cao đẳng, Trung học chuyên nghiệp (từ năm học 1998-1999 đến năm học 2005-2006)* より筆者作成（2007 年 1 月にフート省民族寄宿学校にて入手資料）。

第 4 章　民族寄宿学校の選抜メカニズム　173

表 4-3-16　フオンカン普通高校における大学，短大受験者数と合格率（2003 年度～2005 年度）

単位：人

	受験者数	合格者数	合格率（%）	12 年生総数	12 年生総数に占める受験率（%）	12 年生に占める合格率（%）
2003	131	8	6.1	289	45.3	2.7
2004	215	12	5.5	344	62.5	3.4
2005	149	16	10.7	352	42.3	4.5

出典：2007 年 3 月 14 日フオンカン普通高校副校長シーより入手した「3 年間（2003 年度から 2005 年度）における専門管理工作についての報告」（2007 年 2 月 10 日）より筆者作成。12 年生数については「呼び名・成績簿」2003 年度～2005 年度を参照し，12 年生総数に占める受験率および同合格率については筆者が計算した。

の割合は，2003 年に 6.1％，2004 年に 5.5％，2005 年には 10.7％であった。また 12 年生総数から高等教育機関への合格者の割合を算出したところ，いずれの年も 5％以下であり，毎年 20％～50％の進学者を輩出するフート省民族寄宿学校と比較すると，格段に低い。例えば 2005 年のデータでみると，フート省民族寄宿学校の進学率 49.6％に対し，フオンカン普通高校では少なくとも合格率が 4.6％であり，その差はおよそ 10 倍以上も開いている。こうしたことからも，フート省民族寄宿学校の進学率が，同省内の少数民族を取り巻く一般的な進学状況と比べて，いかに高いかがわかる。

　フート省民族寄宿学校において，このような高い高等教育機関進学率が実現したのには，いくつかの理由が考えられる。第 3 章で述べたように，基本的に生徒全員が寄宿舎で生活することを義務づけられている民族寄宿学校では，普通学校と比較して，学習時間が圧倒的に長い。授業カリキュラムは普通学校とほぼ同一であるものの，それ以外に十分な自習時間が設けられており，生徒を厳しく学校の管理下に置きながら，学習面での質的向上に努めている。これに加え，フート省民族寄宿学校では，毎年 12 年生を対象に，大学統一試験のための補習授業を行っている。これは，最終学年度を終えた卒業生をすぐ地元に帰さず，その後行われる大学入試に向けて 1 カ月程度補習授業を受けさせる，フート省民族寄宿学校オリジナルの，いわば「受験直前対策講座」である[33]。通常，普通高校の生徒が大学や短大を受験しようとすれば，12 年生を卒業した後，1～2 カ月間自宅で受験準備を行うことになる。経済的に余裕がある家

33）　2007 年 1 月 25 日フート省民族寄宿学校校長ミーへのインタビュー。

庭であれば，大学入試の直前に近隣の大きな町や，ハノイやターイグエンなどの大都市で開講される補講スクールに入り，大学入試に向けた直前講習を受けるのが一般的である。このあいだ，受講する講座に応じて私費で授業料を支払うばかりでなく，スクールの近くに部屋を借りて下宿する費用も含めて，家族に経済的負担を強いる。このため，十分な資金がないと満足な補習授業を受けられずに，結果的に大学受験で失敗するケースも少なくない。これに対しフート省民族寄宿学校の卒業生たちは，家族に追加的な費用負担をかけることなく，無償で受験のための補習講座を受けることができる。このことが，民族寄宿学校卒業生の高等教育進学の結果に一定の作用を及ぼしていると考えられる。

それに加えて，フート省民族寄宿学校に入ってくる段階で一発勝負の試験結果に基づく選抜が行われ，それにより，当初から優秀な学力を持った生徒の集団が形成されていることの影響も決して少なくないと思われる。本節で繰り返してきたように，フート省民族寄宿学校では，フート省内に居住するすべての少数民族を対象として，能力主義を基盤とした入学者の選抜が行われる。その結果として，フート省内の少数民族の中でも特に，地頭が良いという意味において優秀な生徒が集まる仕組みになっている。

さらに1998年度より，タインソン県民族寄宿学校で，入学者選抜の仕組みが変わったこともまた，フート省民族寄宿学校における生徒の学力水準の向上に作用したと考えられる。フート省民族寄宿学校に最も多くの進学者を送っているタインソン県民族寄宿学校では，1993年の開校から数年間，社ごとに割り当てた定員数に応じた「推薦入試制度」によって入学者が選ばれていた。しかしこの推薦入試制度が抱える不透明性，すなわち行政幹部の子どもがより多く推薦されてしまい，一般の子どもたちにはそのチャンスが回ってこないという状況が深刻化したことを受けて，1998年に推薦入試制度は廃止され，翌年から試験での得点に基づいて合否を決めるメリトクラティックな入試選抜制度が導入された[34]。この結果，卒業後に彼らの多くが進学するフート省民族寄宿学校の全体的な質的水準の底上げにつながった可能性がある[35]。

34) 2007年3月6日タインソン県民族寄宿学校校長ダン，教員キムへのインタビュー。
35) ただしこのことがフート省民族寄宿学校からの高等教育進学者を今後さらに爆発的に拡大させていくことを予測させるかといえば，必ずしもそうではない。筆者が調査を行った2007年当時，同校を卒業した生徒が大学や短大に進学しない場合に，何らかの職業技能を身につけて地元に戻

なお，推薦入試で選抜された生徒たちの学力水準がいかに低かったかについては，次のようなエピソードがある。

> 「1998 年にいったん廃止された推薦入試制度であったが，教育訓練局からの突然の通達により 2001 年度に復活することになった。ところが推薦入試によって合格者が選抜されたその学年だけ，それ以前に試験の成績順に入学してきた生徒たちや，それ以降に再び試験による入試制度が復活した後の学年と比べて，全体的な生徒の学力レベルががくんと低下した。」[36]

　その 1 年後に推薦入試制度は再び廃止され，それ以降はずっと試験による選抜が行われているという。

　これまでの内容をまとめると，フート省民族寄宿学校では，入学者を選抜する時点で特定の民族に対する優遇措置を行っていない。タインソン県民族寄宿学校では，ザオ族とモン族に対して，入試での得点が低くても入学を認めるという特別な配慮を行うことをガイドラインに定めているが，実際にはこれらの民族の生徒は入試を受験する以前の段階で，それまでの成績や学力が低いことなどを理由に民族寄宿学校への進学をあきらめてしまう傾向にある。特定の民族に対する優遇制度を設けていないフート省民族寄宿学校ではさらにこうした自己選抜効果が強く働く。このようにフート省民族寄宿学校，およびタインソン県民族寄宿学校は，フート省内に居住するすべての少数民族が平等に受験に参加し，公平な能力主義に基づく競争原理によって生徒を選抜する仕組みを採用していた。選抜をめぐる競争原理が公平であればあるほど，省内に居住する少数民族の人々のあいだに存在する，さまざまな条件の格差がそのまま，民族寄宿学校という教育機会の恩恵を受けることができるかどうか，という結果を規定することになる。キン族とほぼ同等の教育水準を持つムオン族と，ムオン族よりも「4 点分」学力の低いザオ族，さらに最も学力の低いモン族のあいだ

れるようにとの目的で，職業訓練コースが準備されつつあった。そもそも民族寄宿学校の設立の目的とは，地元の発展の根幹を担う幹部人材を養成することであり，そのために高等教育機関へ進学できる「学歴エリート」を作り上げることであった。しかし計画立案と施行開始から 10 年以上が経過してみると，民族寄宿学校に進学した少数民族の生徒たちの中に，「大学へ進学できない」人々ばかりでなく，「大学へ進学しない」ことを選択する人々の存在が認識されるようになってきた。民族寄宿学校での職業訓練コース設置の必要性については中央レベルの研究者からも提案されており，民族寄宿学校の運営とその方針をめぐって，今日教育訓練省が早急に対応を迫られている課題の一つであると考えられる。

36）　2007 年 3 月 6 日タインソン県民族寄宿学校校長ダン，教員キムへのインタビュー。

で，必然的にムオン族に最も有利な条件が作り上げられていった。さらに，民族寄宿学校に入学した生徒たちに対して，充実した学習環境の中できめ細かな教育が行われた結果，フート省民族寄宿学校は，フート省内の人口の大多数を占めるキン族が多く通うトップのエリート校にも近い，省内トップクラスの高等教育合格率を達成する学校になっていった。

4-4 「結果の平等」型選抜：ラオカイ省

　次に，ラオカイ省民族寄宿学校の選抜メカニズムについて見ていきたい。4-2で示した通り，ラオカイ省は少数民族が省内人口の66.9％を占め，前節で見たフート省とは対照的に，キン族よりも少数民族の方が多い地域である。また，民族構成の点でも，フート省とは異なる特徴を有している。具体的には，フート省におけるムオン族のように，少数民族の中でも圧倒的に多数派を占める民族がいない代わりに，モン族やザオ族，さらには人口比が1％に満たないハニ族やコム族など，人口の少ない「極少少数民族」が数多く居住している[37]。こうした省内の民族的多様性が，ラオカイ省民族寄宿学校の入学者の選抜方法にフート省とは全く異なった性格を与えることとなった。

4-4-1　民族ごとの教育水準の多様性

　ラオカイ省民族寄宿学校への選抜方法を具体的に見ていくにあたり，まずは，ラオカイ省に居住する各民族の教育水準を改めて確認しておきたい。4-2で概観したように，全国平均で見れば，ムオン族とタイー族は，少数民族でありながら，キン族に最も「近い」，高い教育水準を有する民族である。その一方で，モン族とザオ族については，キン族の水準からはだいぶかけ離れた教育水準の低い民族であり，キン族から「遠い」民族であると位置づけられる。このキン族との距離は，それぞれの民族の公教育制度への包摂の度合いを示す。キン族との関係を軸としたこの図式は，ラオカイ省内に居住するそれぞれの民族の状況にはどのように当てはまるのであろうか。そこで，表4-4-1では，ラオカ

---

[37]　フラ族，ハニ族，コム族，ボイ（トゥジ）族，ラチ族，ラハ族，ラオ族。「極少少数民族」という表現は，少数民族の中でも特に人口の少ない民族を指すものとして［伊藤2008］で使われた。本書もこの用法に倣い，この語を使用する。

表4-4-1　ラオカイ省における5歳以上人口の民族別教育水準（モン族，ザオ族，タイー族，ムオン族，ヌン族，ターイ族，極少少数民族，キン族）

単位：％

	未就学	小学校	中学校	高校	大学・高等専門学校	5歳以上人口（人）
モン	71.4	26.2	1.6	0.6	0.1	98,055
タイー	15.4	53.5	24.6	5.8	0.5	71,428
ザオ	51.3	44.6	3.2	0.7	0.1	62,136
ターイ	50.3	41.8	6.1	1.5	0.1	44,112
ヌン	32.7	46.9	15.0	4.9	0.4	19,550
ムオン	6.8	33.3	31.1	25.8	0.5	736
極少少数民族	56.6	35.7	5.0	2.3	0.0	14,346
キン	4.6	28.9	37.1	26.3	3.0	179,868

出典：［Cục thống kê 2002］より筆者作成。
極少少数民族には，フラ族，ハニ族，コム族，ボイ（トゥジ）族，ラチ族，ラハ族，ラオ族の計7民族が含まれる。

　イ省内に居住する人口の多い順に，モン族，タイー族，ザオ族，ターイ族，ヌン族，ムオン族，そして，民族人口比が1％未満〜2％程度の七つの民族（フラ族，ハニ族，コム族，ボイ（トゥジ）族，ラチ族，ラハ族，ラオ）をまとめて，最も人口の少ない少数民族，すなわち「極少少数民族」に関する，教育水準を表した。さらにこの表4-4-1をもとに，未就学者から高校までの教育課程別に，その学歴を持つ人の割合を，民族ごとに比較したのが図4-4-1である。

　まず，キン族の水準に最も「近い」民族として挙げられるのは，やはりムオン族である。ムオン族は，ラオカイ省内での居住人口は極めて少ないものの，中学校以上の学歴を持つ人の割合は57.5％であり，キン族の66.5％と比べても，その差はわずか9ポイントしかない。これに対し，タイー族に関しては，中学校の学歴を持つ人の割合が全体のわずか31.0％に過ぎず，全国平均で見たタイー族と比べるとラオカイ省のタイー族の教育水準は低い。ただし，次に述べるモン族や極少少数民族が圧倒的に中等教育段階より上の進学者を出していないことと比較すれば，彼らもやはり，キン族との関係が中程度には「近い」グループと位置づけられるであろう。なお，このグループにはヌン族も含まれる。

　そして，キン族との関係性から見て，最も「遠い」位置にいるのが，モン族，ザオ族，ターイ族，そして極少少数民族，である。ただし，このうち，ザオ族とターイ族については，確かに未就学者の割合が最も高いものの，他方で，小学校卒以上の学歴を持つ人の割合が未就学者とほぼ同程度であることから，モ

単位：%

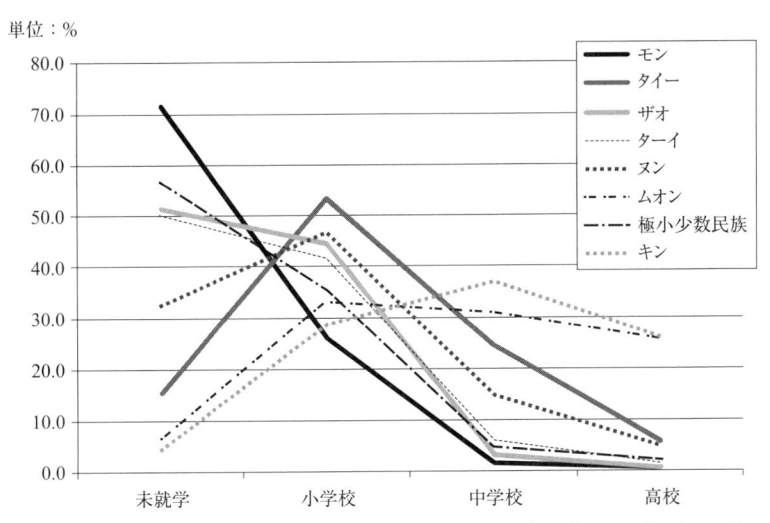

図4-4-1　ラオカイ省における5歳以上人口の民族別教育水準（モン族，ザオ族，タイー族，ムオン族，ヌン族，ターイ族，極少少数民族，キン族）

出典：［Cục thống kê 2002］より筆者作成。
　　　極少少数民族には，フラ族，ハニ族，コム族，ボイ（トゥジ）族，ラチ族，ラハ族，ラオ族の計7民族が含まれる。

ン族や極少少数民族とはやや区別しておく必要がある。これに対し，モン族および極少少数民族に関しては，小学校卒以上の学歴を持っている人と比べて未就学者の比率が高い。したがって彼らは，依然として公教育制度に包摂されず，キン族から見れば，最も「遠い」ところにいる人々といえよう。

　これらの情報をもとに，それぞれの民族の教育水準の格差について，中学校以上（中学校，高校，大学・短大の合計）の学歴を持つ人の割合を，一直線上に示したものが図4-4-2である。中学校以上の学歴を持つ人の割合が66.5％のキン族を1として見た場合に，ムオン族の57.5％がキン族に最も近い位置を占めているのに対し，モン族の2.3％が，反対に最も遠い存在であることがわかる。そのあいだには，ザオ族の4.0％，極少少数民族の7.3％，ターイ族7.8％，ヌン族20.3％，タイー族31.0％が挟まれている。このように，ラオカイ省内に居住する諸民族のあいだには教育水準の大きな格差があることが，とくに中等教育以上で顕著に見られる。

第4章　民族寄宿学校の選抜メカニズム　179

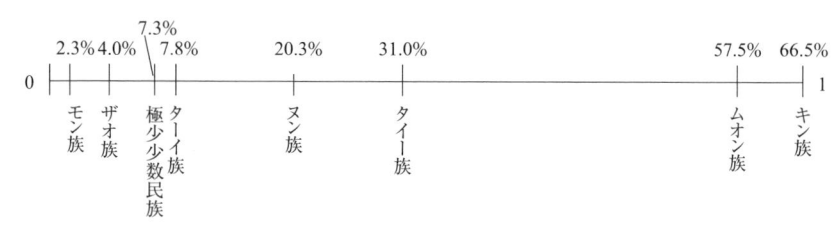

```
     2.3% 4.0% 7.3%        20.3%       31.0%                    57.5%  66.5%
                  7.8%
  0 ├──┼──┼─┼─┼──────┼──────────┼───────────────────────┼──────┤ 1
     モ  ザ 極ター      ヌ          タ                        ム     キ
     ン  オ 少イ       ン          イ                        オ     ン
     族  族 数族       族          族                        ン     族
            民                                              族
            族
```

図 4-4-2 民族別にみた中学校以上の学歴を持つ人の割合

出典：［Cục thống kê 2002］より筆者作成．
　　　極少数民族には，フラ族，ハニ族，コム族，ボイ（トゥジ）族，ラチ族，ラハ族，ラオ族
　　　の計 7 民族が含まれる．

4-4-2　「結果の平等」型の入試選抜と得点の関係

　公教育への包摂の度合いを軸として見た場合の民族間不均衡というこうした状況に対し，ラオカイ省民族寄宿学校では，「結果の平等」型の入学者選抜の方法を導入することで対応を図った．

　本節では，2004 年にバットサット県からラオカイ省民族寄宿学校を受験した少数民族生徒合計 78 人の受験生名簿データを用いて，ラオカイ省民族寄宿学校における選抜メカニズムを明らかにしていきたい．はじめに，合否結果ごとに受験生の得点の平均点と最低点を示したものが表 4-4-2 である[38]．合格者と不合格者の平均点はそれぞれ 6.09 点と 5.50 点であり，ほとんど差が見られない．さらに，表中には示されていないが，不合格者の最高点は 13.50 点であり，これは合格者の最高点 13.25 点を上回っていた．また，不合格となった生徒の中には，合格者の平均点（6.09 点）よりも高い点数を取った受験生が 18 人も含まれていた[39]．これらのことから，ラオカイ省民族寄宿学校への選抜メカニズムでは，前節のフート省民族寄宿学校とは異なり，能力主義に基づくペーパー試験の得点が合否を分ける絶対的な基準として用いられていないことが示される．

　では，ラオカイ省民族寄宿学校への選抜プロセスにはどのような要因が影響

---

[38]　バットサット県からラオカイ省民族寄宿学校を受験した生徒の合格率は 27.1％であった．

[39]　なお，4-3 節で分析したフート省民族寄宿学校における，合格者の平均得点は 14.66 点，不合格者の平均得点は 8.20 点であり，その差は 6.46 点であった．省によって試験問題の内容が異なるので点数だけを単純に比較することはできないが，試験の得点をほぼ絶対的な基準として合否を判定するフート省民族寄宿学校と比べて，ラオカイ省民族寄宿学校の合格者と不合格者の平均得点の差も極めて小さくなっている．

表 4-4-2　合否別に見たラオカイ省民族寄宿学校受験生の平均点と最低点

合格			不合格		
平均点	最低点	人	平均点	最低点	人
6.09	2.00	19	5.50	0.25	53

出典："Danh sách học sinh đăng ký dự tuyển vào trường PTDTNT tỉnh", "Danh sách học sinh đề nghị tuyển vào trường PTDTNT tỉnh" より筆者作成（2006 年 12 月 4 日バットサット県教育室より入手資料）。

を与えているのであろうか。ラオカイ省民族寄宿学校への入試選抜の方法を示した，「2005-2006 年度における省民族寄宿学校選抜ガイド（Hướng dẫn tuyển sinh vào trường THPT DTNT tỉnh năm học 2005-2006）（以下，選抜ガイド）」には，ラオカイ省民族寄宿学校を受験することができる対象について，「選抜される地域の中学校で学び卒業した少数民族生徒で，ラオカイ省内の県および町に戸籍があり 3 年以上常住している家の家族であること」としたうえで，以下の 7 項目（9 要素）の条件に当てはまる対象者が，優先的に選抜されると記されている。

—烈士，傷病兵，革命で功績のあった人の子ども。
—山岳部，困難な地域の社，村，バーンに居住している生徒。これまでにまだ誰も，あるいは少ししか就学者を出していない民族の生徒。
—県レベル民族寄宿学校で学び卒業した生徒。
—民養寄宿学校（Trường nội trú dân nuôi）[40] 出身の生徒。
—女子生徒，孤児の生徒。
—学力が優（giỏi），良（khá），態度が良（tốt）である生徒。
—芸術，スポーツに優れている生徒。[41]

では具体的に，ここで挙げられた条件に当てはまる人々のうち，誰が，どのように選抜されていくのであろうか。すでに見たようにペーパー試験の結果はあまり合否に影響を与ぼしていないように見えるが，ペーパー試験で得られた得点と，選抜ガイドに示された優遇条件は，どのような関係にあるのであろうか。ラオカイ省民族寄宿学校のチュオン校長によれば，ペーパー試験の結果と

40）民養寄宿学校とは，生徒の寄宿生活にかかる生活費の一部を生徒本人の家族やムラが負担することで経営する学校組織のことを指す。前述した半寄宿学校とほぼ同じ。
41）UBND tỉnh Lào Cai, Sở Giáo dục và đào tạo, "Hướng dẫn tuyển sinh vào trường THPT DTNT tỉnh năm học 2005-2006", Số 613/KT & KĐ, Lào Cai, 04/05/2005, p. 1.（2006 年 12 月 4 日バットサット県教育室にて入手資料）。

これらの優遇条件は，「4 対 6」の割合で合否結果に作用するという[42]。おそらくこの数字は必ずしも厳密な規定ではなく，選抜の際に，ペーパー試験よりも優遇条件のほうがやや多く優先されることを意味していると考えられる。では実際のところ，どのような基準と方法を用いて，合格者が決定されているのであろうか。そこで，受験生と合格者の属性を比較分析することで，ラオカイ省民族寄宿学校の入学者選抜の工夫を明らかにする必要がある。

　まずは，上に挙げた 7 項目（9 要素）のうち，前節で見たフート省民族寄宿学校との対比という観点から，「山岳部，困難な地域の社，村，バーンに居住している生徒」すなわち居住地域，「これまでにまだ誰も，あるいは少ししか就学者を出していない民族の生徒」すなわち民族籍，「県レベル民族寄宿学校で学び卒業した生徒」すなわち出身中学校，の三つの要素の効果に着目してみたい。

　各効果の分析に入る前に，まず次のことを確認する作業からはじめよう。そもそも，特定の優遇条件に当てはまる人々の得点水準が，優遇条件にあてはまらない人よりも高ければ，実質的に優遇政策が，選抜に大きな影響を及ぼすことはない。優遇政策の対象となったグループの中で，結局は，能力による競争が行われていることになるからである。優遇政策の対象となるグループと，そうでないグループを比べた場合に，前者と後者の得点水準がほぼ同等，ないしは後者の方が前者よりも得点水準が高い，という状況下においてはじめて，優遇政策による作用が，受験生の選抜結果に作用するといえるだろう。

　そこで第一に，受験生の居住地域を三つの区分に分類して，それぞれの平均点と最低点を比較したものが表 4-4-3 である。なお，居住地域区分の分類について，前節で扱ったフート省民族寄宿学校の事例では「入試工作ガイド」に規定された区分を用いたが，ここでは 3 区分分類を基準としたい。3 区分分類とは，1998 年に山間部民族委員会によって設けられた基準であり，1．県の中心部や国道からの距離，2．インフラ，3．識字率などの社会的要素，4．生産条件，5．貧困家庭の割合，の 5 つの指標に基づいて，山間部および少数民族の居住地域を 3 つの区分に分ける。第 1 区分から第 3 区分になるにつれて，経済・社会的条件をはじめとした生活環境が悪化し，「僻地」化しているとみなされる [Ủy ban dân tộc và miền núi 1998: 27-31]。バットサット県内にある 1 町と 22 社のうち，県の中心地であるバットサット町のみ第 1 区分に指定され，

---

42)　2006 年 12 月 5 日ラオカイ省民族寄宿学校校長チュオンへのインタビュー。

表 4-4-3　居住地域ごとに見たラオカイ省民族寄宿学校受験生の平均点と最低点

	受験生全体		
	平均点	最低点	人
第 2 区分	5.80	0.25	30
第 3 区分	5.38	1.00	47

出典："Danh sách học sinh đăng ký dự tuyển vào trường PTDTNT tỉnh", "Danh sách học sinh đề nghị tuyển vào trường PTDTNT tỉnh" より筆者作成（2006 年 12 月 4 日バットサット県教育室より入手資料）。

5 社が第 2 区分、そして残りの 16 社が最も生活環境の悪い第 3 区分に分類されている。第 2 区分および第 3 区分に分類された地域の世帯数と人口は、それぞれ 2,825 世帯（14,651 人）、4,911 世帯（32,529 人）であったから、世帯数で見ればおよそ 2 対 3 の割合を示している[43]。

さて、表 4-4-3 によれば、バットサット県からラオカイ省民族寄宿学校を受験した受験生のうち、第 2 区分からは 30 人（39.0％）、残りの 47 人（61.0％）が第 3 区分の出身者であった[44]。第 2 区分と第 3 区分の世帯数の比率がおよそ 2 対 3 であったことから考えてみれば、バットサット県内の居住人口分布とほぼ同等の割合で、ラオカイ省民族寄宿学校を受験していることがわかる。つまり、ラオカイ省民族寄宿学校を受験するかしないかは、居住地域条件に左右されることはなく、あくまで受けたい人が自由に受けていることを示唆する。

第 2 区分と第 3 区分出身者の平均点を比較してみると、第 2 区分出身者が 5.80 点であるのに対し、第 3 区分出身者は 5.38 点であり、第 2 区分出身者が第 3 区分出身者を 0.42 点上回っている。先ほど見た合格者と不合格者の平均点の差（0.59 点）程度には、地域ごとの得点の差があるように見えるものの、しかしその差はほとんどない。つまり、合格者と不合格者のあいだの平均点の差異と同様、この 0.42 点はあくまで偶然に生じ得る差異の範囲であり、したがって、居住地域ごとに見た受験生の得点水準はほぼ同レベルであると言ってよいだろう。

第二に、県レベル民族寄宿学校と普通中学校を卒業した受験生の得点傾向に

---

43)　民族委員会ホームページより。(http://cema.gom.vn/modules.php?name=Content&op=details&mid=2143) 2010 年 5 月 27 日閲覧。2007 年 3 月 30 日発表の統計資料。

44)　第 1 区分からの受験生はゼロ。

表 4-4-4 出身中学校ごとに見たラオカイ省民族寄宿学校受験生の平均点と最低点

	受験生全体		
	平均点	最低点	人
バットサット県民族寄宿学校	5.58	2.00	26
普通中学校	5.48	0.25	49

出典："Danh sách học sinh đăng ký dự tuyển vào trường PTDTNT tỉnh", "Danh sách học sinh đề nghị tuyển vào trường PTDTNT tỉnh" より筆者作成（2006年12月4日バットサット県教育室より入手資料）。

【再掲】表 4-3-7 出身中学校別に見たフート省民族寄宿学校受験生の平均点と最低点

	受験生全体		
	平均点	最低点	人
タインソン県民族寄宿学校	13.33	2.00	56
普通中学校	9.90	3.75	63

出典：2004年度フート省民族寄宿学校への受験生名簿より筆者作成（2007年3月タインソン県民族寄宿学校にて入手資料）。

ついて見ていきたい。表4-4-4には，出身中学校ごとに見た，受験生の得点の平均点を表した。これを見ると，普通中学校卒業生の平均得点は5.48点であるのに対し，民族寄宿学校卒業生の平均点は5.58点であり，その差はわずか0.1点しかない。前節の表4-3-7で見たように，フート省民族寄宿学校の受験生の場合，県レベル民族寄宿学校卒業生の受験生は，普通中学校受験生の平均点を3.43点も上回っており，そのことが，能力主義に基づく競争型の選抜方法を実施するフート省民族寄宿学校の選抜プロセスにおいて，県レベル民族寄宿学校卒業生に有利に働いていた。ラオカイ省民族寄宿学校への受験生は，それとは対照的に，県レベル民族寄宿学校の卒業生と普通中学校の卒業生の得点水準がほぼ同程度であることが示されたことになる。

第三に，民族籍ごとの受験生の平均点について見てみよう。すでに図4-4-2で見たように，ラオカイ省内に居住する人々は，民族ごとの教育水準のうえで大きな格差を有している。したがって，ラオカイ省民族寄宿学校を受験する生徒も，民族籍ごとにその平均点のあいだには何らかの差異があるのではないかという予想が立てられるが，果たして実際はどうであろうか。

そこで，民族籍ごとの得点の平均点を，高い順から示したものが表4-4-5である。この分析結果からは，民族間に，やはり若干の平均点の差があるよう

表 4-4-5 民族籍ごとに見たラオカイ省民族寄宿学校受験生の平均点と最低点

	受験生全体		
	平均点	最低点	人
タイー族	9.50	5.50	2
モン族	6.15	4.50	5
ザイー族	5.59	0.25	40
ザオ族	5.50	1.00	24
ハニ族	4.00	2.00	5
ムオン族	1.50	1.50	1

出典："Danh sách học sinh đăng ký dự tuyển vào trường PTDTNT tỉnh"、"Danh sách học sinh đề nghị tuyển vào trường PTDTNT tỉnh" より筆者作成（2006年12月4日バットサット県教育室より入手資料）。

に見える。例えば，タイー族の得点の平均が9.50点であるのに対し，ハニ族はわずか4.00点であり，両者のあいだの差は2倍以上開いているからである。図4-4-2で示した民族ごとの教育水準と比較してみれば，モン族と，ムオン族を除けば，ほぼ同じような順位で平均点が分布していることが見てとれる。

ここまでの内容を簡単にまとめておくと，ラオカイ省民族寄宿学校を受験した生徒の平均点には，居住地域，出身中学校ごとの差異はほとんど見られない。一方で，民族籍で見た場合には，一部の例外を除き，ラオカイ省内に居住する民族ごとの一般的な教育水準の分布をほぼ踏襲する形で，得点には差異が存在する。つまり，一般的に教育水準が高いタイー族は，確かにラオカイ省民族寄宿学校の受験でも点数が高く，反対に，一般的に教育水準の低いザオ族やハニ族の得点は低い。

ところが，実際の合否結果を見ると，民族籍ごとの合格率は必ずしも点数の分布とは一致していないことが明らかとなった（表4-4-6）。受験生のうち最も高い平均点を取っていたタイー族の受験生は2人とも合格できず（したがってタイー族の合格率0％），また，比較的得点水準の高いザイー族も，受験生の大多数が不合格となっている。その代わりに，合格率が最も高いのはハニ族の80.0％，次いでモン族の40.0％，ザオ族の38.1％へと続く。このように見てみると，ラオカイ省民族寄宿学校の選抜プロセスにおいては，得点以外の基準によって特定の民族を優先的に合格させようとする，いわば操作性が働いているといえそうである。

同様に，居住地域，出身中学校についても，受験者数に対する合格率を算出

表 4-4-6　民族籍ごとに見たラオカイ省民族寄宿学校の受験者数と合格率

単位：人

	合格者	不合格者	受験生合計	合格率
ハニ族	4	1	5	80.0%
モン族	2	3	5	40.0%
ザオ族	8	13	21	38.1%
ザイー族	5	33	38	13.2%
タイー族	0	2	2	0.0%
ムオン族	0	1	1	0.0%

出典："Danh sách học sinh đăng ký dự tuyển vào trường PTDTNT tỉnh", "Danh sách học sinh đề nghị tuyển vào trường PTDTNT tỉnh" より筆者作成 (2006年12月4日バットサット県教育室より入手資料)。ザオ族とザイー族のうち，合否結果が資料から読みとれなかった人は除いている。

表 4-4-7　居住地域，出身中学校ごとに見たラオカイ省民族寄宿学校の受験者数と合格率

単位：人

		合格者	不合格者	受験生合計	合格率
居住地域	第2区分	5	22	27	18.5%
	第3区分	14	31	45	31.1%
出身中学校	民族寄宿学校	15	10	25	60.0%
	普通中学校	4	43	47	8.5%

出典："Danh sách học sinh đăng ký dự tuyển vào trường PTDTNT tỉnh", "Danh sách học sinh đề nghị tuyển vào trường PTDTNT tỉnh" より筆者作成。2006年12月4日バットサット県教育室より入手資料。

したものが表 4-4-7 である。これによれば，第2区分居住者の合格率が 18.5％であるのに対し，第3区分居住者は 31.1％であり，その差は 12.6 ポイント開いていることが明らかになった。さらに，普通中学校と県レベル民族寄宿学校の合格率を比較したところ，前者（普通中学校）がわずか 8.5％であるのに対し，後者（県レベル民族寄宿学校）は 60.0％にも達しており，その差は 50 ポイント以上になっている。

　したがって，ラオカイ省民族寄宿学校の入試選抜においては，第3区分居住者と，民族寄宿学校の卒業生，および特定の民族に対して，それぞれのカテゴリーに当てはまらない人々よりもより積極的に合格させようとする教育行政の意図を読み取ることができそうである。すでに述べたように，ラオカイ省民族寄宿学校への優遇対象者を定めた「選抜ガイド」の規定によれば，「これまでにまだ誰も，あるいは少ししか就学者を出していない民族の生徒」に対しては優先的に入学させるとされているものの，そこには具体的な民族名は挙げられ

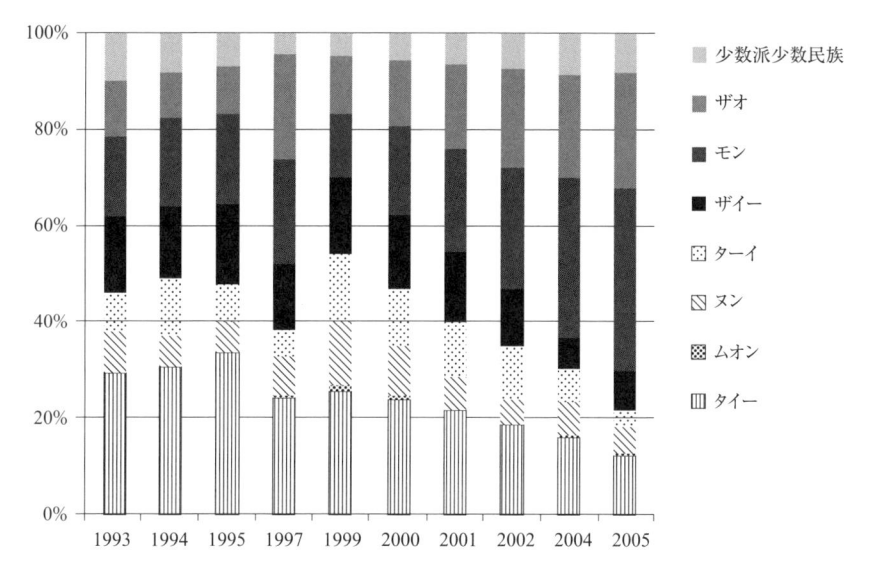

図4-4-3 ラオカイ省民族寄宿学校における生徒の民族籍内訳と推移（1993年度～2005年度）

出典：ラオカイ省民族寄宿学校における生徒の民族籍データより筆者作成（2006/10/24 ラオカイ省民族寄宿学校にて入手資料）。
以下の民族については少数派少数民族としてまとめている：コムー，パジ，フラ，カオラン，サフォー，カゾン，ラオ，ジエ，トゥジ，ラチ，トゥーラオ，ハニ，ラハ
1996年度，1998年度，2003年度については原資料に未掲載のため除外して作表した。

ていない。今回の調査から得られた分析結果からは，少なくともバットサット県では，ザオ族やモン族よりも，ハニ族に対して，ラオカイ省民族寄宿学校への優先的な合格の割り当て，すなわち，優遇政策の恩恵をより多く与える仕組みが作られていることが明らかとなる。

ではなぜ，限られた優遇政策の資源が，モン族よりもハニ族の方に重点的に分配されるのであろうか。それは，2000年以降に現われてきたラオカイ省民族寄宿学校の生徒の民族構成に占めるモン族の位置づけの変化と，進学状況における極少数民族の急速な台頭を背景としている。

図4-4-3は，1993年度から2005年度までに，ラオカイ省民族寄宿学校に在籍した生徒，延べ2,755人を対象に，入学年度ごとの民族籍の内訳を示したものである。1992年の創立当初からほぼ10年間，ラオカイ省民族寄宿学校の生徒の民族構成は，ターイ族を筆頭に，ムオン族，ヌン族，ターイ族といった，どちらかといえばキン族に「近い」，高い教育水準の少数民族が大部分を占め

第4章　民族寄宿学校の選抜メカニズム　187

ていた[45]。ところが，この4民族の生徒数合計の割合が1999年に54.2%（143人）に達したのをピークに，同校生徒の民族構成は大きく入れ替わっていった。2005年には，生徒総数に占める上記4民族の割合がわずか約2割（22.0%）にまで減ったのに対して，1993年の創立直後には生徒数の16.6%に過ぎなかったモン族と，同じく11.7%であったザオ族の生徒がそれぞれ38.0%，23.7%に達し，生徒数全体の6割以上（61.7%）を占めるまでになった。特にモン族に関しては，2001年にタイー族の21.4%とほぼ並ぶと，それ以降2000年代には，ラオカイ省民族寄宿学校内における最多民族となっている。

　本節で分析してきたラオカイ省民族寄宿学校の受験者に関する調査は2004年度のデータであり，まさに，ラオカイ省民族寄宿学校でモン族生徒が最多数を占めるようになった時期に重なる。現代ベトナム社会の一般的な文脈では，モン族とは依然として極めて低い経済，社会環境のなかに置かれ，したがって少数民族に対する国家の優遇政策の恩恵を真っ先に与えられる人々として位置づけられている。ところが，ラオカイ省民族寄宿学校の事例からは，優遇政策の最優先対象であったはずのモン族が学内人口のマジョリティを占めるようになるにつれて，その優先順位が徐々に低下していった様子が読みとれる。彼らの後を追うようにして，ハニ族に代表される極少少数民族からの進学者が現れはじめたからである。

　この背景には，2000年以降の山間部における教育インフラ政策の進展があった。教育訓練省によって主導された中学校教育普及運動の開始を合図として，それまで，小学校しか建設されていなかった彼らの多くが居住する僻地にも，ようやく末端の行政単位ごとの中学校建設が進んだ。それにより，いままで中学校以上への進学の機会が限られてきた，僻地に暮らす極少少数民族の中にも，地元で中学校を卒業し，町部にある高校に進学できる能力を持った層が出現するようになった。同時に，ドイモイ政策の導入による経済的な自由化の流れの中で，学校に進学することが将来のよりよい生活の実現に結びつくという認識が醸成され，極少少数民族が居住する僻地まで浸透していった。それにより，いままでは子どもを学校に通わせることにほとんど無関心であった極少少数民族の親たちの中にも，積極的に子どもを高校へやろうという認識が芽生え

---

45) 1993年度には，民族寄宿学校の生徒数のほぼ半分が，タイー族，ムオン族，ヌン族，ターイ族であった（46.1%，47人）。

てきた[46]。このように，2000年以降，モン族の進学者数が増加すると同時に，極少少数民族の側でもラオカイ省民族寄宿学校への進学を望み，それを実現できるだけの最低限の学歴（中学校卒）を得た層が出現したことによって，それまでモン族に対して優先的に与えられていた進学機会が，今度はハニ族をはじめとする，極少少数民族の方に向けられていくという，新たな資源分配の流れが生じたのである。

　当然ながらこのことは，民族寄宿学校の定員という限られた教育機会が，より多く，その恩恵を必要としている人々の手に渡るような分配メカニズムとしてうまく機能している，と見ることも可能である。ハニ族やパジ族に代表される極少少数民族たちがラオカイ省民族寄宿学校の生徒数に占める割合は，1997年度には全校生徒数のわずか4.2％に過ぎなかったが，2005年度にはおよそ2倍の8.1％まで規模を拡大した。このことは，ラオカイ省民族寄宿学校で行われてきた「結果の平等」型の選抜メカニズムが，2000年前後を一つのピークとして，可視的な形で効果を上げてきたことを示している。

　前節で明らかにしたように，フート省民族寄宿学校への選抜メカニズムでは，民族や出身中学校，居住地域などの特定の条件に対する優遇政策は一切行われず，ペーパー方式による入学試験で獲得した得点によって合否が決定される，いわば能力主義に基づく方法が採られていた。これに対し，本節で見たラオカイ省民族寄宿学校では，入試で獲得した点数よりむしろ，ラオカイ省民族寄宿学校の「選抜ガイド」に示されたいくつかの条件が，より多く，選抜の結果に影響を与ぼすことが明らかとなった。

　とはいえ，ペーパー試験の得点がラオカイ省民族寄宿学校の選抜プロセスに対して全く影響を及ぼしていないわけではない。再びラオカイ省民族寄宿学校のチュオン校長の発言を思い出せば，入試でのペーパー試験の点数と優遇政策の条件のバランスは「4対6」，すなわち，優遇条件の方を，ペーパー試験での得点よりもやや重く考慮する，という微妙な駆け引きによって行われている。省内の民族間教育格差が大きいラオカイ省の場合，フート省民族寄宿学校で実施されているように，得点の高い順に合格者を選抜していく能力主義的な仕組みではタイー族やムオン族，ヌン族といった，キン族に「近い」，高い教育水準を持った一部の民族ばかりが選抜されてしまい，生徒の民族構成には偏りが

---

[46]　2006年12月5日ラオカイ省民族寄宿学校校長チュオンへのインタビュー。

生じることとなる。民族寄宿学校が，少数民族地域の発展に寄与する，地元出身者の中から将来の幹部候補生を見つけ，育成していくことを目的としていたことを考えると，むしろ，これまで幹部をほとんど輩出してこなかったモン族や，極少数民族に対する教育機会を提供する必要がある。そこで，ラオカイ省民族寄宿学校と，その運用方針の決定権を持つラオカイ省教育訓練局は，ペーパー試験を課すことで一定の学力水準に達していることを確認するという方法を通じて，生徒の最低限の質的水準を確保したうえで，これまでほとんど高校に進学する機会のなかった，モン族や，さらにはハニ族をはじめとする極少数民族に対する教育機会の提供という目的を果たすことを優先的に目指したのである。

4-4-3　ラオカイ省民族寄宿学校の高等教育進学状況

こうした選抜方法が実施された成果として，ラオカイ省民族寄宿学校は，これまでほとんど高校進学の機会を持たなかった人々へ教育機会を提供することが可能になった。

しかし，能力主義に基づく競争原理以外の方法を組み込んで入学者を決定する「結果の平等」型の選抜メカニズムは，他方で生徒全体の学力水準を低下させるというジレンマを持つ。ラオカイ省民族寄宿学校教員に対するインタビューからは，近年，民族寄宿学校に入学してくる生徒たちの質が低下してきている様子が明らかとなる。1992年からラオカイ省民族寄宿学校に勤める最もベテラン教員のティエンに，学生の質的変化について尋ねたところ，次のような答えが返ってきた。

> 「最近，民族寄宿学校の生徒の学力が低下してきていると感じている。かつて1970年代から1980年代にかけての頃は，7年生（旧制の学校階梯で中学校卒業に相当：引用者注）を卒業しただけで，レポートを書いたり発表したりすることが十分にできたものだ。しかし今では，生徒たちが自分で自分の考えをまとめることができなくなっている。数学についても，今はみな計算機を使ってしまうから自分で計算することができない。
> また，生徒たちの認識も昔に比べて劣っている。特に，目的をしっかりもって考えることができない。この理由としては，第一に，社会との接点が少なくなっているからだろう。昔なら，家族の仕事を手伝うなかで自分の住む地域の困難

な状況を目の当たりにして，自分自身で考える力が発達していったものだが，今は小さいころから親元を離れて学校（民族寄宿学校：引用者注）に通っていてこうした状況を見ていないから認識面が育っていかない。
　第二に，小学校，中学校のときの教え方や教育の質が低く，遅れていることも原因だ。僻地の学校では，教育カリキュラムの内容を減らして教えているため，今日は学校に行って，明日はお休みで，というように授業時間が少ない。そのことが生徒たちの学力の低下をもたらしている。例えば，今教えている10年生でも，40人のクラスのうち30人が自分で放物線図をかけない。彼らはすでに放物線図の書き方を学んできているはずなのだが，自分で書いてみたことがないか，よく覚えていないので書き方がわかっていないようだ。[47]」

　ティエンのこの語りからは，ラオカイ省民族寄宿学校が，結果の平等を重視する選抜メカニズムを採用する以上避けては通れない状況に陥っていることが示される。ティエンの目から見て，民族寄宿学校に入学してくる生徒たちが質的に低下したように見えたのは，極少少数民族やモン族など辺境に暮らす人々の暮らしの中にも中等教育進学機会が拡大するとともに，ラオカイ省民族寄宿学校が積極的に彼らを入学させる仕組みを作り，実践したことによって，それ以前であれば高校に進学する機会をほとんど持たなかった層にまで高校進学者が拡大した必然の結果でもあった。

　実際，民族寄宿学校生徒の学力低下は，卒業後の高等教育機関への進学状況においてもはっきりと表れている。1999年以降，モン族やハニ族など，積極的に優遇政策の対象とされた民族からの進学者が増大していくプロセスと反比例して，ラオカイ省民族寄宿学校の高等教育への進学状況は急激に低下していった。図4-4-4は，1994年度から2004年度までの，同校の高等教育進学率を表したものである[48]。高等教育機関への進学者全体について見てみると（図4-4-4の棒グラフ部分），1994年度の91.9％から，1999年度には63.2％へ，さらに2004年度には38.5％にまで落ち込んでいることが示されている。

　同時に，進学先にも変化が見られた。1994年に高等教育機関に進んだ34人は，全員が大学に進学していた。翌1995年になると中級専門学校にも進学者が出るものの（10人），それ以外の65.3％（32人）はすべて大学へ進学し，さら

---

47)　2006年11月23日ラオカイ省民族寄宿学校でのインタビュー。
48)　1994年は，1992年にホアンリエンソン省の民族寄宿学校から改組し，ラオカイ省民族寄宿学校になってからはじめて入学した生徒たちの卒業年に相当する。

図4-4-4　ラオカイ省民族寄宿学校における高等教育進学率（1994年度〜2004年度）

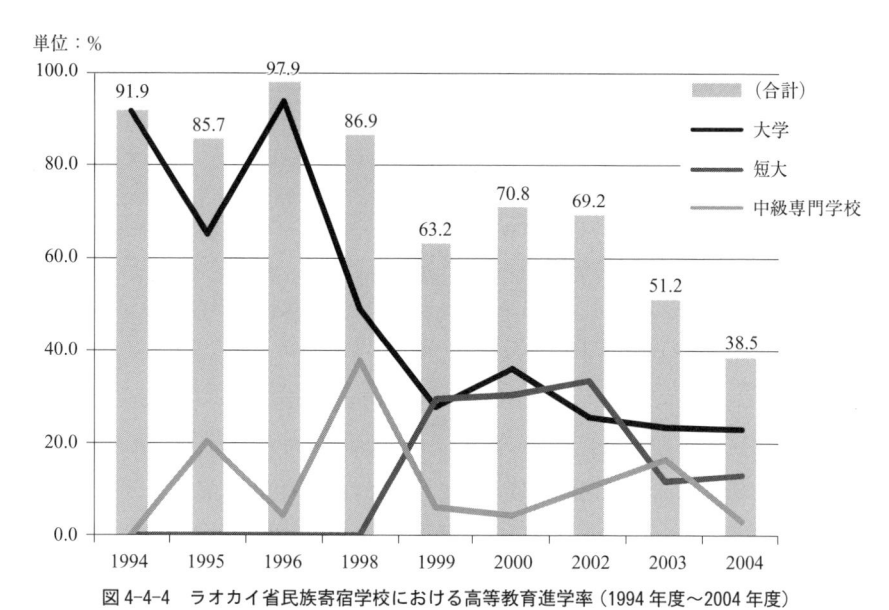

出典："Hiệu quả giáo dục đào tạo của trường THPTDTNT tỉnh từ năm học 1992-1993 đến năm học 2004-2005", Sở GD & ĐT Lào Cai, THPTDTNT Tỉnh, Lào Cai, 27/19/2005（2006年12月ラオカイ省民族寄宿学校にて入手資料）より筆者が加筆して作成。
1997年度，2001年度については原資料に明らかな誤りがあったため除外している。2004年度のデータについては，"Học sinh trúng tuyển ĐH, CĐ, TCCH năm 2005 (theo đơn vị tuyển sinh)", Báo cao tổng kết công tác tuyển sinh năm 2005 (số 40/SGD & ĐT-GDCN, 2006/3/8付) 付録資料（2006年12月6日ラオカイ省教育訓練局より入手資料）を参照。

にその翌年の1996年は，大学進学者の割合が進学者全体の93.8％（45人）に達している。このように，1994年度以降1990年代末にかけて，ラオカイ省民族寄宿学校を卒業して，さらに上の教育課程に進学することを選択した生徒の大部分は，大学への進学者であった。ところが1998年度に，大学進学者の割合がはじめて50％を切ると（49.2％），その翌年の1999年度には27.9％へと急激に落ち込み，その後も30％前後の低い割合で停滞し続けている[49]。

大学に代わって一時的に増加したのは，短大への進学者であった。とはいえ，その後は大学への進学者数と同じように減少傾向を示した。1998年度まで，ラオカイ省民族寄宿学校から短大への進学者はゼロであったが，1999年度以

---

[49] 大学進学率の推移は以下の通り。2000年度36.1％，2002年度25.6％，2003年度23.3％，2004年度22.9％。

降になると徐々にその数は増えていった[50]。ところが，2003年度になると11.6％に減少し，2004年度にはやや回復して12.8％になったものの，依然として大学進学者の約半分程度にすぎない。さらには，2004年度には，中級専門学校への進学者もわずか2.8％で過去最低の水準へと落ち込んだ。この結果，2004年度にラオカイ省民族寄宿学校から，高等教育機関へ進学した人の割合は，過去10年間で最も低いレベル（38.5％）となっていた。

筆者のインタビューに対し，1981年生まれの教員ヴィエットは，ラオカイ省民族寄宿学校の高等教育機関への進学状況を，自分自身が1999年に卒業した普通高校（ラオカイ省バオタン県）と比較しつつ，次のように語った。

> 「ラオカイ省民族寄宿学校の生徒たちは，だいたいが135プログラムの対象地域や貧困地域などの，いわゆる僻地からきている。この地域では生徒の親は子どもの教育や，ましてや進学にはほとんど興味を持っていない。また，ラオカイ省民族寄宿学校に進学してくる生徒たち自身についても，小学校や中学校のときの教育水準が低かったせいで，全体的に学力水準は低い。それに対して，県にある普通高校の生徒たちは，ほとんどが町に住んでいるので，民族寄宿学校に比べたら明らかに家庭の条件や，進学に対する家族の理解の度合いが大きい。また，実力で大学や短大に合格できる人の割合も，うちの学校に比べると圧倒的に高い。たとえ民族寄宿学校の生徒たちが推薦入学制度を利用して進学できるとしても，まだ県の普通高校の方が高等教育機関への進学率は高いと思う。[51]」

そこで彼女に，ラオカイ省内で大学進学率が高いと思う高校の順序を挙げてもらったところ，上から順に，「ラオカイ省専科高校，ラオカイ市内の普通高校，各県にある普通高校，そしてラオカイ省民族寄宿学校，最後に生涯学習センター。」という答えが返ってきた。つまり，ラオカイ省民族寄宿学校の進学率は，ラオカイ省内では下から二番目程度の低い水準にあると認識されていることになる。こうした認識のあり方は，どの程度実際の状況に即しているのだろうか。

まず，2005年度におけるラオカイ省全体の高校卒業生と，そこから算出した高等教育機関全体への現役合格率，および進学先ごとに区分した合格率を表したものが表4-4-8である。これによれば，ラオカイ省全体で高校を卒業し

---

50) 1999年度には29.4％，2000年度に30.6％，2002年度に33.3％へと推移している。
51) 2006年11月24日ラオカイ省民族寄宿学校でのインタビュー。2004年にはじめて教職に就き，初職先がラオカイ省民族寄宿学校であった。

表 4-4-8　ラオカイ省全体の高校卒業生数に占める高等教育機関現役合格率および機関別の内訳（2005年度）

単位：%

高校卒業生総数（人）	現役合格者（人）	現役合格率（%）	大学		短大		中級専門学校	
			（人）	（%）	（人）	（%）	（人）	（%）
4,786	1,211	25.3	428	35.3	421	34.7	399	32.9

出典："Học sinh trúng tuyển ĐH, CĐ, TCCH năm 2005 (theo đơn vị tuyển sinh)"［Sở Giáo dục và đào tạo tỉnh Lào Cai 2006］より筆者作成。2005年度の高校卒業生数については，"Tổng hợp số học sinh đỗ tốt nghiệp từ năm 2000-2001 đến 2004-2005" を参照。（いずれも2006年12月6日ラオカイ省教育訓練局より入手資料）

　た生徒延べ4,786人に対し，大学，短大，中級専門学校に合格した人の現役合格率は合計25.3％であった。このうち，進学先ごとの内訳を見ると，大学が35.3％，短大が34.7％，中級専門学校は32.9％となっている。先ほど図4-4-4で示したラオカイ省民族寄宿学校の合格率と比較してみると，急激に落ち込んだ2004年度の38.5％でも，まだ全省の平均よりは10ポイント以上上回っている。

　高校別に見てみると，最も進学率が高いラオカイ省専科高校が95.7％で突出しているものの，その後に続くラオカイ市第一高校，ラオカイ市第二高校，バオエン第一高校，バットサット第一高校，バオエン第二高校に次いでラオカイ省民族寄宿学校（39.4％）となっており，前述した教員ヴィエットの母校バオタン第一高校（33.0％）よりもむしろ高い（表4-4-9）。

　さらに大学合格者だけを取り出して見てみると（表4-4-10），ラオカイ省民族寄宿学校は22.9％で省内でも三番目に大学合格率が高い学校であることが明らかとなる。そうなるとヴィエットが抱いていた，民族寄宿学校の「低い進学率」イメージは必ずしも実際の状況と合致していないようにも見える。

　ただし，ここで気をつけておかなければならないのは，民族寄宿学校の高等教育機関合格者の中には，普通高校卒業生には与えられない「推薦入試」枠の合格者が含まれていることである。推薦入試とは，本書第1章1-4-4で述べたように，各省庁からの推薦枠を通じて，ペーパー試験を経ずに高等教育機関に進学できる制度である。毎年，省庁ごとにその年の推薦枠の定員を定めたうえで，それを全国の地方政府に割り当てる。その定員をどのように満たすか，すなわち誰を推薦選抜で進学させるかについては各地方の教育行政の裁量に任されているため，ここにも地方ごとにさまざまな運用のされ方が出現すること

表4-4-9 ラオカイ省内の高校別に見た高等教育機関合格率（現役生のみ）（2005年度）

単位：%

		高等教育機関合格率
1	ラオカイ省専科高校	95.7
2	ラオカイ市第一高校	45.4
3	ラオカイ市第二高校	45.0
4	バオイエン第一高校	45.0
5	バットサット第一高校	42.7
6	バオイエン第二高校	40.0
7	ラオカイ省民族寄宿学校	39.4
8	バオタン第一高校	33.0
9	ラオカイ市第一半公高校	33.0
10	ヴァンバン第一高校	25.0
11	ムオンクオン第一高校	22.0

出典："Học sinh trúng tuyên ĐH, CĐ, TCCH năm 2005 (theo đơn vị tuyển sinh)"［Sở Giáo dục và đào tạo 2006］より筆者が加筆して作成。

表4-4-10 ラオカイ省内の高校別に見た大学合格率（現役生のみ）（2005年度）

単位：%

1	ラオカイ省専科高校	88.2
2	ラオカイ市第一高校	24.4
3	ラオカイ省民族寄宿学校	22.9
4	ラオカイ市第二高校	15.0
5	バオタン第一高校	12.0
6	バオイエン第一高校	11.0
7	ラオカイ市第一半公高校	11.0
8	バオイエン第二高校	10.0
9	ヴァンバン第一高校	6.0
10	ムオンクオン第一高校	6.0
11	バットサット第一高校	5.7

出典："Học sinh trúng tuyên ĐH, CĐ, TCCH năm 2005 (theo đơn vị tuyển sinh)"［Sở Giáo dục và đào tạo 2006］より筆者が加筆して作成。

になる。

　ラオカイ省民族寄宿学校のチュオン校長によれば，ラオカイ省民族寄宿学校を卒業した生徒に対しては，ラオカイ省教育訓練局を通じて優先的に推薦枠が与えられる仕組みになっており，一般入試で合格できなかった場合には推薦入試制度を利用して進学する人が多いという[52]。とりわけラオカイ省師範短大に

---

52) 2006年10月24日ラオカイ省民族寄宿学校校長チュオンへのインタビュー。

表 4-4-11 ラオカイ省民族寄宿学校における高等教育機関別合格者と合格経路（現役生のみ）（2005 年度）

大学			短大			中級専門学校		
合格者（人）	内訳		合格者（人）	内訳		合格者（人）	内訳	
	一般入試（％）	推薦入試（％）		一般入試（％）	推薦入試（％）		一般入試（％）	推薦入試（％）
25	8.0	92.0	15	6.7	93.3	3	100	0

出　典："Học sinh trúng tuyên ĐH, CĐ, TCCH năm 2005 (theo đơn vị tuyển sinh)", [Sở Giáo dục và đào tạo 2006] より筆者作成.

については，推薦枠の定員分がすべて，ラオカイ省民族寄宿学校の卒業生に対して割り当てられている。

　「ラオカイ省民族寄宿学校の卒業生は，もし一般入試で合格できない場合でも，推薦入試の枠が優先的に割り当てられることになっている。例えばある年の推薦枠が，建設大学，師範大学，技術大学に対してラオカイ省全体で 40 人あったとすれば，そのうちの 4 分の 3，すなわち 30 人程度はラオカイ省民族寄宿学校の生徒に割り当てられる。
　また，ここ数年間，ラオカイ省師範短大では少数民族教員を優先的に育成する方針を掲げており，そのための推薦入試枠を設けている。この推薦枠の定員については，すべてラオカイ省民族寄宿学校の卒業生に割り当てられている。彼らはまず準備クラスに入って 1 年間学んだうえで，その翌年に正規課程へ進学する[53]。」

　この結果，推薦入試制度はラオカイ省民族寄宿学校から高等教育機関に進学する重要な経路として機能することとなった。表 4-4-11 によれば，推薦入試枠で大学や短大に合格した人の割合は，それぞれ 92.0％（23 人），93.3％（14 人）で，いずれも一般入試合格者を大きく上回っていることが示されている。
　このように見ていくと，ラオカイ省民族寄宿学校の高等教育機関への合格者は，一般入試制度よりむしろ推薦入試制度を経由するという進学経路が生み出したものであるといえそうである。裏返せば，推薦入試制度が存在しなければ，あるいはもし推薦入試制度が民族寄宿学校卒業生に優先的に割り当てられなければ，ラオカイ省民族寄宿学校の高等教育機関進学率は大幅に下がってしまう

---

53) 2006 年 10 月 24 日ラオカイ省民族寄宿学校校長チュオンへのインタビュー。

可能性が高い。ラオカイ省民族寄宿学校の生徒たちとは，推薦入試枠の優先的な割り当てという「ゲタ」の助けを借りなければ，大学や短大へ自力で合格することは難しいのである。前述した教員ヴィエットの語り，すなわち民族寄宿学校の生徒と低い高等教育進学率を結びつけるイメージは，こうした状況のなかで，おのずから醸成されてきたものと捉えることができる。

4-5　民族寄宿学校への進学の動機

　本章でこれまで見てきたように，高等教育機関への進学に焦点を当てると，フート省民族寄宿学校とラオカイ省民族寄宿学校が果たす役割は質的に大きく異なっている。省内屈指の実力派エリート進学校であるフート省民族寄宿学校では，キン族の生徒たちとも肩を並べることができるほどの高い学力水準を備えた少数民族生徒が育成されている。その一方で，ラオカイ省民族寄宿学校は，いわば優遇政策の受け皿として機能し，そこで学ぶ少数民族生徒たちが，よりその恩恵を受けやすい仕組みを作りあげている。中等教育機関としての民族寄宿学校をめぐるこうした質的相違は，それぞれの地域社会に暮らす人々のあいだに，民族寄宿学校という学校制度に対するどのようなまなざしのあり方をもたらしたのであろうか。そこで本節では，ラオカイ省とフート省それぞれにおける民族寄宿学校および普通高校の12年生を対象としたアンケート調査の結果を用いながら，双方の地域社会のなかでの民族寄宿学校のイメージを明らかにし，少数民族生徒たちの学校選択の軌跡を跡付けてみたい。

　まずは2006年10月から2007年1月にかけて筆者が実施した，ラオカイ省とフート省の民族寄宿学校12年生全員を対象としたアンケート調査の結果をもとに，実際に民族寄宿学校に進学した生徒たちの進学動機を分析する作業からはじめよう。本調査は学校での集合調査方式で行い，回収数および回収率は，ラオカイ省民族寄宿学校で118票（93.7％），フート省民族寄宿学校では113票（96.6％）であった[54]。

　表4-5-1は，ラオカイ省民族寄宿学校，フート省民族寄宿学校の12年生に対して，「あなたはなぜラオカイ省/フート省民族寄宿学校を受験したのですか」という質問項目に対する回答を示したものである。回答は選択式（順位回

54）　なお，以下で示すデータ分析では，質問ごとの無回答，および不明を表から除いているため，人数の合計にばらつきが生じている。

表 4-5-1　ラオカイ省民族寄宿学校とフート省民族寄宿学校 12 年生の民族寄宿学校への進学の動機

単位：人

	少数民族に対する奨学金	教員の質が高い	高等教育進学に有利	家族，教員に勧められた	その他	合計
ラオカイ省民族寄宿学校	29 25.9%	5 4.5%	49 43.8%	15 13.4%	14 12.5%	112 100%
フート省民族寄宿学校	20 18.7%	8 7.5%	68 63.6%	6 5.6%	5 4.7%	107 100%
合計	49 22.4%	13 5.9%	117 53.4%	21 9.6%	19 8.7%	219 100%

出典：ラオカイ省民族寄宿学校（2006 年 10 月 26 日実施），フート省民族寄宿学校（2007 年 1 月 26 日実施）におけるアンケート調査．

答）とし，回答者が一位をつけた項目のみを集計した．

　この調査結果からは，それぞれの学校ごとに，民族寄宿学校に対する進学動機が大きく異なっている状況が示されている．まず着目したいのが，「家族，教員に勧められた」と回答した人の割合である．ラオカイ省民族寄宿学校の生徒のうちこの理由を一位に挙げた人は 13.4% であったのに対し，フート省民族寄宿学校では 5.6% であり，ラオカイ省民族寄宿学校の半分以下であった．本質問項目は順序回答方式のため，そのほかの項目（「教員の質が高い」「少数民族に対する奨学金」「高等教育進学に有利」）の中にも，「家族，教員にそう勧められたから」という動機が含まれていなかったかどうかを判別することは難しい．しかし，周囲の勧めに従ったという理由づけによって民族寄宿学校を選択したと回答した人の割合は，少なくとも生徒本人が主体的に高校の進路選択に関わったかどうかの推測を可能にしてくれる．このように考えてみれば，ラオカイ省と比べてフート省民族寄宿学校に進学した生徒のほうが，より主体的に，中学校卒業後の進路として民族寄宿学校への進学を選択した可能性が高いことがうかがえる．

　では，自らの主体的な行動を促した要因，すなわち民族寄宿学校へ進学しようとした動機は何だったのであろうか．表 4-5-1 によれば，ラオカイ省民族寄宿学校，フート省民族寄宿学校のいずれについても，「高等教育進学に有利」だからという理由を選択した人が最も多い．しかし，ほかの回答項目との割合で見てみると，フート省民族寄宿学校の場合，「高等教育進学に有利」と回答した人の割合は 63.6% に達し，全体の半数以上が大学や短大への進学を目的

としてこの学校に進学したことが明らかとなる。これに対し，ラオカイ省民族寄宿学校の場合は43.8％で，半数以下にとどまっている。このことから，卒業後の進路設計をするうえで，推薦入試制度という「ゲタ」の力を必要とするラオカイ省民族寄宿学校に対し，自力で大学や短大に進学できるフート省民族寄宿学校を目指す人々のほうが，高校入学以前からすでに卒業後の進学のしやすさというメリットを知覚したうえで，民族寄宿学校への明確な進学動機としている様子が読み取れる。

　では反対に，ラオカイ省民族寄宿学校への進学を希望した生徒たちは，どのようにこの学校への進学の動機を持っていたのであろうか。そこで，「家族，教員に勧められた」「高等教育進学に有利」以外の回答を選んだ人の割合を見てみると，ラオカイ省民族寄宿学校では，「少数民族に対する奨学金」という理由を動機として選択した生徒が25.9％に達していることが明らかとなった。フート省民族寄宿学校で，この同じ理由を挙げた人の割合が18.7％であったことと比較すると，ラオカイ省の方が，「少数民族に対する奨学金」をもらえることが民族寄宿学校進学の動機となった人が7.2ポイント多い。

　加えて，「教員の質が高い」ことを理由に選択した人の割合を見ると，フート省が7.5％であるのに対しラオカイ省では4.5％であり，フート省の回答者の方が3.0ポイント多い。これは，先ほどの「高等教育進学に有利」という理由を選んだ生徒の割合の差にも関連しているように思われる。すでに明らかにしたように，ラオカイ省民族寄宿学校とフート省民族寄宿学校では，入学者の選抜方法が大きく異なる。「機会の平等」を目指し，ペーパー方法の入学試験での得点を基に，能力主義的な方法によって合格者の選抜を行うフート省民族寄宿学校に対し，ラオカイ省民族寄宿学校では，「結果の平等」を達成することが目的とされ，積極的な優遇政策を施行することによって，入試の得点のみに基づくメリトクラティックな競争原理では淘汰されてしまう進学条件の低い人々に，高校進学のチャンスを与えている。この優遇政策の対象となる人々から見れば，家族に経済的な負担をかけずに進学できる民族寄宿学校とは，高校課程に進学することのできる唯一のチャンスである，と言ってもよいかもしれない。したがってこのような状況に置かれた人々が多く進学するラオカイ省民族寄宿学校においては，高校を卒業した後で，さらに上の教育機関へ進学することよりもむしろ，在学期間中に受けられる奨学金制度こそがこの学校に進学することのメリットとして知覚する人が多いことを示している。

このことは，人々が教育機会を確保していくために，どのように自らの持つ条件を資源化しようとしているのかという問題とも密接に関わってくる。本章3節 (4-3) で引用したフート省のフオンカン普通中学校ニエン校長の語りに表れていたように，フート省民族寄宿学校とは，中学時代に成績がよくなければ，軽い気持ちで受験してみることさえもためらわれるような「高嶺の花」であり，子どもたちの学校選択には能力＝学力に基づく自己選抜効果が影響を及ぼす。これに対し，ラオカイ省民族寄宿学校では，ほかの人と比べていかにより多くの優遇政策の対象に当てはまる条件を持つかどうかが，学校選択を方向づける契機となっている。自らが持つ優遇政策の被対象条件が多ければ多いほど民族寄宿学校に進学するチャンスが広がる一方で，どれだけ能力＝学力が高くても，この条件が少なければ入学機会を得ることは難しい。しかし，いったんこの条件をクリアできれば，キン族と比べて，より有利な学習環境を与えられ，その後の高等教育進学にもメリットがもたらされる。すなわち，フート省民族寄宿学校を経由することで，「民族」は，より上位の教育課程に進むための資源として利用されることになる。ここに，「民族」の資源化という動的な契機が絡み合う。

　ラオカイ省民族寄宿学校では，毎年，教員がラオカイ省内9県すべてのムラに赴いて，直接家族に会って，子どもを民族寄宿学校に進学させるよう宣伝する活動を行っている。この際，子どもを学校に通わせることで労働力を失うことを危惧する親に対して，教員が持ち出すのが，少数民族に対する優遇政策の恩恵を受けられることのメリットである。ラオカイ省民族寄宿学校のチュオン校長によれば，「家族や本人を説得する材料としては，国家が優遇政策を与えてくれることを強調する。具体的には，寄宿舎で寄宿生活を送りながら学校に通えること，そこでは食費がかからないこと，また，学校生活では教科書も貸与される，という点を説明する」という[55]。当然ながら，必ずしもすべての家族が子どもを民族寄宿学校へ進学させることに積極的な反応を示すわけではない。「10家族いれば，そのうち説得に応じて子どもを受験させようとするのは6～7割[56]」である。しかし，民族寄宿学校の教員たちによる継続的なリクルート活動と，優遇政策の受け取り手としての「民族」イメージの宣伝は，おそらくそれまでは民族に対する具体的なイメージを持たなかった人々に，自分たち

---

55) 2006年12月5日ラオカイ省民族寄宿学校校長チュオンに対するインタビュー。
56) 2006年12月5日ラオカイ省民族寄宿学校校長チュオンに対するインタビュー。

ラオカイ省バットサット県普通中学校での全校集会。山間部の学校に通う少数民族生徒たちの多くは，町部にある民族寄宿学校に進学する日を夢見ている。（2006年12月）

ラオカイ省バットサット県のバットサット第一高校に備え付けられたIT教育ルーム。新しいパソコンとプリンターに入れ替えたばかり。少数民族が多く居住するラオカイ省はベトナム政府以外にも国際機関やNGOからの高い関心が集まり，民族寄宿学校ばかりでなく普通学校にも，頻繁に外国からの視察団が訪れるという。（2006年11月）

の持つ「民族」という要素が資源として利用できることを知覚させるきっかけを与える。そして，人々は，自分たちが持つ「民族」という要素が，教育機会を拡大するために有用な資源となり得ることを自覚し，積極的にその資源を利用しようとするようになる。ラオカイ省民族寄宿学校へ入学を希望する生徒は年々増加し続けており，1学年の入学定員20人に対し，7～80人，年によっては100人の応募が殺到する場合もある[57]。

このように，フート省民族寄宿学校とラオカイ省民族寄宿学校で行われる機会の平等と結果の平等という選抜メカニズムの質的な相違は，それぞれの文脈ごとに，民族寄宿学校を手段とする「民族」の資源化の方向性を多様化させることになった。しかし，いずれも地方政府（地方教育行政）が，人々の教育機会を拡大させる手段として「民族」の資源化を図ったという点では共通性を持っていた。

そして，資源としての「民族」をめぐる，競争の激化と情報の囲い込みという奇妙な逆転が生じた。ラオカイ省民族寄宿学校で行われている結果の平等型の選抜の仕組みは，一見すると，条件を持たない人を締め出す狭い門のようである。しかしその一方で，門の中に入るための必要な条件をいったんクリアしてしまえば，能力＝学力とは関係なく誰もが自由にアクセスすることを可能にする，開放化された受験機会の提供を意味していた。条件を絞って入口を狭めたことにより，かえって，それまでなかなか高校に進学する機会を持たなかった未進学層に対して，貴重な教育機会を提供できる仕組みとなったのである。ところが，ベトナム全体の経済・社会的状況の変化に伴い，民族寄宿学校への潜在的進学可能層が徐々に下方に拡大するにつれて，「民族」という資源がもたらす利益の度合いが多層化するとともに，希少な教育機会をめぐる競争の激化がもたらされていった。

一方で，機会の平等を謳ったフート省民族寄宿学校におけるメリトクラティックな選抜の仕組みは，一見すれば広く社会全体に開放されているかのように見えつつも，実際には自己選抜効果によってあらかじめ受験者にスクリーニングがかけられ，民族寄宿学校の受験に参加する人々を限定する，という方向に作用した。

加えて，入試情報をめぐる情報の囲い込みまでもが行われるようになって

57） 生徒数は，約10年間で78人から420人へと，5倍以上に増加した。2006年10月24日ラオカイ省民族寄宿学校校長チュオンに対するインタビュー。

いった。フート省イェンソン県出身でムオン族のザンは，中学校と高校に進学するときのどちらも，事前に民族寄宿学校の入試に関する情報を得る機会はなかったと語った。

> 「中学校に進学するとき，同じクラスからは誰もイェンソン県民族寄宿学校に進学しなかった。なぜなら誰も，イェンソン県民族寄宿学校について情報を知らなかったから。また，高校に進学するときも，フート省民族寄宿学校の入試情報は入らなかった。もし事前に知っていれば，私も民族寄宿学校で学びたかったのに。」[58]

同様に，フート省タインソン県出身でムオン族のクオンも，タインソン県民族寄宿学校への入試情報は一部の幹部の手に握られており，ムラ全体に周知されていなかったことを指摘する。

> 「僕の住んでいた地域は僻地なので，民族寄宿学校への入試の情報が入らなかった。だから僕や両親も，民族寄宿学校という学校があること自体，知らなかった。もし情報がやってきていたとしても，社の幹部のところにとどまってしまっていて，そこに暮らす住民までやってこなかったのかもしれない。もし中学校入学以前に民族寄宿学校のことを知っていたら，もちろん僕も入学したかったよ。[59]」

このザンとクオンの語りからは，民族寄宿学校への受験機会が，誰にでも平等にアクセス可能とされたからこそ，特定の人々による情報操作によって，「民族」資源の囲い込みが生じているという状況を読み解くことができる。

実際，2006年11月，および2007年3月に行った筆者の調査でも，ラオカイ省民族寄宿学校とフート省民族寄宿学校をめぐるアクセス性の違いは明らかとなった。表4-5-2は，ラオカイ省とフート省にある普通高校の生徒を対象に行ったアンケート調査で，「高校に入学する以前に，省の民族寄宿学校に願書を出しましたか」と尋ねた質問に対する回答である。本調査は，ラオカイ省バットサット県バットサット第一高校，フート省タインソン県フオンカン普通高校のそれぞれ12年生を対象に，学校での集合調査方式で行った。有効回答

---

58) 2005年7月6日ハノイ師範大学寄宿舎でのインタビュー。ハノイ師範大学1年生，1986年生まれ，ムオン族，女子。
59) 2005年7月6日ハノイ師範大学寄宿舎でのインタビュー。ハノイ師範大学2年生，1984年生まれ，ムオン族，男子。

表 4-5-2　普通高校に入学する以前に，省の民族寄宿学校へ願書を出したか

単位：人

	出した	出さない	合計
バットサット第一高校 （ラオカイ省）	27 33.3%	54 66.7%	81 100%
フオンカン普通高校 （フート省）	6 4.5%	128 95.5%	134 100%
合計	33 15.3%	182 84.7%	215 100%

出典：バットサット第一高校（2006年11月3日実施），フオンカン普通高校（2007年3月5日実施）におけるアンケート調査。

数および回収率は，バットサット第一高校で160票（90.4%），フオンカン高校で188票（91.7%）であった。

調査結果によれば，ラオカイ省のバットサット第一高校では，回答者のうちで少数民族生徒81人の33.3%に当たる27人が，高校入学以前にラオカイ省民族寄宿学校に願書を出したと回答している。それに対し，フート省のフオンカン普通高校については，少数民族生徒134人のうちその割合はわずか4.5%（6人）であり，バットサット第一高校と比べると圧倒的に少ない。

この調査で「願書を出した」と回答した人々とは，省レベル民族寄宿学校の入試を受けたが，不合格になったため普通高校へ進学した少数民族の生徒たちである。表4-5-2で得られた結果からは，ラオカイ省民族寄宿学校では，実際に合格できるかどうかは別にしても，とりあえず願書だけでも出してみようと考える人々がフート省民族寄宿学校よりも多く，条件さえ合えば比較的気軽に受験してみようと思える開放性の高さが読み取れる。これに対し，エリートイメージの高いフート省民族寄宿学校は，一般の人々が受験してみようとすることすらままならない，限定された教育機会として人々に知覚されていることを示している。

4-6　民族ごとに見た民族寄宿学校への進学動機

4-6-1　ラオカイ省民族寄宿学校に対する進学の動機

では，民族寄宿学校への進学動機は，民族によってどのように変化するので

あろうか。そこで，進学動機と民族の関連についてまずはラオカイ省の事例から見ていきたい。ラオカイ省民族寄宿学校で実施されている結果の平等型の選抜の仕組みは，優遇政策の積極的な対象となる人々と，そうでない人々とのあいだで，「民族」の資源化をめぐるまなざしを差異化させることが予測されるが，はたして実際はどうであろうか。

ここでは便宜的に，優遇政策の優先的な対象となる人々を「優遇されやすい民族」としてまとめてみたい。ラオカイ省民族寄宿学校12年生（2006年度）の在籍者に即してみれば，モン族，ハニ族，フラ族，トゥーラオ族，サーフォー族の計5民族が，「優遇されやすい民族」に分類できる。反対に，この5民族と比較して，相対的に優遇政策の恩恵を受ける条件を持たない人々としては，タイー族，ヌン族，ザイー族，ターイ族，ムオン族，そしてザオ族が該当する。そこで，この6民族を「優遇されにくい民族」と名づけてみる。

表4-6-1は，ラオカイ省民族寄宿学校12年生を対象としたアンケート調査（既出）より，民族寄宿学校に進学した動機を，上述した民族カテゴリー別に集計したものである。この調査結果を見てみると，「高等教育進学に有利」という理由を挙げた人の割合において，進学動機をめぐる両者の違いは最も明確に表れた。「優遇されやすい民族」のうち，この理由を選んだ人の割合は37.7%（23人）であったのに対し，「優遇されにくい民族」のほうでは52.0%（26人）に達し，両者の差は14.3ポイントも開いている。このことは，「優遇されやすい民族」ではなく，「優遇されにくい民族」のほうが，卒業後の進路選択に有利になるという観点から民族寄宿学校への進学をめざす傾向があることを示している。

では，「優遇されやすい民族」の人々にとって，どのような理由が民族寄宿学校への進学の動機となっているのであろうか。その答えは，「少数民族に対する奨学金」に表れている。「優遇されやすい民族」29.5%（18人）に対し，「優遇されにくい民族」では22.0%（11人）であり，前者が後者を7.5ポイント上回っている。すなわち，「優遇されやすい民族」とって，民族寄宿学校とは高校進学のコストを軽減してくれるという点において自らに有利をもたらすものとして認識される傾向にあることが読み取れる。

このように見てみると，「優遇されやすい民族」に分類される，モン族，ハニ族，フラ族，トゥーラオ族，サーフォー族と，「優遇されにくい民族」であるところのタイー族，ヌン族，ザイー族，ターイ族，ムオン族，ザオ族は，民

表4-6-1 民族カテゴリー別にみたラオカイ省民族寄宿学校12年生の進学の動機

単位：人

	少数民族に対する奨学金	教員の質が高い	高等教育進学に有利	家族，教員に勧められた	その他	合計
優遇されやすい民族	18 29.5%	4 6.6%	23 37.7%	8 13.1%	8 13.1%	61 100%
優遇されにくい民族	11 22.0%	1 2.0%	26 52.0%	7 14.0%	5 10.0%	50 100%
合計	29 26.1%	5 4.5%	49 44.1%	15 13.5%	13 11.7%	111 100%

出典：ラオカイ省民族寄宿学校におけるアンケート調査（2006年10月26日実施）。

族寄宿学校という学校制度を利用することによって「民族」を資源化しつつも，そのまなざしは別々の方向を向いていることがわかる。つまり，「優遇されにくい民族」にとって，民族寄宿学校がもたらすメリットとは，高等教育進学に有利な条件を与えてくれることである。とはいえ，彼らは必ずしも，ラオカイ省民族寄宿学校の教育内容や教員の質的水準の高さに期待しているわけではない。「教員の質が高い」という理由を挙げた人の割合はわずか2.0%（1人）であるからである。また，具体的な数字はあげていないが同じ調査で，2番目に進学の動機となった理由についても併せて回答してもらったところ，「教員の質が高い」と答えた人は30.6%（15人）であり，「家族，教員に勧められた」という動機を挙げた人の割合28.6%（14人）とほぼ同じ程度であった。

4-4で明らかにしたように，ラオカイ省民族寄宿学校から，実力のみで大学や短大に進学できる人の割合は，省内のほかの普通高校と比べて高くはない。しかしその代わりに，推薦入試制度の定員が積極的に割り当てられ，試験を受けて合格できる人の数よりも数倍多くの卒業生に進学の道が開かれている。したがって，ラオカイ省民族寄宿学校に進学することは（そこで学ぶことというよりむしろ），推薦入試制度という，大学進学への「近道」にアクセスするために必要な経路として位置づけられているのではないか。キン族とほぼ同等レベルの学力水準にある「優遇されにくい民族」の人々は，この推薦入試制度の割り当てを受けることを目的に，自らの「民族」を資源化しようとする傾向が強い。このように考えられる。

高校卒業後の進学を見据えた民族ごとのまなざしの相違は，高等教育機関の選択にも表れている。はじめに述べておくと，卒業後の高等教育機関への進学

表 4-6-2　民族カテゴリー別にみたラオカイ省民族寄宿学校 12 年生の卒業後の進学希望先

単位：人

	大学	短大	中級専門学校	合計
優遇されにくい民族	41 74.5%	9 16.4%	5 9.1%	55 100%
優遇されやすい民族	38 65.5%	7 12.1%	13 22.4%	58 100%
合計	79 69.9%	16 14.2%	18 15.9%	113 100%

出典：ラオカイ省民族寄宿学校におけるアンケート調査（2006 年 10 月 26 日実施）。

希望に関しては，98.3％（114 人）が「希望する」と回答していることから，ほぼ全員が進学希望者である。

　ところが，その「進学希望」がどこに向けられたものなのかという点で見てみると，ここでもまた，優遇されやすさの度合いに応じて一定の異なった傾向を示すことが明らかとなった。表 4-6-2 は，「優遇されやすい民族」と「優遇されにくい民族」のそれぞれについて，高校卒業後に希望する進学先を分類したものである。これによると，「優遇されにくい民族」のうち 41 人が大学への進学を希望しているのに対し，「優遇されやすい民族」では 38 人であり，その差はあまりない。反対に，中級専門学校への進学希望者が 13 人（22.4％）を占め，「優遇されにくい民族」の 5 人（9.1％）と比べると 10 ポイント以上の差が開いている。したがって，「優遇されやすい民族」と「されにくい民族」のあいだには，最終的な進学の到達目標の相違が見られる。

　再び表 4-6-1 を見てみよう。民族寄宿学校に進学する動機として「少数民族に対する奨学金」を得ることを第一に挙げた人の割合は，「優遇されやすい民族」で 29.5％（18 人）であり，「されにくい民族」を 7.5％上回る。一般的に，普通高校へ進学する際には，学費をはじめとする直接的な経費のほか，通学の際に使用する自転車の購入費用や毎月の駐輪代，学校の近隣に下宿する場合にはその下宿費用など，さまざまな間接的な経費が必要となる。僻地に居住し，経済的に困難な環境にある人々にとっては，これらの経済的な費用負担もまた，高校進学を阻害する大きな要因となる。こうした状況の中，学費が免除されるのみならず，毎月の奨学金が与えられる民族寄宿学校へ進学することのメリットは「優遇されやすい民族」の方が「されにくい民族」よりも強い形で認識されていると考えられる。

ラオカイ省民族寄宿学校の選抜の仕組みを再び思い出してみるならば、入試でのペーパー試験の得点と優遇政策の条件に当てはまるかどうかが、「4対6」の割合で考慮されて合否が決定されていた。こうした選抜メカニズムのあり方は、少数民族のあいだに、優遇政策の恩恵を受けられる度合いの重層性をもたらしたが、そのことは単に、民族ごとに民族寄宿学校に進学できる可能性の多寡を規定したのみならず、民族寄宿学校という学校制度に注がれたまなざしの多様化をもたらしたのである。

4-6-2　フート省民族寄宿学校に対する進学の動機

では次に、フート省民族寄宿学校をめぐる、民族ごとの進学の動機について見ていきたい。民族別に進学の動機を示したものが表4-6-3である。フート省民族寄宿学校の入学者の選抜方法では、特定の民族に対する優遇措置は行われていないが、民族を単位として見た場合、進学の動機のあり方には何らかの差異が生じているのであろうか。

はじめに、最下段の合計値を見てみると、「高等教育進学に有利」という理由が63.2％を占めている。前節で見たラオカイ省民族寄宿学校（44.1％）と比べてみた場合に、やはり全体として高等教育進学に対する意識が民族寄宿学校への進学動機となっている割合が高い。

ところが、民族ごとに区分して見ていくと、この「高等教育進学に有利」という進学動機を持っていた生徒の割合は、ムオン族とそれ以外の民族では異なった様相を示していることが明らかとなった。生徒数全体の約7割を占める多数派民族のムオン族では、「高等教育進学に有利」と回答した人の割合が7割近く（67.1％）に達する一方で、それ以外の民族（ザオ族、カオラン族、モン族、タイー族）は54.5％であり、ムオン族よりも12.6ポイント低くなっている。対照的に、「少数民族に対する奨学金がもらえる」ことを動機として挙げた人の割合は、ムオン族ではわずか13.7％であったのに対し、それ以外の民族では30.3％を示している。

すでに見てきたように、フート省の少数民族人口は圧倒的にムオン族の構成比率が高く、その他のザオ族やカオラン族などはあくまで「少数派」の少数民族として存在している。同時に、学力水準についても、キン族とほぼ同水準の就学率を有し、民族寄宿学校の入学試験でも比較的高い点数を獲得できる傾向

表 4-6-3　民族別にみたフート省民族寄宿学校 12 年生の進学の動機

単位：人

	少数民族に対する奨学金	教員の質が高い	高等教育進学に有利	家族，教員に勧められた	その他	合計
ムオン族	10 13.7%	7 9.6%	49 67.1%	4 5.5%	3 4.1%	73 100%
その他民族	10 30.3%	1 3.0%	18 54.5%	2 6.1%	2 6.1%	33 100%
合計	20 18.9%	8 7.5%	67 63.2%	6 5.7%	5 4.7%	106 100%

出典：フート省民族寄宿学校（2007 年 1 月 26 日実施）におけるアンケート調査。

にあるムオン族に対し，ザオ族やカオラン族など「少数派」少数民族の就学率や学力水準は低く，民族寄宿学校への入学者選抜を勝ち抜けるだけの学力を持たない生徒が多い。ところが，こうした民族間の学力格差にもかかわらず，フート省民族寄宿学校では，ラオカイ省民族寄宿学校のような，特定の民族に対する優遇政策を行わず，あくまで入学試験の得点に基づいて，平等に合否を判定する選抜の仕組みが実施されてきた。その結果，もともと学力水準の高いムオン族から多くの合格者が輩出される一方で，それ以外の「少数派」少数民族がなかなか合格できない，という偏った構造を抱えることになった。

　表 4-6-3 に示される結果は，フート省民族寄宿学校への選抜をめぐるこのような偏向性によって，ムオン族とそれ以外の少数民族のあいだに，民族寄宿学校に対する進学動機のズレを生じさせていることを示す。キン族と同水準の学力を持ち，それゆえに能力主義に基づく選抜にも勝ち残っていける可能性の高いムオン族の生徒にとって，民族寄宿学校という学校の存在は，少数民族に対する優遇政策を利用することで，将来的に大学や短大へ進学するために少しでも有利な条件を得る手段とみなされている。これに対し，ザオ族やカオラン族のような「少数派」少数民族の人々にとっては，ムオン族との競争関係においてなかなか合格することのできない民族寄宿学校は，それ自体がいわば「高嶺の花」である。それゆえに，民族寄宿学校に進学したいと思う動機として，卒業後の進路を考えたうえでの選択というより，むしろより近視眼的に，少数民族に対する奨学金を得ることそれ自体が目的であり，そうすることによって，高校に進学するためのチャンスとして認識する傾向が強くなるのではないだろうか。このように考えてみるならば，ラオカイ省の「優遇を受けやすい民

族」の生徒たちが，ラオカイ省民族寄宿学校に対して向けるまなざしと，フート省のムオン族以外の「少数派」少数民族たちがフート省民族寄宿学校を見つめるまなざしには一定の共通類似性を見出すことが可能となる。

4-7　出身中学校ごとに見た，民族寄宿学校への進学動機

　では次に，出身中学校の区分ごとに見た場合，省レベル民族寄宿学校への進学動機に生じる変化を比較してみたい。4-6で明らかにしたような，民族ごとに見られた民族寄宿学校に対する進学動機の多様性は，出身中学校ごとに見るとどのように現れているのであろうか。

　表4-7-1は，ラオカイ省民族寄宿学校と，フート省民族寄宿学校のそれぞれの生徒の進学動機を，出身中学校の区分（県レベル民族寄宿学校と普通中学校）によって分析した結果である。これを見ると，出身中学校もまた，民族寄宿学校に対するまなざしの多様化を生み出す要因として作用していることが示される。例えば，「高等教育進学に有利」という理由を動機として挙げた生徒は，ラオカイ省の県レベル民族寄宿学校出身者では55.9%（33人）であるのに対し，普通中学校出身者は31.3%（15人）となっており，ほぼ半分程度の割合しかない。ところが，フート省民族寄宿学校で「高等教育進学に有利」と回答した生徒の割合は，県レベル民族寄宿学校出身者では62.3%（43人）であったのに対し，普通中学校出身者は70.0%（21人）に達しており，ラオカイ省とは逆に，むしろ普通中学校出身者の方が卒業後の進路を見据えたうえで民族寄宿学校を選択していることが明らかとなった。他方，「少数民族に対する奨学金」が進学の動機であったと答えた人は，ラオカイ省民族寄宿学校出身者では，県レベル民族寄宿学校出身者で23.7%（14人），普通中学校で29.2%（14人）であり，ほぼ同程度であるといってよいだろう。これに対してフート省民族寄宿学校では，県レベル民族寄宿学校出身者で「少数民族に対する奨学金」を進学の動機として挙げた人の割合24.6%（17人）に対し，普通中学校出身者はわずか3.3%（1人）しかいなかった。

　4-5で示したように，学校全体で見れば，ラオカイ省民族寄宿学校では，どちらかといえば高校在学中に得られる奨学金をメリットと感じて学校選択した生徒が多かったのに対し，フート省民族寄宿学校では，高校卒業の進学を見据えていたケースが相対的に多かった。興味深いことに，出身中学校別に比較し

表 4-7-1　出身中学校別にみた省レベル民族寄宿学校への進学の動機

単位：人

		少数民族に対する奨学金	教員の質が高い	高等教育進学に有利	家族，教員に勧められた	その他	合計
ラオカイ省民族寄宿学校	県レベル民族寄宿学校	14 23.7%	2 3.4%	33 55.9%	7 11.9%	3 5.1%	59 100%
	普通中学校	14 29.2%	2 4.2%	15 31.3%	8 16.7%	9 18.8%	48 100%
	合計	28 26.2%	4 3.7%	48 44.9%	15 14.0%	12 11.2%	107 100%
フート省民族寄宿学校	県レベル民族寄宿学校	17 24.6%	3 4.3%	43 62.3%	3 4.3%	3 4.3%	69 100%
	普通中学校	1 3.3%	5 16.7%	21 70.0%	1 3.3%	2 6.7%	30 100%
	合計	18 18.2%	8 8.1%	64 64.6%	4 4.0%	5 5.1%	99 100%

出典：ラオカイ省民族寄宿学校（2006 年 10 月 26 日実施）フート省民族寄宿学校（2007 年 1 月 26 日実施）におけるアンケート調査。

てみると，それぞれの学校をめぐる進学動機のパターンは，県レベル民族寄宿学校出身者よりむしろ普通中学校の出身者の認識の中に表れてくる。つまり，民族寄宿学校に向けられたまなざしのあり方には，中学校進学の時点から県レベル民族寄宿学校という経路に入っていた人々の「内側」から見た視点というよりむしろ，民族寄宿学校の「外側」，すなわち普通中学校に通いながらこの学校制度を眺めてきた人々のイメージが投影されているといってよいのではないだろうか。

4-8　普通高校から見た民族寄宿学校イメージ：その地域的多様性

　では，省レベル民族寄宿学校のさらに「外側」，すなわち民族寄宿学校が置かれた地域社会の人々の視点では，民族寄宿学校はどのような学校として捉えられているのであろうか。そこで次に，ラオカイ省とフート省それぞれの地域ごとに，普通高校の生徒たちの眼で見た民族寄宿学校イメージを分析してみたい。ここで取り上げるデータは，4-5 で述べた，2006 年 10 月と 2007 年 3 月に，

ラオカイ省バットサット県のバットサット第一高校，及びフート省タインソン県フオンカン普通高校において筆者が行った，12年生に対するアンケート調査結果に基づいている。

「民族寄宿学校とはどのような学校だと思いますが？」という質問に対する回答を整理したものが，表4-8-1である。この表からまず明らかになることは，省レベル民族寄宿学校に対して「有利な点はない」と回答した人の割合が，バットサット第一高校では4.2％（6人），フオンカン普通高校では7.3％（10人）であり，どちらの普通高校でも少数派の意見であるということである。つまり，いずれの地域についても，省レベル民族寄宿学校は普通高校と比べて何らかのメリットをもたらす存在として認識されていることを示唆している。

では，どのような点が民族寄宿学校のメリットとして考えられているのかといえば，いずれの高校でも，「少数民族に対する奨学金」を挙げている人の割合が7割以上を占める（バットサット第一高校では73.2％，フオンカン普通高校では70.1％）。先述したように，実際に省レベル民族寄宿学校に通う人々の進学動機では，ラオカイ省でもフート省でも，「高等教育進学に有利」という理由を挙げた人の割合が最も高かった。回答者の割合で比較してみると，フート省民族寄宿学校の方が20ポイント程度高く，その代わりにラオカイ省民族寄宿学校では少数民族に対する奨学金をもらえる，と考えていた人の割合が多いという学校別の特徴が現れていたものの，しかし全体としてみれば，奨学金をもらえることよりむしろ，高等教育機関へ進学するためのメリットとして捉えている人が多いという傾向がみられた。これに対し，普通高校の生徒で，民族寄宿学校が「高等教育機関進学に有利」な学校であるという認識を第一に挙げた人の割合は，バットサット第一高校で14.1％（20人），フオンカン普通高校ではわずか7.3％（10人）に過ぎない。4-3で見たように，フート省民族寄宿学校の大学・短大への進学率はフオンカン普通高校を上回っている。にもかかわらず，フオンカン普通高校から見れば，フート省民族寄宿学校と進学イメージを結びつけて捉えている人はほとんどいない。むしろ，実際には普通高校よりも進学率の低いラオカイ省民族寄宿学校の方が，進学イメージを持つ人の割合が微妙に高い，という奇妙なねじれまでもが生じている。

したがって，民族寄宿学校の「外側」から向けられるこの学校に対するまなざしは，あくまで少数民族に対する奨学金を与えられる学校，というイメージのあり方が大部分を占めているといってよいだろう。普通高校の生徒たちから

表 4-8-1　普通高校から見た省レベル民族寄宿学校のイメージ

単位：人

	少数民族に対する奨学金	高等教育進学に有利	就職に有利	有利な点はない	その他	合計
バットサット第一高校	104 73.2%	20 14.1%	10 7.0%	6 4.2%	2 1.4%	142 100%
フオンカン普通高校	96 70.1%	10 7.3%	16 11.7%	10 7.3%	5 3.6%	137 100%
合計	200 71.7%	30 10.8%	26 9.3%	16 5.7%	7 2.5%	279 100%

出典：バットサット第一高校（2006年11月3日実施），フオンカン普通高校（2007年3月5日実施）で行ったアンケート調査。

見れば，省レベル民族寄宿学校とは，高等教育や就職など，自分たちと直接的に競争し合うものとしてはみなされていないがゆえに，少数民族優遇政策の恩恵に対する肯定的な側面がより強調されるかたちで学校イメージが形成されている，と言えるかもしれない。

4-9　小括

　ここで改めて本章の目的を確認しよう。本章の目的は，少数民族に対する優遇政策として制度化された民族寄宿学校をめぐる「民族」の資源化という動的な契機を，次の三つの視座から考えてみようというものであった。

　第一に，フート省とラオカイ省という地方政府（地方教育行政）の視座である。この二つの地方行政は，民族寄宿学校という学校制度の入学者選抜の仕組みの運用を通じて，誰をめがけて，どのように「民族」を資源化しようとしたのであろうか。第二に，新しい学校制度としての民族寄宿学校の恩恵を，実際に受け取ることのできる人々の視座である。民族寄宿学校という学校制度は，誰に，どのようなメリットをもたらしているのであろうか。そして第三に，民族寄宿学校を取りまく地域社会の視座である。民族寄宿学校を場として繰り広げられた「民族」の資源化は，地域社会に暮らす人々にとって，「民族」を資源化するという動的な契機に対する，どのような認識をもたらしたのであろうか。

　この三つの問いに対し，本章では，①フート省民族寄宿学校とラオカイ省民族寄宿学校における入学者の選抜メカニズム，②それぞれの学校の卒業生の高

等教育進学状況，③民族寄宿学校に対する地域社会の反応を明らかにする作業を行った。

　2004年度の受験生データの比較分析を通じて，フート省とラオカイ省の省レベル民族寄宿学校の入学者の選抜の仕組みが，大きく異なる性格を持つものであるということが明らかとなった。キン族と同等レベルの教育水準を持つムオン族が集住するフート省の民族寄宿学校では，省内に居住するすべての少数民族に対して平等に，能力＝学力に基づく競争原理によって入学者を選抜する仕組みが採られている。受験生がどのような民族であっても，どのような居住地条件の差異があったとしても，すべての人々が公平に，ペーパー型入学試験での成績が高い順に合格が決定される，「機会の平等」を目的としたすぐれてメリトクラティックな選抜メカニズムである。この機会の平等型の仕組みは，もともとの学力水準が高い受験生にとっては有利に働くものの，他方で，学力の低い受験生にとっては高い障害となる。その結果，中学校までの学力がこの学校を受験する／しないを決定する要因として働き，すべての少数民族に受験資格が開放されているにもかかわらず，それぞれの学力に応じた自己選抜効果によってあらかじめ受験者層を規定するという逆接的な帰結がもたらされた。また，民族寄宿学校の入学試験情報をめぐって，特定の地方幹部のあいだで情報の囲い込みが生じたことも，「機会の平等」型選抜メカニズムによってもたらされた予期しない作用であった。

　これに対し，ラオカイ省民族寄宿学校の選抜では，民族，居住地，性別，出身中学校をはじめとする7項目の優遇の対象条件が設けられ，この条件に合致することが，ペーパーテストを課して行われる入試での得点よりも重視されるという方法によって生徒を選抜する仕組みが作られていた。これにより，普通高校へ進学することが困難なモン族，およびハニ族をはじめとする「極少少数民族」を積極的に入学させることで，「結果の平等」を達成することを目指した選抜メカニズムである。

　フート省とラオカイ省における，こうした民族寄宿学校の入学者選抜の仕組みの相違は，卒業生の進路，とりわけ高等教育機関への進学をめぐる状況に影響を及ぼすことになった。

　フート省民族寄宿学校は，「機会の平等」に基づく競争原理によって，地頭の良い生徒たちを集中的に集め，また，大学受験のための自習や補習クラスなどのきめ細やかな対策を行った。その結果，フート省内のほかの普通高校より

もむしろ高い進学率を誇り，同時に，エリート進学校として人々に認識されることとなった。

　他方，ラオカイ省民族寄宿学校の「結果の平等」型の選抜メカニズムは，モン族や，ハニ族などの極少少数民族に対して積極的に教育機会を分配することにはある程度成功したものの，生徒の全体的な学力水準の低下をもたらした。ラオカイ省の地方教育行政は，民族寄宿学校の卒業生に対して推薦入試枠を優先的に割り当てるなどの対応を行い，かろうじて一定の高等教育進学者数は維持されたが，省内屈指の進学校として認識されるようになったフート省民族寄宿学校とは対照的に，ラオカイ省民族寄宿学校はむしろ，貧しい少数民族のための優遇政策を行う場として，地域社会のなかに位置づけられることとなった。

　このように，民族寄宿学校の制度的運用を担った地方政府（地方教育行政）と，実際にその恩恵を受ける対象としての少数民族，そして民族寄宿学校を「外側」から眺める人々のまなざしは，「民族」を資源化することによって教育機会を得るという動的な契機についてのさまざまな認識のあり方を生み出していった。

第5章

少数民族の教育達成と民族寄宿学校の役割

前章では，民族寄宿学校の選抜メカニズムと高等教育進学状況をめぐる地域的多様性に着目しながら，省レベル民族寄宿学校を運営する地方教育行政が，誰を対象として，どのように，「民族」を単位とする教育機会を提供しようとしているのかを明らかにした。その結果，それぞれの地域ごとに，教育機関としての民族寄宿学校が果たす役割が多様化するとともに，それに応じて，地域社会で暮らす人々の「民族」の資源化に対するまなざしにも差異が生まれていったことも示された。

　このことを踏まえたうえで，続く本章では，民族寄宿学校という学校への選択をめぐる人々の主体性に焦点を当て，誰が，高校に進学する際に「民族」資源を利用するのか，という問いを考えてみたい。

5-1　中学校3年生から見た高校進学と，希望進学先

　本章では，2007年1月から3月にかけて，フート省民族寄宿学校とフート省タインソン県フオンカン普通高校において実施した，アンケート調査データを使用する。本調査は，それぞれの学校における12年生（高校3年生）を対象に，自記式配票方式による集合調査の方法で実施した。回収された計298票の中から，ムオン族の回答者208人を対象に分析を行った[1]。第4章で見たように，フート省に居住するムオン族は，教育水準や経済・社会的状況という点においてキン族とほぼ同程度の水準を有する，キン族に「近い」少数民族である。

　フオンカン普通中学校およびタインソン県民族寄宿学校の9年生（中学校最終学年）を対象に行ったアンケート調査では[2]，ムオン族の高校進学希望者は95.8％（142人）に達していた。表5-1-1は，ムオン族の9年生に進学を希望する高校を尋ねて得られた結果である。これによると，ほぼ半数ずつに当たる66人（46.5％）がフート省民族寄宿学校，64人（45.1％）が各県の普通高校に進学を希望すると回答していることがわかる。では，ムオン族の生徒たちのうち，どのような属性を持った人が民族寄宿学校への進学を希望し，どのような

---

1) 配布率と回収率は次の通り。フート省民族寄宿学校：配布票数131，回収票数110（回収率83.4％），フオンカン普通高校：配布票数205，回収票数188（回収率91.7％）。
2) 本調査は2007年3月に，タインソン県民族寄宿学校とフオンカン普通中学校で行った，自記式配票方式による集合調査である。調査配布率と回収率は次の通り。タインソン県民族寄宿学校：配布票数99，回収票数99（回収率100％）フオンカン普通中学校：配布票数124，回収票数123（回収率99.1％）。

表 5-1-1　フート省ムオン族 9 年生の進学を希望する高校

単位：人

	フート省民族寄宿学校	各県の普通高校	フート省専科高校	その他	合計
進学を希望する高校	66 46.5%	64 45.1%	9 6.3%	3 2.1%	142 100%

出典：2007 年 1 月～3 月に実施した，フート省におけるアンケート調査結果。

人が普通高校への進学を希望するのであろうか。

そこで以下では，フート省のムオン族に焦点を当てて，彼らの学校選択と進学をめぐる規定要因を探ることによって，どのような人々が，自らの持つ「民族」という属性を進学に利用しようとするのか，という問いに対する答えを導き出したい。

5-2　フート省ムオン族をめぐる，省レベル民族寄宿学校への進学規定要因[3]

5-2-1　成績効果と出身中学校

第 4 章で明らかにしたように，フート省民族寄宿学校をめぐる入学者の選抜メカニズムでは，「機会の平等」が重視され，試験で獲得した点数が最も強く合否結果に影響を及ぼす。このことを前提として確認したうえで，まずは，出身中学校と，中学校卒業時の成績という変数がどのように省レベル民族寄宿学校の選択に影響を与えるのか見てみよう。「高嶺の花」と揶揄されるように，能力主義に基づく選抜の仕組みには，中学校時代の学力が強く作用することが予測されるが，果たして実際に，成績の良い生徒たちがより積極的に民族寄宿学校に進学する傾向にあるのだろうか。まずは中学校での成績と進学先高校についての表から，大まかな進学傾向をつかむ作業からはじめる。表 5-2-1 を

---

[3]　なお，省レベル民族寄宿学校と普通高校の生徒（いずれも 12 年生）の性別の内訳を見ると，省レベル民族寄宿学校は女子の割合が 49.1% であるのに対して，男子が 50.9% を占めており，ほぼ男女比が均衡している。これに対し，普通高校の場合は女子が 53.7% に対して，男子は 46.3% であり，女子生徒の方が男子生徒を 7 ポイント上回っていた。ただしその差はわずかであり，したがって普通高校と省レベル民族寄宿学校の男女比は，いずれもほぼ均衡している。

フート省タインソン県のフオンカン普通高校。毎日，自宅から徒歩や自転車で通ってくるが，片道，自転車で4，50分かかるという生徒もめずらしくない。そして半日の授業が終わると寄り道せずに家に戻り，たんぼや畑で農作業の手伝いをするのが高校生たちの日課だ。

第5章　少数民族の教育達成と民族寄宿学校の役割

表 5-2-1　高校別に見た中学校卒業時の成績

単位：人（カッコ内は％）

	優	良	可	合計
普通高校	2　(1.6)	83 (68.0)	37 (30.3)	122 (100)
フート省民族寄宿学校	8 (10.1)	53 (67.1)	18 (22.8)	79 (100)
合計	10	136	55	201

出典：2007年1月～3月に実施した，フート省におけるアンケート調査結果。

表 5-2-2　高校別に見た出身中学校と，中学校卒業時の成績

単位：人

		優	良	可	合計
普通高校	普通中学校	2	79	35	116
	県レベル民族寄宿学校	0	0	1	1
省レベル民族寄宿学校	普通中学校	6	17	8	31
	県レベル民族寄宿学校	2	33	9	44
省レベル民族寄宿学校進学率	普通中学校	75.0%	17.7%	18.6%	21.1%
	県レベル民族寄宿学校	100%	100%	90.0%	97.8%

出典：2007年1月～3月に実施した，フート省におけるアンケート調査結果。

見ると，中学卒業時の成績が「優」だった人の割合は，普通高校では1.6％（2人）であるのに対し，フート省民族寄宿学校では10.1％（8人）であり，フート省民族寄宿学校への進学者の方が多い。また，「可」の人の割合を見ると，普通高校で30.3％（37人）に対し，フート省民族寄宿学校は22.8％（18人）であった。サンプル数の限界から断定はできないものの，機会の平等型の選抜メカニズムを持つフート省民族寄宿学校には，中学校時代から成績がよかった生徒がより入学しやすい傾向にあるという推測が可能となる。

　では，この中学校卒業時の成績は，出身中学校ごとに見るとどのような形で省レベル民族寄宿学校への進学に影響を及ぼしているのだろうか。そこで次に，中学校卒業時の成績と出身中学校種別（県レベル民族寄宿学校か普通中学校か）を，進学先の高校別に集計したものが表5-2-2である。まずは省レベル民族寄宿学校への進学率に着目してみよう。普通中学校と県レベル民族寄宿学校の出身者がそれぞれ省レベル民族寄宿学校に進学する割合を見てみると，普通中学校の卒業生の場合に成績と出身中学校の種別が密接に関係していることが明らかとなる。中学校時代の成績が優であった人の場合にのみ75.0％（受験生8人中6人合格）であるが，それ以外の良や可の成績を取った人については，大

表 5-2-3 高校別に見た両親の学歴

単位：人

	父親学歴					母親学歴				
	就学経験なし・小学校	中学校	高校	TC以上	合計	就学経験なし・小学校	中学校	高校	TC以上	合計
普通高校	7	76	24	3	110	6	79	24	1	110
フート省民族寄宿学校	5	38	28	6	77	5	40	24	9	78
民族寄宿学校進学率(％)	41.7	33.3	53.8	66.7	41.2	45.5	33.6	50.0	90.0	41.5

出典：2007年1月～3月に実施した，フート省におけるアンケート調査結果。

きく進学率が減少しているからである．これに対し，県レベル民族寄宿学校出身者については，中学卒業時の成績は，省レベル民族寄宿学校への進学を規定する要因としてはそれほど効果をもたないようである．したがって，中学校での成績という変数は，出身中学校ごとに，その効果が異なっていることが読み取れる．このうち，普通中学校の卒業生については，より成績が高い生徒ほど，自らの「民族」という資源を利用して教育機会を得ようとする主体的な行動をとる可能性が高いといっても差し支えないだろう．

5-2-2　両親の学歴と職業の効果

　次に，両親の属性（学歴と職業）と子どもの，省レベル民族寄宿学校への進学との関係を明らかにしていきたい．
　はじめに，父親と母親の学歴が与える影響について見ていこう．表5-2-3は，両親の学歴を本人の進学先の高校ごとに分類した表である．一見したところ，父親，母親とも，中級専門学校（TC）以上の高等教育学歴を持つ場合に，民族寄宿学校への進学率が最も高く，母親では90.0％にも達している．つまり，父親も母親も，学歴の高い方が，その子どもがフート省民族寄宿学校に進学しやすい傾向を示しているように見える．
　しかし，これにさらに本人の出身中学校の種別も加えてみると，実は，両親の学歴と子どもの省レベル民族寄宿学校進学のあいだには，それほど密接な関係があるわけではないことが明らかとなった．表5-2-4を見ると，県レベル民族寄宿学校出身者については，両親がどのような学歴を持っていてもフート

表 5-2-4 高校別に見た，出身中学校と両親の学歴

単位：人

		父親学歴					母親学歴				
		就学経験なし・小学校	中学校	高校	TC以上	合計	就学経験なし・小学校	中学校	高校	TC以上	合計
普通高校	普通中学校	7	68	24	3	102	5	72	24	1	102
	県レベル民族寄宿学校	0	1	0	0	1	0	1	0	0	1
フート省民族寄宿学校	普通中学校	2	16	13	0	31	2	15	11	3	31
	県レベル民族寄宿学校	3	21	13	5	42	3	23	11	6	43
民族寄宿学校進学率（％）	普通中学校	22.2	19.0	35.1	0	23.3	28.6	17.2	31.4	75.0	23.3
	県レベル民族寄宿学校	100	95.5	100	100	97.7	100	95.8	100	100	97.7

出典：2007 年 1 月～3 月に実施した，フート省におけるアンケート調査結果。

省民族寄宿学校に進学しやすい傾向にある。反対に，普通中学校からの進学者に関しては，母親の中級専門学校（TC）以上のみ 75.0％という高い割合ではあるものの，同じカテゴリーの父親に関してはゼロである。したがって，先ほど表 5-2-3 でいったん明らかになったように見えた両親の学歴は，出身中学校を考慮すれば，とくに大きな影響があるとは考えにくい。

次に，両親の職業については，子どもの民族寄宿学校進学にどのような効果をもたらしているのであろうか。表 5-2-5 は，父親と母親の職業を，出身中学校ごとに区分し，さらに進学先の高校別に分けて示したものである。普通中学校出身者で父職が農業従事者である人の合計 128 人のうち，24 人（18.8％）が民族寄宿学校に進学する一方で，同じく父職が幹部または教員のうち，子どもが民族寄宿学校に進学した人は 4 人で，割合は 33.3％であった。これに対し，母親が農業に従事している場合，子どもで民族寄宿学校に進学した人は 17.6％（24 人），幹部または教員では 50.0％（5 人）である。サンプル数が明らかに異なるので，単純な比較はできないものの，ひとつの推測として，父親よりも母親の職業が幹部または教員，すなわち公務員であった場合に，民族寄宿学校への進学傾向が高くなる可能性が示唆される。

表5-2-5 高校別に見た，出身中学校と両親の職業

単位：人

		父親職業				母親職業			
		幹部または教員	農業	その他	合計	幹部または教員	農業	その他	合計
普通高校	普通中学校	8	104	5	117	5	112	1	118
	県レベル民族寄宿学校	0	1	0	1	0	1	0	1
フート省民族寄宿学校	普通中学校	4	24	2	30	5	24	0	29
	県レベル民族寄宿学校	11	31	0	42	5	35	1	41
民族寄宿学校進学率（%）	普通中学校	33.3	18.8	28.6	20.4	50.0	17.6	0	19.7
	県レベル民族寄宿学校	100	96.9	0	97.7	100	97.2	100	97.6

出典：2007年1月～3月に実施した，フート省におけるアンケート調査結果。

5-2-3 タインソン県民族寄宿学校への進学規定要因

　第4章で明らかにしたように，フート省民族寄宿学校への進学者の中に県レベル民族寄宿学校の出身者が多いという状況は，県レベル民族寄宿学校が，生徒の成績を上昇させる十分な教育効果を発揮していることを意味している。それでは，人々を県レベル民族寄宿学校へと進学させる要因は何であろうか。繰り返しになるが，フート省民族寄宿学校の選抜メカニズムは，能力主義に基づく競争原理に基づいて合格者が選抜される仕組みである。これが中学校時代の成績を通じて，県レベル民族寄宿学校卒業生に有利な条件をもたらしていることは，本節での分析でも明らかにしてきた通りである。その一方で，第4章で指摘したように，タインソン県民族寄宿学校への入学時の選抜では，ザオ族とモン族が相対的に有利な条件を与えられており，必ずしも実力だけの勝負が行われているわけではない。しかし，もしこれらの民族籍条件以外にも，小学校から県レベル民族寄宿学校に進学する段階で，何らかの属性要因が影響を及ぼすのだとすれば，結局のところフート省民族寄宿学校は，小学校から中学校への進学の時点で，県レベル民族寄宿学校の生徒と，普通中学校進学者のあいだに生じた「不平等」を温存する仕組みであるといわざるを得ない。

　そこで，タインソン県民族寄宿学校と，フオンカン普通中学校の9年生を対

表 5-2-6 中学校別に見た両親の学歴

単位：人

	父親学歴					母親学歴				
	就学経験なし・小学校	中学校	高校	TC以上	合計	就学経験なし・小学校	中学校	高校	TC以上	合計
普通中学校	10	56	10	0	76	13	51	12	1	77
タインソン県民族寄宿学校	2	20	8	4	34	3	17	5	4	29
進学率(％)	16.7	26.3	44.4	100	30.9	6.3	25.0	29.4	80.0	27.4

出典：2007年1月～3月に実施した，フート省におけるアンケート調査結果。

表 5-2-7 中学校別に見た両親の職業

単位：人

	父親職業				母親職業			
	幹部＋教員	農業	その他	合計	幹部＋教員	農業	その他	合計
普通中学校	0	75	3	78	1	74	3	78
タインソン県民族寄宿学校	12	52	3	67	9	57	1	67
進学率(％)	100	40.9	50.0	46.2	90.0	43.5	25.0	46.2

出典：2007年1月～3月に実施した，フート省におけるアンケート調査結果。

象に行ったアンケート調査結果（前述）より，ムオン族生徒の中学校への進学規定要因を明らかにし，「民族」資源の利用との関係を考えてみたい。

まず，両親の学歴が，子どものタインソン県民族寄宿学校への進学に与える影響を明らかにしてみよう。表5-2-6は，両親の学歴を，進学先の中学校ごとに区分したものである。これを見ると，父親と母親のいずれも，中級専門学校（TC以上）の場合に，それぞれ100％，80％の子どもが民族寄宿学校に進学している。ここではひとまず，両親の学歴が，子どもの民族寄宿学校（中学校課程）進学に何らかの影響を与えているとしておこう。

では次に，両親の職業からの影響を見ていきたい。表5-2-7は，両親の職業を中学校別に分析した表である。これを見ると，親が公務員（幹部または教員）の場合に，その子どもが民族寄宿学校に進学する割合が高くなる傾向にある。とくに，父親がそうである場合は12人中全員がタインソン県民族寄宿学校に

表 5-2-8　中学校別に見た小学校卒業時の成績

単位：人

	秀	優	良	可	合計
普通中学校	0	0	47	26	73
タインソン県民族寄宿学校	2	2	53	2	59
進学率（％）	100	100	53.0	7.1	44.7

出典：2007年1月～3月に実施した，フート省におけるアンケート調査結果。

進んでいる。ほぼ同様に，幹部または教員の母親を持つ子どもの90.0％が民族寄宿学校へ進学している。したがって，タインソン県民族寄宿学校への進学には，両親の職業と学歴が，一定の役割を果たしているといってもよさそうである。つまり，職業については，父親と母親のいずれについても，公務員の子どもの方が，ほかの職業の場合よりタインソン県民族寄宿学校に進学しやすい状況にある。これに対し，学歴に関しては，父親，母親ともに中級専門学校以上に一定の進学規定効果が見られることから，高等教育以上の学歴を持つ場合に限って，子どもの民族寄宿学校進学と親の学歴が，それなりの関連を持っているといえるだろう。

　ここまで，両親の属性が与える影響について明らかにしてきたが，ではこれらの要因は，生徒本人の学力よりも強く，子どもの民族寄宿学校への進学に影響を及ぼしているといってもよいのだろうか。そこで，中学校別に，小学校卒業時の成績を集計したものが表5-2-8である。これによれば，秀と優の成績であった4人のほか，良の生徒の半数（53.0％）が民族寄宿学校に進学している。同様に，小学校時代の成績が可であった場合は，ほとんどが普通中学校に進学する傾向にある。したがって，普通中学校からフート省民族寄宿学校に進学した人々と同様に，小学校から中学校に進学するタイミングでもやはり，本人の学力がほかの生徒と比べてより高い場合に，「民族」を資源化したうえで，民族寄宿学校という恵まれた教育機会を獲得しようとする主体的な動機が働きやすいと推測できる。

5-3　小括

　本章では，フート省ムオン族の中学生と高校生を対象としたアンケート調査の分析に基づいて，フート省民族寄宿学校への進学を選択する要因として，本

人の能力，すなわち中学校時代の成績の高さが一定の影響を与えていることを示唆した。フオンカン普通中学校校長のニエンが語ったような，「中学校時代の成績が悪ければ」，「受験したところでどうせ受からないだろうという気持ち」によって，フート省民族寄宿学校の受験をあきらめる生徒たちが多くいるという状況を，実際のデータからも確認することができた。加えて，県レベル民族寄宿学校と普通中学校出身者の卒業時点での成績を比較してみると，県レベル民族寄宿学校卒業生の方が，普通中学校卒業生よりも相対的な成績水準が高いことも明らかとなった。このことが，県レベル民族寄宿学校を経由してフート省民族寄宿学校に進学するという，第4章で見た進学経路を作り出す要因となっていることは指摘できる。

　一方で，両親の属性（学歴，職業）の影響はどうかといえば，フート省民族寄宿学校への進学においては両親の職業が幹部または教員すなわち公務員である場合と，母親の学歴が中級専門学校以上である場合に，その子どもが民族寄宿学校という進学選択肢をとりやすいように見える。しかし，これらの効果はいずれも，成績との関係で見れば弱いことから，民族寄宿学校への進学を規定する要因とは，あくまで本人の能力であり，それがさらにメリトクラティックな選択の方法によってふるいわけられることで，より優秀な生徒がこの学校制度に進学していく仕組みができあがっている。

　以上のことから，誰が，民族寄宿学校という制度を通じて「民族」を資源化しようとするのか，という本章冒頭の問いに対する一つの答えを導くことができよう。フート省のムオン族たちは，小学校，中学校を通じて，本人の実力＝学力の高い生徒ほど，「ムオン族」という自らの資源を利用したうえで，民族寄宿学校という限られた優遇政策の恩恵を受けようとする傾向にある。第4章4-5で指摘したように，フート省民族寄宿学校への入学機会をめぐっては，民族寄宿学校の情報にすばやくアクセスできる手段を持った人々のあいだで入試情報の囲い込みが生じていることが確認されているものの，少なくとも今回分析を行った事例に関していえば，「民族」を資源化して教育機会を得るという動的な契機に，親の属性による影響はほとんど見られなかったといってよいだろう[4]。

---

4) ただし，第4章で明らかにしたように，一定の優遇条件に基づき優遇度合いの高い人々が選抜の対象となるラオカイ省民族寄宿学校のようなケースでは，よりさまざまな人々の思惑と，優遇政策の恩恵をめぐる利益分配に対する操作性を働かせる余地がある可能性があることから，進学

フート省タインソン県のフオンカン普通中学校の教員たち。普通中学校からフート省民族寄宿学校への進学者を出すのは難しいが、それだけに教員たちのやりがいにつながる。(2006年11月)

者本人の能力以外の要因が，より強く作用していると思われる。この点については今後さらに検討を進めていく必要がある。

第3部

優遇政策が少数民族社会に及ぼした影響

第6章

「少数民族」を選ぶ人々

民族寄宿学校への進学をめぐり繰り広げられてきた「民族」の資源化という動的な契機は，本来その正統な担い手にはならないはずの「部外者」にまで拡大しつつある。近年ベトナムでは，主に大学に進学することを目指して，自ら少数民族になることを選択する人々が増えつつある。本章では，中等教育段階である民族寄宿学校と，さらにその上の民族大学準備学校への進学機会の獲得を目的とした，キン族の少数民族化という現象について論じたい。それにより，「部外者」による「民族」の資源化の実態と動向を考察することが本章の目的である。

6-1 「少数民族籍選択」ムーブメント

　2004年9月はじめから2005年6月末にかけてのおよそ6カ月間にわたり，筆者は，ハノイ市内の四つの大学に在籍する，少数民族を中心とした大学生を対象に，自記式配票方式によるアンケート調査およびインタビュー調査を実施した。大学ごとのアンケート調査対象者数は，ハノイ国家大学人文社会科学大学71人[1]，ハノイ師範大学91人[2]，ハノイ文化大学少数民族文化学科97人[3]，ハノイ国家大学自然科学大学36人[4]の計295人である。このうちキン族以外の民族籍を有すると回答した259人の学生のなかから，有効回答が得られた220人を対象に集計を行った[5]。またその後も，2013年に至る今日まで，毎年継続的に，大学生に対するインタビュー調査を行っている。

　上述したアンケート調査結果によると，父親と母親の民族籍が異なる学生が102人おり，この中に両親のどちらかがキン族の学生が78人含まれていることが明らかになった。

　2005年5月に国会で可決されたベトナムの改正民法では，民族籍の選択について次のように定められている。

　　「個人は，出生時に実父，実母の民族に従って民族が確定される。実父と実母の民族が異なる場合，その子の民族を実父，実母のいずれの民族を選ぶかは慣習

---

1) アンケート調査回答者数は71人（うちキン族1人）。
2) アンケート調査回答者数は91人（うちキン族5人）。
3) アンケート調査回答者数は97人（うちキン族30人）。
4) アンケート調査回答者数は36人（全員が少数民族籍）。
5) 有効回答は全体の74.6%であった。

あるいは実父，実母の合意に基づく」(3章2節28条（民族籍選択権))[BLDS 2005]

　この規定に基づき，両親の民族籍が異なる子どもは，出生時にどちらかの「民族」を選ぶことができることが公的に認められている。この際，ベトナムの一般的な社会的文脈では，父親の民族籍を選択する傾向が強い。今回の調査でも，両親の民族籍が異なる102人のうち，76人（74.5%）が父親の民族籍を名乗っていた。この傾向は，母親がキン族である場合でも基本的には同様である。ヌン族の父親とキン族の母親を持つ女子学生のゴックは，生まれたときに「ベトナムの慣習に従って」父親の民族籍を継承し，ヌン族として出生届を出した。もし母親がキン族で父親が少数民族である彼女のような場合に，父親の少数民族籍を名乗っていた人が，後に母親の民族籍，すなわちキン族に変更するケースはあるかと尋ねたところ，「可能性としてはあるかもしれないけれど，実際にはまだそういう人に会ったことはないし，そういう話も聞いたことがない。両親が離婚でもしない限り，母方のキン族籍に変更することはあり得ないと思う」との答えが返ってきた。つまり，ベトナムの人口のおよそ8割を占める多数派民族キン族の母親を持つ場合でも，子どもは父親の民族籍を継承するという考え方が，（少なくとも彼女の認識としては）一般的に共有されている様子を読み取ることができる。

　ところが，今回のアンケート調査では，父親がキン族で母親が少数民族である場合に，母親の民族籍を名乗る学生が24人（両親の民族籍が異なる人の23.5%）含まれていた。そこで彼らを対象にインタビューしたところ，出生時には父親の民族に従ってキン族として民族登録を行ったものの，中学や高校に通うあいだに教員または両親からの勧めがあり，母親の民族へと民族籍を変更したケースが含まれていることが明らかになった。キン族の父親とヌン族の母親を持つ，ターイグエン省ヴォーニャイ県出身のルオンは，出生時には父親の民族籍に従ってキン族として出生届を出していたが，小学校を卒業して中学校に入学する時点で，2歳年上の姉と一緒にヌン族に変更した。民族籍を変更することになったきっかけは，小学校の先生の勧めがあったと述べている。

　「（民族籍を変更した理由は）小学校の先生が，これからもっと上の学校に進学するためには少数民族籍を持っていたほうが有利だといってくれたから。自分の

クラスメイトの中にも，私と同じタイミングで民族をキン族から少数民族へ変更した人が何人かいた。民族籍を変えることには特に抵抗はなかったわ。だって変えたくても変えられない人たちもいたから。例えば母方のおばあちゃんが少数民族でも，お母さんがキン族として民族登録していたら，3代前にさかのぼって民族を変更することはできない。だから私自身もあのタイミングで民族を変更できたのはラッキーだったと思っている。[6]」

出生時に登録した民族籍をその後変更することについて，上述した改正民法3章2節28条の2項では次のように決められている。

「成人に達した人，実父，実母または未成年者の後見人は，以下の場合，民族再確定を管轄する国家機関に対する要求権がある。
a) 実父と実母の属する民族が異なる場合，実父，実母のいずれかの民族への再確定。
b) 異なる民族の人の養子になった場合，実父，実母が誰かわからず養父，養母の民族に基づいて確定されていた場合，実父，実母の民族への再確定。[7]」

この民法の規定に従えば，成人（18歳）に達した時点で，出生時に登録した民族籍からほかの民族籍へと変更することが可能である。ただし，実際には，もっと早い段階でも民族籍の変更が行われているのが実態のようである。筆者のインタビュー調査で出会った人々は，いずれも大学生になる以前にキン族から少数民族へと変更しており，成人に達する以前にすでに民族籍の変更が行われたことを示している。ただし，彼らの民族籍変更の手続きがどのように行われたのかについては，まだ幼かった本人たちには詳しいことが知らされていないか，あるいは記憶していない人がほとんどであり，正確なところは不明である。しかし，少なくとも10代半ばで人民証明書を作成するタイミングか，その前後の時期に，出生届に記載している民族籍を変更することはそれほど困難でなく可能であり，彼らが居住する地域社会の地方政府が管轄する行政的な手続きの中で，個々の事情に即した柔軟な対応が行われていると推測される。

このような柔軟な対応のあり方を示す興味深い事例として，バックザン省出身の女子学生チャンについて取り上げてみたい。現在タイー族として民族籍を

---

6) 2010年3月20日ハノイ国家大学学生寮にて行ったインタビュー。ハノイ国家大学人文社会科学大学社会学部1年生（1990年生まれ）。
7) 和訳に当たって，1995年民法と重なる部分に関しては，［樫永 2004: 169-170］を参考にした。

登録しているチャンは，バックザン省ルックナム県 LS 社の出身である。5 人兄弟の 3 番目として，1991 年にキン族の父親，タイー族の母親のもとに生まれ，家族とともに生活して育った。しかし，ほかの兄弟 4 人が母親の民族であるタイー族であったにもかかわらず，彼女はただ一人，小学校 4 年生になるまで「ザオ族」として民族籍を登録していた。この経緯は，チャンが生まれた時点にさかのぼる。チャンが誕生した際，両親の代わりに父方の姉にあたる伯母が出生届を社の役場に出すことになった。ところが，チャンの母はよその土地からやってきた嫁だったため，もともと LS 社に住んでいた伯母は，母の民族籍がタイー族であることを把握していなかった。チャンのムラはザオ族が大多数を占めており，自身もザオ族であった伯母は，チャンを「ザオ族」として役場に届け，出生届は受理された。このようにしてチャンは，家族の中でただ一人，両親やほかの兄弟たちとは違う「ザオ族」として過ごしていた。ところが小学校 4 年生になったとき，家族の中で彼女だけがザオ族であるのはよくない，やはり両親のどちらかの民族籍にしておいた方がよいだろうとの話が親戚のあいだで持ち上がり，その時点でチャンの民族籍は「ザオ族」から母親の「タイー族」へ変更されることになった[8]。

　ここで興味深いことは，4 年生になったチャンが，「ザオ族」から両親のどちらかの民族籍へ変更する際，父親のキン族ではなく母親のタイー族が大人たちによって選ばれたことである。「キン族になるより少数民族のままでいる方が，民族寄宿学校に入りやすいから」というのがその理由であると，彼女は聞かされたという。

　結局，その後チャンは民族寄宿学校には入学しなかった。しかし，民族寄宿学校と少数民族籍を結びつけて捉えるこうした人々の語りや行動には，少数民族優遇政策の恩恵を受けることがチャンにとって有利に働き，そのためには「少数民族」になることが重要であると捉える認識のあり方が表れている。前述したヌン族のゴックも，少数民族に対する優遇を受けるために，キン族から少数民族へと変更する傾向が広がってきていると話す。「みんな自分の利益のために行動するのだから，そういう（少数民族籍に変更できる：引用者）選択肢を持っているのにそうしない人がいるとは思えない[9]」という彼女の語り口からは，自分の，親にとっては子どもの進学という契機に際し，少しでもよりよ

8）　2010 年 3 月 21 日ハノイ国家大学学生寮にて行ったインタビュー。
9）　2010 年 3 月 21 日ハノイ国家大学学生寮にて行ったインタビュー。

ランソン省チラン県 MS 社の小学生たち。MS 社はタイー族とヌン族が人口の大半を占める村だが，早くから公教育制度への馴化が進んだ，キン族に「近い」民族である彼らは，小学校に入学するより前の段階からすでに，ベトナム語と民族語のバイリンガルが当たり前。少なくとも見かけだけでは，誰が「少数民族」で，誰がそうでないのかを区別することは難しい。

地方出身の少数民族大学生たちは大学学生寮に優先的に入寮できる場合が多い。8 人部屋で，二段ベッドの一段という狭いスペースが彼らの「部屋」だ。ハノイ国家大学で学ぶターイ族のガーとインタビュー調査中の筆者（2013 年 3 月）。

第 6 章 「少数民族」を選ぶ人々　239

い条件を得ようとする人々のあいだで，「少数民族」という要素を利用することが優遇政策の恩恵を得るための合理的な選択として認識され，キン族から少数民族へと民族籍を変更するという具体的な行動に結びついて表れるようになってきていることを示している。

このようにして民族籍を変更した人たちの中には，民族籍を変更する前と変更した後での自分自身の民族アイデンティティについて，それほど大きな変化を感じていないケースが多い。ディエンビエン省ディエンビエン市の出身で，10 年生（高校 1 年生）の時に，父親のキン族から母親のターイ族へと民族籍を変更した女子学生のイェンは，ターイ族となったことにはそれほど違和感がなかったと語った。

> 「私自身はターイ族の村で育ったから，生まれた時から少数民族の子供だという自覚はあった。だから自分の民族がターイ族になったことや，姓が変わったことに対してはそれほど違和感があったわけではない。むしろ自分の心理としては，ターイ族になれて嬉しいと思った。母がターイ族だから。これでやっと周りの人たちと同じになれたと感じた[10]。」

同様に，「少数民族」として登録されていても，キン族としてのアイデンティティを維持し続けている人々もいる。大学で入手した少数民族学生の名簿情報に基づいて筆者が会いに行き，2004 年～2005 年にかけての調査（既出）では，キン族の父親と少数民族籍の母親を持つ師範大学の「少数民族」学生に対して，自分の民族語を話せますかとの質問を行ったところ，該当者 15 人のうち 11 人が「少し話せる[11]」「話せない[12]」と答えている。前述したルオンも，幼い時からベトナム語だけで育てられたのでヌン語は全く話せず，後に民族大学準備学校に入学するにあたって民族語が話せた方がいいだろうと思い，母方の祖父からヌン語を習ったものの，難しくて全く覚えられなかった，と話す[13]。少数民族大学生についての調査をしているのだが，とこちらの目的を告げると，自分はキン族として育ったので民族語は話せないし民族文化についても全く知

---

10) 2012 年 3 月 19 日ハノイ国家大学学生寮にて行ったインタビュー。彼女は，民族籍を変更するのと同時に，母親の名字に改姓した。
11) 「少し話せる」：回答者 8 人。
12) 「話せない」：回答者 3 人。
13) 2010 年 3 月 20 日ハノイ国家大学学生寮にて行ったインタビュー。ハノイ国家大学人文社会科学大学社会学部 1 年生（1990 年生まれ）。

らないので，あなたの調査対象には当てはまりません，と少しいらしらしながら応答するケースもある[14]。

　つまり，彼らにとっての「民族」とは，自らのアイデンティティや文化的バックグラウンドとは異なる次元にあって，単に，人民証明書に記載された一事項という程度のものにすぎない。なぜならば，この場合の「民族」という個人属性は，大学への進学をめざす過程で，他の受験生たちより少しだけ有利な立場を得るためにのみ利用するツールであり，無事に合格した暁には（あるいは大学進学という夢をあきらめた時点で），その役割を終えるものとして捉えられているからである。

　このように考えてみるならば，現代のベトナム社会に生きる若者たちにとって，「民族」とは，両親のいずれかから継承しているというたてまえを（一応の）正当化根拠としつつも，実のところは，さまざまな目的に応じて合理的に使い分ける，選択可能なものとして認識されていることを示している。

　「民族」に対するこうした彼らの見方とは，フランス植民地支配から独立し，あらたに自前の「ベトナム国民」を作り上げようとしたベトナム政府が，さまざまな属性を持った人々の集団を「民族」の境界によって区切り，そこに本質的な中身を後付けしていく過程で強調してきた，「民族の自意識」や，言語・文化的背景の共有によって結び付いた原初的な集団性のあり方とは大きく異なっている。あるいは，もともと国民国家建設という目的のために作られ，国家によって人々の動員の手段として利用されてきた「民族」という枠組みそれ自体が，はじめから本質性と馴染むものではなく，むしろ一貫して社会構築的な性格を維持し続けている，と言ってもよいのかもしれない。出生時にキン族として登録した子どもが，大学進学という目的のために，自らの民族籍を変更して「少数民族」になり，少数民族優遇政策の恩恵を受けようとする人々の動きとはすなわち，国家によって作られた社会構築的な集団としての「民族」という枠組みを，今度は人々が利用しようとする積極的なアプローチであったのである。

---

14) ただし両親がともにタイー族で，本人もタイー族籍であるにもかかわらず，省都で生まれ育ち，周囲の人々がすべてベトナム語を話す環境だったため，民族語を話すことはできません，と応答するケースもある（2005年4月3日ハノイ国家大学学生寮にて行ったインタビュー）。今日のベトナム社会において，少数民族言語をとりまく状況それ自体にも変化が生じているといえるかもしれない。

6-2　中央民族大学準備学校における「少数民族籍」選択者

　とはいえ，民族籍を変更しさえすれば，誰でもが少数民族優遇政策の恩恵を受けられるわけではない。チャンの事例が示すように，少数民族籍を選択しても，実際には少数民族優遇政策の直接的な受益者にならない場合もある。しかしここで重要なのは，こうした現実的な対応よりむしろ，少数民族になることによって，「メリットを受けることができそうだ」という考え方，つまり少数民族に対する優遇政策を「恩恵」として捉える肯定的な評価がなされていることである。なぜならば，こうした認識のあり方とは，少数民族を「遅れた，貧しい」人々とみなし，彼らに対する優遇政策を行うことは，キン族の水準に引き上げるためにやむを得ない措置であると位置づけてきた，少数民族優遇政策に対する公的なイメージとは大きく異なるものであるからである［Pelley 1998］。

　第 1 章で触れたように，少数民族を，キン族よりも「遅れた，貧しい」人々と捉える公的な図式それ自体は，ドイモイ政策の導入と 1989 年の政治局第 22 号決議によって転換された。少数民族が多く居住する山間部地域には独自の発展のプロセスがあるとの考え方が導入され，平野部からキン族幹部を派遣するこれまでのやり方ではなく，地元出身者の中から地域発展のけん引役となる幹部人材を創出しようとする方向に向かったのである。とはいえ，今日のベトナム社会では，依然として，経済発展に乗り遅れた貧しい人々を少数民族と結びつけるイメージが残存している。たとえば 2013 年 10 月にハノイで開かれた，労働・傷病兵・社会省と UNDP の共催シンポジウム『貧困削減：将来への展望』で，労働・傷病兵・社会省のファム・ティ・ハイ・チュエン大臣が語った発言の中にも，貧困と少数民族とを巧みに結びつけて捉えようとする認識のあり方が見て取れる。

> 「西北地方，ゲアン西部，タインホア西部の地域では，多くの社において，貧困家庭の割合が 80-85％ を占めている。さまざまな角度から捉えてみれば，少数民族の貧困者たちとは収入面で貧しいだけでなく，生活条件やその他の社会的福祉の面でも数多くの困難に直面していると考えられる。(傍点は引用者)[15]」

---

15)　Hiếu Minh, "Hỗ trợ người nghèo dân tộc thiểu số để giảm nghèo bền vững", Tạp chí cộng sản, 2013/11/1 付（2013 年 12 月 23 日閲覧）。

このような認識のもとで行われる少数民族に対するさまざまな優遇政策や制度とは，必然的に，経済・社会発展度合いの低い地域に暮らす人々が，より高度な発展を遂げた地域の水準に近づくために行われるボトムアップ事業としての色彩を帯び，結果的にドイモイ政策導入以前のキン族—少数民族をめぐる図式からはそれほど大きな変化をしていないことになる。

　このような中で，少数民族の側にも，少数民族優遇政策による支援を受けることを積極的には望まないあり方，あるいはむしろ，スティグマとしての「少数民族」という考え方が現れるようになったことは，ある意味で避けられない帰結の一つだったと言ってよいだろう。

　ニンビン省ニョークアン県出身のムオン族のゴックは，県内の普通高校を卒業した。彼女に対し，なぜ高校に進学するときに民族寄宿学校を選択しなかったのかと尋ねたところ，「民族寄宿学校が好きではなかったから」と答え，その理由を次のように述べた。

> 「確かに少数民族に対していろいろ優遇されている点はあるんだろうけど，民族寄宿学校の勉強の質はほかの学校よりも低かったから，私は普通高校に進学したかった。もっと上の学校に進学するときも，民族寄宿学校より普通高校に通っていたほうが有利だから。[16]」

　また，ラオカイ省バオタン県出身で，タイー族のランも，「（高校進学当時，）私が民族寄宿学校に進学しなかった理由は二つあった。一つは，民族寄宿学校に入ったら，家を離れて，ラオカイ市で寄宿生活をしなくてはならなかったこと。もう一つは，町の高校と比較して，民族寄宿学校の学力水準はとても低いと，母が言っていたこと。民族寄宿学校は，社に割り当てられた定員に沿って入学者が決まるから，入試試験で選別される普通学校よりも，生徒の学力水準が低くなると言われてやめた。[17]」と述べている。

　こうした意見は，少数民族優遇制度としての民族寄宿学校に対し，少数民族自身のなかにもマイナスのイメージを持つ人々が少なからずいることを示している。彼らにとって，民族寄宿学校という学校制度を利用することは，必ずしも自分に「恩恵」をもたらす機会となるものとしては捉えられていない。むし

---

16)　2005年4月2日ハノイ国家大学学生寮で行ったインタビュー。
17)　2005年4月4日ハノイ国家大学学生寮で行ったインタビュー。

表 6-2-1　大学生調査における少数民族籍選択者の民族内訳

単位：人

タイー	ムオン	ヌン	サンジウ	モン	計
12	7	6	2	1	28

出典：2004 年 9 月～10 月，2005 年 3 月～7 月に実施した 4 大学アンケート調査より筆者作成。

ろ反対に，もしこの制度を利用しないでもよい条件があれば，なるべくなら関わらないでいたい，というような認識までも透けて見えてくる。

　そうであるならば，どのような場合に，人々は少数民族優遇政策を「恩恵」として捉え，その一つの結果として少数民族籍の選択という行動をとるようになるのであろうか。そこで，この問いを考えてみる最初の手掛かりとして，前述した大学生に対するアンケート調査で得られたデータから，キン族の父親と少数民族の母親を持つ場合に，本人が少数民族籍を選択していた 28 人の民族籍の内訳を見てみたい（表 6-2-1）。これを見ると，タイー族 12 人，ムオン族 7 人，ヌン族が 6 人であり，この 3 民族だけで 9 割近く（89.2％）を占めていることが明らかとなる。そのほかにもサンジウ族 2 人，モン族 1 人がいるが，民族籍の散らばり方には何らかの傾向が生じているように見える。

　そこで次に，フート省ヴィェトチー市にある中央民族大学準備学校の学生データをもとに，少数民族籍選択者の属性を分析してみたい。序章 0-7 で述べた通り，中央民族大学準備学校とは，少数民族を対象とした，大学のいわば「予備課程」である[18]。大学統一試験を受験して，希望する学校に不合格だった場合に，その得点に応じてこの学校に進学でき，1 年間の課程を修了した後で，修了試験での成績に応じて希望する各大学へ進学できる仕組みである。万が一途中で退学にならない限り，この学校に入学した時点で，一年後の大学進学は約束されており[19]，したがってこの中央民族大学準備学校の生徒もまた高等教育機関進学者として扱われている。筆者は，2007 年 1 月に，この中央民族大学準備学校においてアンケート調査およびインタビュー調査を行った。表 6-2-2 は，1992 年度，1993 年度，1994 年度，1999 年度，2000 年度，2001 年度，2003 年度，2004 年度の計 8 年間に在籍した学生延べ 1,909 人のデータをもとに，

---

[18]　中央民族準備学校は，1975 年にハノイに建設され，その後ハタイ省バヴィを経て，現在はフート省ヴィェトチー市に所在。

[19]　ただしどの大学に進学できるかは，修了試験による競争型選抜に基づくため，必ずしも希望する進学先に進めない場合もある。

表 6-2-2 中央民族大学準備学校における少数民族籍選択者の民族内訳と，民族ごとの学生数に占める割合

	少数民族籍選択者（人）	少数民族籍選択者全体に占める割合（％）	民族ごとの学生数に占める少数民族籍選択者の割合（％）
タイー	99	42.7	10.7
ムオン	58	25.0	15.9
ヌン	38	16.4	12.4
カオラン	13	5.6	40.6
ターイ	8	3.4	6.8
サンジウ	8	3.4	11.8
トー	5	2.2	23.8
ザイー	1	0.4	14.3
パジ	1	0.4	50.0
クメール	1	0.4	100
合計	232	100	12.1

出典：中央民族大学準備学校学生名簿（1992年度，1993年度，1994年度，1999年度，2000年度，2001年度，2003年度，2004年度）より筆者作成（2007年1月24日中央民族大学準備学校学生室より入手資料）。

キン族の父親を持つ少数民族籍の学生計232人の内訳と，民族ごとの在籍者数にしめる少数民族籍選択者の割合を示したものである[20]。

この表からもやはり，キン族の父親を持つ学生のうち84.1％が，タイー族，ムオン族，ヌン族であることが明らかとなる。これは，上述した大学生の調査結果とほぼ同じような傾向である。

ただし，今回の分析の対象となった少数民族大学生，および中央民族大学準備学校の学生全体の民族内訳を見ると，いずれについても，このタイー族，ムオン族，ヌン族の学生たちが全体の8割前後を占める[21]。したがって，単純に少数民族籍を名乗る人の人数で比較するだけでは不十分であろう。そこで，同じく表6-2-2より，民族ごとの学生数に占める少数民族籍選択者の割合を見てみると，学生数が5人以上の民族の中で，カオラン族が40.6％で最も高く，ついでトー族の23.8％へと続き，反対に，先ほどのタイー族，ムオン族，ヌ

20）　資料上の制約からデータには不連続がある。また，この中にはキン族の学生4人も含まれていたが，今回の集計では分析の対象に含めていない。
21）　今回の分析対象となった中央民族大学準備学校の学生1,913人のうち，タイー族921人（48.1％），ムオン族365人（19.0％），ヌン族307人（16.5％）であり，3民族の合計は83.7％であった。

ン族については，その割合はそれほど高くないことが明らかとなった（ターイー族が10.7％，ムオン族15.9％，ヌン族12.4％）[22]。したがって，キン族の父親を持つ場合に，その子どもが少数民族籍を選択するという行動をとる背後には，何らかのメカニズムが機能していると考えられる。

そこで以下，キン族の父親を持ちつつ，少数民族籍を名乗る人々を「少数民族籍選択者」と名づけ，中央民族大学準備学校において得られた計232人のデータをもとに，少数民族籍選択という行動をもたらす背景要因について探っていきたい。

なお，本章で行う分析は，あくまで中央民族大学準備学校に進学した人々を対象としている。どのような条件や環境が，少数民族籍を選択するという行動を生じさせるのかというメカニズムを，より実証的な形で明らかにするためには，当然ながら，同じ条件のもとで少数民族籍を選択しなかったケース，すなわち，父親がキン族で母親が少数民族である場合に，キン族として登録している人々についても調査する必要がある。さらに，中央民族大学準備学校に進学しなかった人々のサンプルも加えなければ，「少数民族籍選択者」が，進学のために「民族」を資源化しようとしている，という本章の問題関心に十分に答えることはできない。その意味において，ここで扱うデータは，「どのような条件のもとで少数民族籍が選択されるのか」という問いを，統計的に実証できる性質を持つものではない。しかし，こうした限界を十分に踏まえながら，中央民族大学準備学校に進学した人々のサンプルの分析を行うことにより，ベトナム少数民族地域で表出しつつある，少数民族籍選択という人々の動きの一端を捉えることが可能になる，と筆者は考えている。すなわち，どのような条件のもとで，少数民族籍を選択するという合理的な行動をとる可能性があるのか（そのような行動をとらない可能性ではない）を明らかにすること，それが以下の分析のねらいである。

6-2-1 父親の民族籍を軸として見た3類型

では，少数民族籍選択のメカニズムについて明らかにする前に，まず，父親

---

[22] ザイー族，クメール族，パジ族に関しては，学生数が非常に小さいため集計から除外した。それぞれの学生総数は以下の通り。ザイー族2人（うち「少数民族籍選択者」1人），クメール族1人（うち「少数民族籍選択者」1人），パジ族2名（うち「少数民族籍選択者」1名）。

から子どもへの民族籍の継承が、どのようになされているのか、その傾向の全体像を明らかにする作業からはじめたい。

表6-2-3は、中央民族大学準備学校学生のすべてのサンプル（計1,909人）を対象に、本人の民族籍と父親の民族籍を集計したものである。父親と子どもの民族籍が一致する所は網掛けで示してある。この集計表から、父親から子どもへの民族籍の継承に関して、いくつかのパターンがあることが明らかになった。

まず、先の表6-2-2において、民族ごとの学生数に占める少数民族選択者の割合が最も高かったカオラン族（計32人）に注目してみよう。すると、本人がカオラン族の民族籍を選択した人の父親の民族籍は、キン族かカオラン族のいずれかに限定されている。つまり、カオラン族籍として中央民族大学準備学校に進学してきた学生の父親は、本人と同じカオラン族であるか、あるいはキン族であるかのどちらかのパターンしか存在しない。同様にトー族、およびザイー族についても、父親がトー族ないしザイー族、あるいはキン族である場合にのみ、本人がトー族またはザイー族の民族籍を選択する傾向が強い。

ところがその一方で、タイー族、ムオン族、ヌン族、ターイ族、そしてサンジウ族については、必ずしもこの限りではない。父親の民族籍をそのまま受け継いだ場合を除くと、父親がキン族以外のほかの民族である場合にも、子どもがタイー族やムオン族、ヌン族、ターイ族、サンジウ族を選択するというケースが存在することが示されている。

これらの結果を踏まえたうえで、父親の民族籍を軸として、子どもが任意の民族Aを名乗る状況を整理してみたところ、次の三つのパターンが出現した。第一に、父親がキン族を含むいくつかの民族である場合に、子どもが民族Aを選択する多選択肢型である。表6-2-3で明らかになる通り、この多選択肢型に含まれるのは、タイー族、ムオン族、ヌン族、そしてターイ族、サンジウ族である。第二に、父親がキン族か民族Aである場合に限り、子どもが民族Aを選択するパターンである。この類型には、カオラン族、トー族、ザイー族が該当する。そして最後に、モン族やザオ族、サンチー族に代表されるような、父親の民族と子どもの民族がほぼ100％の割合で合致するパターンである[23]。

23) なお、グオン族、サンチャイ族、タイン族、チャム族、ハニ族、パテン族、エデ族（公定民族のサブグループも含む）は第三のグループ、ラオ族とクメール族については父親の民族籍と関係のない民族籍を本人が選択していることから考えて、おそらく第二のグループに含まれると推測

表6-2-3 中央民族準備学校における学生本人と父親の民族籍

単位:%

		父民族																			合計	
		キン	タイー	ケーイ	ムオン	スン	モン	ザオ	エデ	サンチャイ	チャム	トー	ザイー	ハニ	パテン	タイン	クオン	カオラン	サンチー	パジ	合計(人)	%
本人民族	タイー	10.8	87.9	0.3		0.8														0.1	921	48.2
	ムオン	15.7	0.6	0.3	82.3	1.1															365	19.1
	スン	12.8	2.0		2.0	83.2															307	16.1
	ケーイ	6.8	0.8	92.4																	118	6.2
	サンジウ	12.1											84.8								68	3.6
	ザオ						3.0	97.0													35	1.8
	カオラン	40.6																59.4			32	1.7
	トー	26.3										73.7									21	1.1
	サンチー		8.3																91.7		12	0.6
	モン					12.5	87.5														8	0.4
	ザイー	14.3											85.7								7	0.4
	クオン															100.0					3	0.2
	サンチャイ									100.0											2	0.1
	タイン															100.0					2	0.1
	パジ	50.0																		50.0	2	0.1
	チャム										100.0										1	0.1
	ハニ													100.0							1	0.1
	ラオ		100.0																		1	0.1
	パテン														100.0						1	0.1
	クメール	100.0																			1	0.1
	エデ								100.0												1	0.1
合計(人)		236	820	115	306	269	7	36	1	2	1	59	16	7	1	2	3	19	11	1	1909	100
学生総数に占める父民族内訳(%)		12.3	42.9	6.0	16.0	14.1	0.4	1.9	0.1	0.1	0.1	3.1	0.8	0.4	0.1	0.1	0.2	1.0	0.6	0.1	100	

出典:中央民族大学準備学校学生名簿(1992年度、1993年度、1994年度、1999年度、2000年度、2001年度、2003年度、2004年度)より筆者作成(2007年1月24日中央民族大学準備学校学生室より入手資料)。

6-3 出身地別，民族別に見た少数民族籍選択

6-3-1 出身地別に見た少数民族籍選択の傾向

　次に，少数民族籍選択者を出身地（省）別に分類したものが表6-3-1である。この表では，中央民族大学準備学校における学生を出身地の省ごとに統計し，その中から「少数民族籍選択者」を抽出したうえで，省ごとに割合が高い順で並べている。また，参考として省ごとの少数民族の割合も併記した。ここから，省ごとに見た，少数民族籍選択という行動の起こりやすさを比較してみたい。

　まず，表6-3-1の先頭にきたタイビン省については，学生総数が1人で「少数民族籍選択者」も1人であることからとりあえず除外して考えると，次に「少数民族籍選択者」の割合が多いのはニンビン省で35.7％，ついでラオカイ省22.2％，フート省20.8％，タインホア省18.8％，ターイグエン省17.7％，と続く。省ごとの少数民族人口に注目して見てみると，その後リストの上位10位（クアンニン省）まで，ラオカイ省（66.9％）およびトゥエンクアン省（51.8％）を除けば，いずれも省内の少数民族割合が25％以下であることが明らかとなる。つまり，「少数民族籍選択者」の割合が高い地域とは，少数民族が省人口の4分の1以下，人口のうえではキン族がマジョリティを占めている地域ということになる。その一方で，ホアビン省からハザン省までのリストの下位グループを見ると，「少数民族籍選択者」の割合が減少するのに反して，省内の少数民族割合は上昇し，ゲアン省の13.3％，イエンバイ省の50.4％を除けば，いずれも少数民族が人口の70％以上を占める。このように見ていくと，省を単位として分析した場合に，キン族籍の父親を持つ人が少数民族籍を選択する少数民族籍選択という行動は，省内における少数民族の人口が少ない地域，すなわち多数派民族であるキン族が大多数を占める省においてより起こりやすく，反対に少数民族の割合が多数派を占める，少数民族居住者が人口マジョリティであるような省においてはむしろ起こりにくいという推測を可能にしてくれる。

される。

表6-3-1 中央民族大学準備学校における，省ごとの「少数民族籍選択者」と学生総数に占める割合

単位：人

省	「少数民族籍選択者」(A)	学生総数 (B)	A/B (%)	省ごとの少数民族割合 (%)
タイビン	1	1	100	0.1
ニンビン	5	14	35.7	2.1
ラオカイ	6	27	22.2	66.9
フート	24	115	20.8	14.6
タインホア	10	53	18.8	16.4
ターイグエン	32	180	17.7	24.8
トゥエンクアン	24	147	16.3	51.8
ハタイ	7	43	16.2	1.2
バックザン	14	92	15.2	11.9
ヴィンフック	4	31	12.9	3.3
クアンニン	3	26	11.5	11.1
ホアビン	16	150	10.6	72.3
ソンラー	6	59	10.1	82.6
バッカン	10	106	9.4	86.7
カオバン	28	308	9.0	95.3
ゲアン	3	36	8.3	13.3
ライチャウ	2	24	8.3	83.1
ランソン	23	300	7.6	83.5
イエンバイ	9	119	7.5	50.4
ハザン	2	42	4.7	87.9
クアンビン	0	3	0	1.9
ハノイ	0	3	0	0.4
ハイズオン	0	1	0	0.3
合計	229	1,880	12.1	

出典：中央民族大学準備学校学生名簿（1992年度，1993年度，1994年度，1999年度，2000年度，2001年度，2003年度，2004年度）より筆者作成。出身省不明者は除いている（2007年1月24日中央民族大学準備学校学生室より入手資料）。および省ごとの少数民族割合は［Tổng cục thống kê, 2001］より筆者作成。

6-3-2 民族別に見た少数民族選択の傾向

　では，地域（省）を縦軸にとり，民族を横軸として見た場合，地域ごとに少数民族籍選択という行動が生じやすい民族／生じにくい民族に違いがあるのだろうか。そこで，省ごとに，「少数民族籍選択者」が選択した民族籍の内訳を分析したものが表6-3-2である[24]。これによれば，「少数民族籍選択者」が最も

24) タイビン省は該当者が1人であったため除外して集計を行った。また，クアンビン省，ハノイ市，ハイズオン省には「少数民族籍選択者」がゼロであるため，表には含めていない。

多く見られる民族は，全体の 42.9%（98 人）を占めるタイー族であることが明らかになった（表 6-3-2 の最下段）。省ごとに見ても，「少数民族籍選択者」がいる 19 省のうち 9 省において，タイー族を名乗る人が最も多いという結果が出ており，このことから，地域横断的に見た場合，タイー族が最も「少数民族籍選択」の起こりやすい民族であるといえそうである。

ただし，このうち，19 省中 10 省については，省内に居住する最も人口の多い少数民族，すなわち多数派民族としての少数民族籍を選択する人が多いこともまた，注目すべき事項である。同時に，必ずしも人口第一位の民族でない場合でも，ランソン省のように，もともとタイー族とヌン族の割合がほぼ拮抗し，同時にそれ以外の民族がほとんど居住していない地域では，これらのうちどちらかの民族が選択される傾向にある。

ところが，この結果をそれぞれの省ごとの少数民族比と比べてみると，タイー族を選択した「少数民族籍選択者」が多い省の中に，必ずしも省内の少数民族人口の中では，タイー族が最も多くを占めているわけではない事例が含まれていることが明らかとなった。例えば，「少数民族籍選択者」の割合がニンビン省に次いで 2 番目に高く（22.22%），なおかつ省内人口における少数民族人口の多い（66.87%）ラオカイ省では，省内の最多少数民族はモン族であるにもかかわらず，少数民族籍を選択した人の 8 割以上はタイー族である[25]。同様に，バックザン省やソンラー省でも，省内の最多少数民族と，「少数民族籍選択者」が選択した民族籍は一致していない。したがって，これらの省では，最もマジョリティを占める少数民族への変更が自動的に選択されているのではなく，むしろタイー族をめぐって，「少数民族籍選択」という行動が生じやすい傾向にあるといえそうである[26]。

---

25) ラオカイ省内の少数民族人口に占めるモン族の割合は 31.1% である。タイー族はそれに続く 20.5%，さらにザオ族が 18.6% で第 3 位となっている。[Tổng cục thống kê, 2001] より算出。

26) なお，時間軸による変化について述べておくと，「少数民族籍選択者」の割合は，1992 年には中央民族大学準備学校在籍生の 9.00% であったのが，1994 年には 10.24%，1999 年に 15.60%，続く 2000 年には 19.45% で，その年の入学生のほぼ 2 割に達した。ところが，この年をピークにその後徐々にその数は減少してきており，2001 年では 17.27%，2004 年では 12.37%，2005 年に 12.39%，2006 年には 9.70% になっている（2007 年 1 月 24 日中央民族大学準備学校学生室より入手した学生名簿より）。これは，2000 年以降，少数民族の学力水準が全体的に上昇し，中央民族大学準備学校を経由しなくても直接大学に進学できる層が増えたためと推測できる。ただし本章冒頭で引用したように，その後継続的に行っている，筆者の大学生に対する聞き取り調査でも，「少数民族籍選択」という行動がたびたび言及されていることからも，この動きは，近年むしろ

表 6-3-2 中央民族大学準備学校における省ごとの「少数民族籍選択者」の民族内訳

単位：％

少数民族人口比の高い順

省	タイー	ムオン	スン	カオラン	サンジウ	トー	クメール	ザイー	パジ	合計(人)	C	D	1	2	3
ニンビン		100								5	35.71	2.13	ムオン	タイー	スン
ラオカイ	83.33							16.67		6	22.22	66.87	モン	ザオ	ザイー
フート	4.17	83.33		8.33	4.17					24	20.87	14.56	ムオン	ザオ	タイー
ターイグエン	37.50		31.25	18.75	9.38		3.13			32	18.87	16.41	タイー	スン	サンジウ
タインホア	50.00	50.00				30.00				10	17.78	24.76	タイー	ザオ	モン
トゥエンクアン	79.17	4.17	4.17	12.50						24	16.33	51.78	タイー	ザオ	サンチャイ
ハタイ		100								7	16.28	1.23	ムオン	ザオ	タイー
バックザン	57.14		28.57	7.14	7.14					14	15.22	11.91	スン	タイー	サンチャイ
サインフック	25.00	50.00	25.00							4	12.90	3.35	サンジウ	サンチャイ	タイー
クアンニン					100					3	11.54	11.09	ザオ	タイー	サンジウ
ホアビン		93.75		6.25						16	10.67	72.27	ムオン	ターイ	タイー
バッカン	70.00		30.00							10	10.17	82.58	タイー	ザオ	スン
ソンラー	50.00	16.67				33.33				6	9.43	86.70	ターイ	モン	ムオン
カオバン	82.14		17.86							28	9.09	95.25	タイー	スン	ザオ
ゲアン						33.33	66.67			3	8.33	13.34	ターイ	トー	モン
ライチャウ	50.00	50.00								2	8.33	83.13	ターイ	ザオ	ザオ
ランソン	52.17	4.35	43.48							23	7.67	83.49	スン	タイー	モン
イエンバイ	55.56		22.22			22.22				9	7.56	50.36	タイー	ザオ	モン
ハザン	50.00								50.00	2	4.76	87.87	モン	タイー	ザオ
合計(人)	98	57	37	13	8	7	5	1	1	228					
民族ごとの割合(%)	42.98	25.00	16.23	5.70	3.51	3.07	2.19	0.44	0.44	100	12.18				

出典：中央民族大学準備学校学生名簿（1992年度，1993年度，1994年度，1999年度，2000年度，2001年度，2003年度，2004年度）。（2007年1月24日中央民族大学準備学校学生室より入手資料），および省ごとの少数民族割合は［Tổng cục thống kê, 2001］より筆者作成。

注：C：省ごとの学生数に占める少数民族籍選択者の割合（％），D：省ごとの少数民族割合（％）。また，「少数民族籍選択者」の割合が多い順から上位10省に濃い網掛け，下位9省に薄い網掛けをつけている。タイビン省出身者1人を除く計228人で集計を行った。

252　第3部　優遇政策が少数民族社会に及ぼした影響

ここで，疑問が生じる。第4章で明らかにしたように，ラオカイ省民族寄宿学校において実施されている「結果の平等」型の選抜メカニズムでは，モン族やハニ族など，もともと進学条件の少ない民族をより優遇するための措置が取られており，むしろ，タイー族は「合格しにくい民族」であった。ではなぜ，民族寄宿学校という少数民族優遇政策の恩恵を受けにくいラオカイ省のタイー族のあいだに，「少数民族籍選択者」が多く見られたのであろうか。ここで再び，本章で扱っているサンプルの性質と，中央民族大学準備学校の入試システムを思い出してみれば，このねじれた状況を理解する手掛かりになるかもしれない。繰り返し述べてきたように，中央民族大学準備学校とは，少数民族籍を持つことだけを唯一の条件に，大学統一試験で合格できなかった人々を対象に，試験の点数に基づく競争原理によって入学者を選抜する仕組みを持っている。中学や高校時代には民族寄宿学校にたいしてメリットのなかった「タイー族」も，能力＝学力に応じた競争原理によって選抜が行われる中央民族大学準備学校への進学機会に直面すると，その「少数民族」という属性が持つ意味は大きく変容する。キン族を競争相手として戦わなければならない大学入試では，キン族の受験生よりも少しでも有利な条件，すなわち中央民族大学準備学校への入学資格を得るために，「タイー族」すなわち，「少数民族」であることが大きな意味を持つようになるからである。
　そのことは，ラオカイ省の「少数民族籍選択者」のうち，タイー族の民族籍を選択する人が現れるようになった時期からも推測できる。中央民族大学準備学校のデータによれば，ラオカイ省出身の「少数民族籍選択者」のうち，タイー族の民族籍を選択した人の所属学年は，26期（3人）と30期（2人）の2学年のみであった。入学年度で見れば，これらはそれぞれ，1999年度と2003年度にあたる。他方で，ほかの省について見てみると，例えばラオカイ省と同様にタイー族を選択した人が8割近くを占めるトゥエンクアン省では，タイー族選択者が現れた学年は，18期（1人），20期（1人），25期（3人），26期（5人），27期（1人），29期（2人），30期（6人）である。また，ムオン族の選択者が8割以上を占めるフート省でも，ムオン族選択者が現れたのは，19期（1人），25期（3人），26期（5人），27期（6人），29期（5人）であり，いずれも1990年代はじめから，継続的に「少数民族籍選択」という行動が生じていることがわかる。

活発化しているとも言え，今後の継続的な調査が必要である。

このことと比較すると，ラオカイ省においてタイー族選択者が出現するようになるのは，相対的に見て新しい出来事と言ってよいだろう。第1章ですでに述べた通り，ドイモイ政策施行下のベトナムでは非常に速いペースで「学歴社会」化が進行しつつあり，その速度はとりわけ少数民族地域において著しい（図1-5-2）。残念ながら，現時点では十分な資料がなく，またサンプル数も限られているため，これ以上の考察はあくまで推測の域を出ないが，それを踏まえたうえで，ラオカイ省のタイー族の中からも「少数民族籍選択者」が出現しつつあるという今回の分析結果を読み解くならば，2000年前後の時期に山間部にも押し寄せてきた「学歴社会」化のうねりの中で，それまで，どちらかといえば「少数民族」であることをネガティブに捉えてきたラオカイ省に居住する人々のあいだにも，大学に進学するための手段として，「少数民族であるということ」を積極的に再評価する動きが生じている，と考えることも可能であろう。

このような視点から改めて捉えてみるならば，「少数民族籍選択者」のうち，タイー族をはじめ，ムオン族，ヌン族を名乗る人が8割以上（84.2％）を占めている理由も推測可能となる。彼らは，これらの「少数民族」ならメリットがありそうだ，という肯定的なイメージを持って，自ら積極的に少数民族籍を選んだ人々であると考えられるからである。このことは，中央民族大学準備学校のザン校長が述べた，以下の語りのうちに読み取れるイメージのあり方とも密接に関係している。

「（本校が開校して以降：引用者注）現在までに延べ32の少数民族が在籍してきた。ただし民族内訳で見ると，45〜50％がタイー族，15〜20％がヌン族，残りの5〜10％がムオン族およびターイ族によって占められている。本校の入学制度では特定の民族を特に優遇する措置はとられていない。自然社会条件に基づいて生徒たちの学力に差異があるのは承知しているが，だからといって省や民族ごとに入学者が割り当てられているわけではないので，非常に多くの入学者を出す民族もあれば，全く誰も入学者がいない場合もある。実状でいえば少数派少数民族は，受験でも（30点満点のうち：引用者注）5〜6点しか点数を獲得できない場合が多く，学力水準が不均衡化するのを避けるためにも彼らを入学させることはできない。[27]」

実のところ，民族ごとの学力に関する校長のこの認識は，必ずしも現実を正

---

27) 2007年1月22日中央民族準備学校校長ザンへのインタビュー。

表 6-3-3　民族別に見た大学統一試験の平均点（2005 年度，2006 年度）

		平均点	合計（人）
1	パジ	17.17	3
2	カオラン	17.15	13
3	ザイー	15.75	6
4	ヌン	15.66	193
5	ムオン	15.59	162
6	タイン	15.50	1
7	サンジウ	15.39	42
8	サンチー	15.33	6
9	タイー	15.29	503
10	モン	15.25	4
11	クメール	15.00	1
12	ターイ	14.93	21
13	ザオ	14.77	32
	合計	15.42	987

出典：中央民族大学準備学校学生名簿（2005 年度，2006 年度）より筆者作成（2007 年 1 月 24 日中央民族大学準備学校学生室より入手資料）。

確に捉えていない。少なくとも，2006 年度，およびその前年の 2005 年度に中央民族大学準備学校に在籍した学生延べ 987 人のデータから，大学統一試験での得点を，民族ごとの平均で算出したところ，ザン校長が名指しした，タイー族とムオン族を含む 4 民族の点数は，ほかの民族と比べて，最も高い水準にあるとはいえないからである（表 6-3-3）。しかしここで重要なことは，実際に彼らが高い得点を獲得できるかどうかよりむしろ，「タイー族とムオン族とヌン族（とターイ族）は学力水準が高い」というイメージである。先にも述べたように，中央民族大学準備学校へ進学することは，直接的に高等教育機関への進学と結びつく重要な経路である。そこで人々は，キン族として高等教育機関を受験するよりも少しでも多く進学の可能性の幅を広げるために，「少数民族の中でも一番学力水準の高いタイー族（やヌン族，ムオン族）であれば変更してもいい」という認識のもと，少数民族籍を選択するという行動をとるようになった。このように考えられるのではないだろうか。この点については，今後さらなる検証が必要であり，現時点では何らかの断定を可能にするだけの材料を持たない。しかし，断片的にせよ，こうしたイメージのあり方にこそ，少数民族籍選択という行動をめぐる人々の合理的な判断を説明するヒントを読み解くことができるのである。

6-4 「少数民族籍選択者」は本当に有利なのか？

　ここまで本章では，キン族の父親を持つ人々が，少数民族籍を選択するという行動について，両親の民族籍や，地域的なバリエーションごとに，そのメカニズムを明らかにしてきた。しかし実際のところ，少数民族籍を選択した人々は，大学進学の際，両親ともに少数民族であった人々に比べて，どの程度有利な条件を得ているのだろうか。そこで本節では，中央民族大学準備学校に入学した少数民族籍の学生のうち，キン族の父親を持つ「少数民族籍選択者」と，それ以外の人々（すなわち少数民族の父親を持つ少数民族籍の人々）の学力を，中央民族大学準備学校に進学した年に受験した，大学統一試験での得点の平均点で比較してみたい。

　表6-4-1を見ると，この両者のあいだには，若干の学力格差があることが示された。「少数民族籍選択者」全体の獲得点数の平均点は，それ以外の人々，すなわち父親も母親も少数民族籍で，本人も少数民族籍の場合（表中では「少数民族籍選択者」以外としてまとめている）よりも，0.7点高い。特にヌン族は，「少数民族籍選択者」が，「少数民族籍選択者」以外の人々よりも高い点数を取る傾向にあるといってよいだろう。このほかの民族については，少なくとも今回のサンプルに限定して比較すれば，パジ族を除くすべての民族において，両親ともに少数民族であった場合の同じ民族籍の人と比べて，「少数民族籍選択者」の方が，学力が高いことが示されている。

　ベトナムの大学統一試験，そしてその点数をもとに入学者が選抜される民族大学準備学校の仕組みでは，民族を問わず「少数民族」であること，および居住地の生活条件に応じて区分された地域区分に応じて，全員に1点〜3点分が加点されるが，これ以外には，民族籍に基づく優遇措置やクォータなどは設けられていない[28]。したがって，例えばハノイやほかの大都市部の高校を出たキン族の学生たちと，山間部の「僻地」で生まれ育った少数民族の学生たちが，全く同じ条件のもとで同じ試験を受け，後者に対しては数点の優遇点が加点される以外は，あくまでメリトクラシーに基づく競争原理によって合否結果が判定される。このことから考えれば，もともとキン族として生まれ育ち，少数民

---

28) この優遇加点については毎年ごとに設定される。例えば2009年度の入試では，少数民族であれば1.5点，さらに居住地域ごとに0.5点〜1.5点の優遇点が加点された。居住地に対する優遇点についてはキン族に対しても同様に与えられる。

表 6-4-1　中央民族大学準備学校における少数民族籍選択者とそれ以外の人々の大学統一試験平均点

本人民族	「少数民族籍選択者」(A)		「少数民族籍選択者」以外 (B)		平均点の差
	点数	人	点数	人	点数
ヌン	14.84	37	13.00	249	1.84
サンジウ	14.71	7	13.52	55	1.20
カオラン	14.54	12	14.06	18	0.49
トー	14.10	5	12.40	15	1.70
タイー	13.97	98	13.23	753	0.74
ターイ	13.86	7	12.95	93	0.91
ムオン	13.78	55	13.51	281	0.27
ザーイ	13.00	1	12.33	6	0.67
パジ	13.00	1	14.50	1	－1.50
平均点／合計	13.98	223	13.28	1,471	0.70

出典：中央民族大学準備学校学生名簿（1992年度，1993年度，1994年度，1999年度，2000年度，2001年度，2003年度，2004年度）より筆者作成（2007年1月24日中央民族大学準備学校学生室より入手資料）。AとBを比較して平均点の高い方に網掛けを付けた。

族よりも恵まれた環境下で学習してきた子どもたちが，大学進学という契機を前に，少数民族籍へと変更することによって少数民族優遇政策の恩恵を受けるということは，生まれたときから「少数民族」であった人々，そして，それまでは対等に競争してきた周囲のキン族と比べても，有利な条件を獲得できることを意味している。

6-5　小括

　本章では，近年のベトナム社会において見られるようになっている，本来キン族として出生届を出した人々が，「少数民族」へと民族籍を変更することで，教育機会を得ていこうとする動きとそのメカニズムについて明らかにした。本章の冒頭で引用した大学生へのインタビューからも明らかになるように，多数派民族であるキン族の側からのこうした主体的な行動の背景には，「学歴社会」化が進みつつある今日のベトナムで，将来，経済的，社会的な地位を達成するためには，大学に進学することこそがあたかも唯一の成功の切符であるかのように捉えられていること，その切符を得るためなら，自らの（あるいは自分の子どもの）公的な属性である民族籍を変更することさえもしてしまうというリベラルな発想が，人々の行動や認識を支配するようになってきていることが読み取れる。かつて，国家エリートたちによる国民化政策によって，人々を動員

するための仕掛けとして設定された「民族」という枠組みは，今日に至って，今度は人々の側から，個人の地位達成のために役に立つツールとして，少数民族優遇政策という国家の資源を得るために利用されるようになってきている。「民族」を利用しようとする人々にとって，「少数民族であること」とはもはや，「遅れた，貧しい」人々を表わすスティグマを帯びた要素としてではなく，主体的に選択可能な，自己実現のための手段の一つとしてみなされている。

ただし，中央民族大学準備学校の学生データを用いた分析で示したように，こうした「少数民族籍選択」という行動のあり方は，必ずしもベトナム全国の少数民族地域にあまねく見られるわけではない。特定の条件，すなわち省内に少数民族人口が少なく，同時にキン族と少数民族との格差がより少ない地域において，活発に行われる傾向にある。

このことから考えてみると，少なくとも現時点までのところ，「部外者」すなわち，本来であれば少数民族優遇政策の恩恵を受ける資格を持たなかったキン族による，「民族」の資源化という動的な契機は，特定の地域に住む，一部の合理主義的な人々のあいだに起こった限定的な動きである，と言ってしまうことも可能である。また，民法で定められた合法的な変更であるとはいえ，公式の統計資料に表れる民族ごとの人口数の中に，実際に民族籍を変更した人がどのくらい含まれているのか，という量的な把握を行うことはほぼ不可能である。その意味においても，現代の，そしてこれからのベトナム社会において，この民族籍の変更という問題がどれほどの深刻さを秘めているのかというという点について，現段階では推測の域を出るものではない。しかし，こうした下からの「民族」の資源化という動的な契機は，脱植民地化の過程でベトナムの国家エリートたちが構想し，実現させてきた，「民族」を単位にベトナム国民という人々のまとまりを作るという新しい国家建設のための工夫が，かつて動員の対象とされた人々によって利用されようとしているという状況を示している。現時点ではまだ個人レベルの密やかな動きであるが，しかしこうした人々の側からの「民族」の資源化がベトナム社会全体の問題として捉えられるようになるとき，これまで「民族」を単位とした資源分配を行ってきた国家はこうした動きをどのように受け止め，どのような手段を用いて対応するのであろうか。その意味においても，本章で見てきた「部外者」による「民族」の資源化という動的な契機は，今後の国民国家ベトナムのあり方にも重大な影響を及ぼし得る，大きな問いを投げかけている。

終章

「民族」資源をめぐるポリティクス

7-1 それぞれの主体から見た「民族」の資源化：四重の問い

　本書の課題は，民族寄宿学校という学校制度を題材に，さまざまな主体による「民族」の資源化と分配のメカニズムを明らかにし，各主体の視点から見た資源戦略のダイナミクスを示すことであった．序章で述べたように，「民族」の資源化という動的な契機は，①誰が，②誰の「民族」を，③誰のために，④誰をめがけて資源化するのかという四重の問いによって整理することが可能である．

　そこで本章では，本書で扱った四つの主体ごとに，それぞれの視点から見た「民族」の資源化という動的な契機を整理する．そのうえで，「民族」を対象とした教育機会の資源化がベトナム社会にもたらした「悲劇」について述べたあとで，今後の展望と課題を示したい．

7-1-1　国家エリートによる「民族」と教育機会の資源化

　1945年，フランス植民地支配からの独立を宣言したベトナムは，自前の国民国家建設プロジェクトに着手した．仏領期のベトナムでは，フランスの愚民化政策によって国民の「9割」が非識字状況に置かれていた．そこでホー・チ・ミンをトップとする共産主義者たちは，新たに国土として切り取られた領域内にあまねくベトナム語識字キャンペーンを普及させ，ローマ字で書かれたベトナム語表記，クォックグーの読み書きを学ぶ活動を通じて，「ベトナム国民」を創出する試みをはじめた．

　ところが仏領植民地化を経験する以前，すでに小中華思想に基づく中央集権国家を築いていたベトナムでは，小中華を担う中心の民としてのキン（京）族と，彼らが蛮族とみなしてきた周辺のさまざまな少数派諸民族とのあいだに大きな差異が存在した．そもそもベトナム語を母語としない，キン族以外の民族の中には，ベトナム語による識字教育に馴染まない人々も多く存在し，ベトナム政府からの呼びかけに応じて国民として動員されるかどうかに対する反応はさまざまであった．しかしインドシナの再植民地化を目論んだフランスの再来によりはじまった対外戦争が，特に少数民族が多く居住する山間部地域を戦場としたことから，ベトナムの国家エリートたち，すなわちベトナム人共産主義者たちには，何とかして彼らを「国民」として国家に動員する必要が生じた．

このような状況の中，1950年代後半以降，ベトナム北部の各地域に建設されたのが，新しい学校モデルとしての「民族青年学校」であった。この「民族青年学校」の先駆けとなったのが，ホアビン社会主義労働青年学校（以下，ホアビン校）であった。1958年，ホアビン省の労働青年団のイニシアティブによって誕生したホアビン校は，学校が独自に経営する大規模な農場を有し，生徒に対しては，学問的な知識を享受させつつ，農場での技術研修を行いながら彼らを労働力として確保するという，独自の自給自足的経営方針によって運営されていた。当時，ホアビン省内には，教育行政が管轄する公教育制度が整備されつつあったが，公教育制度の外側に位置づけられていたホアビン校は，学校経営や教員等の人材確保の面で，さまざまな困難に直面した。しかしこのことは，裏を返せば，教育行政による管理を受けない，一定の自由な裁量権が許されていたことを意味しており，生徒のリクルートやカリキュラムの点で，地域の特性に応じた柔軟な対応を可能にするというメリットももたらされていた。

その後1970年代はじめごろになると，ホアビン校はホアビン省の教育行政の管轄下に組み込まれたが，しかし，それまでの自給自足型経営スタイルは残存した。その目的とは，悪化したベトナム経済の影響を受けて資金難にあえいでいた国家の教育予算を圧迫することなく，学校が主体となった自助努力によって，学校を運営していくための経営基盤を維持することであった。さらに1985年には，教育省によってホアビン校を含む「民族青年学校」群をすべて「民族寄宿学校」という名称へ統一し，新たな教育システムとして再編する事業がスタートした。しかし，1980年代後半はベトナム経済が最悪の状態にあった時期であり，その中で予算配分のままならない，教育行政と学校の現場は混乱を極めていた。そのため，事実上，「民族青年学校」から民族寄宿学校への制度改革は頓挫し，既存の「民族青年学校」の多くは解体の危機に瀕していった。

民族寄宿学校を取り巻く状況に大きな変化をもたらしたのが，1989年に出された政治局第22号決議であった。長期化した対外戦争の時代を，社会主義という普遍主義の担い手として戦ってきたベトナムでは，社会主義に基づく政治，経済体制を「厳格」に施行した。この時代のベトナム経済は，「貧しさを分かち合う社会主義」，すなわち中央統制経済システムに基づく社会主義経済政策が施行され，国庫補助金による丸抱え制度とともに，貧しくとも人々が平等に暮らしていくことが国家の目標であるとされていた。ところが戦争が終結し，「独立が輝いていた時代」が終わると，社会主義の理念だけでは必ずしも

豊かな国家を築けるわけではないことに気がついた民衆の側から,「もぐり」と呼ばれるさまざまな抜け道が開拓され,国家主導型の経済政策のひずみが露呈していった。このような中,それまでの中央統制経済を廃止し,市場原理に基づく多セクター経済を導入することが決定された。1986年12月の第6回党大会のことである。
　「貧しさを分かち合う社会主義」から決別し,「豊かになれるものから豊かになる社会主義」を志向したベトナムに導入された市場主義経済は,一定の「豊かになる」基盤を有していた平野部キン族には有利に働き,彼らの暮らしは急速に向上した。しかしその一方で,「豊かになる」基盤がまだ十分にそろっていなかった人々,すなわち,それまで国庫支出金の補助を得ながら細々と暮らしてきた貧困層にとって,市場主義経済の導入はむしろマイナスに働いた。それまで（一応表面上は）平等に暮らしてきたベトナム国民のあいだに,さまざまな軸に基づく貧富の格差の存在が顕在化し,しかもそれが急速に拡大していくといういわば不測の事態を招いたのである。とりわけ「少数民族」に対する打撃は深刻で,平野部キン族が豊かになる一方で,彼らが多く居住する山間部がどんどん貧しくなるという,ベトナム政府にとって望ましくない状況が生み出された。
　そこでこうした事態を解決するために新たに導入されたのが,1989年の第22号決議であった。この決議は,少数民族地域をめぐる発展の担い手が,それまでのキン族を中心とするものから地元の少数民族を中心とするものへと大きく方針を転換したという意味において,ベトナムの少数民族政策史上,一つの画期であった。この方針転換に基づき,地元の少数民族出身者の中から,彼ら自身が居住する地域発展の牽引役となるような幹部を,迅速かつ安定的に育成する必要性が生じた。そして,その目的を果たすために,1985年以降実質的に注目されなくなっていた「民族寄宿学校」に再び焦点が当てられることになった。1991年になると,教育訓練省次官をトップとする組織委員会（通称第7プログラム組織委員会）が立ち上げられ,全国統一規格に基づく少数民族のための新たな学校制度として,少数民族が居住する国内ほぼすべての省において建設が進められていった。

7-1-2　地方政府による「民族」と教育機会の資源化

　教育訓練省によって統一的な制度化が図られたとはいえ，その前身となった「民族青年学校」に漂っていた自由裁量の雰囲気は，新しい民族寄宿学校制度にも引き継がれていくこととなった。民族寄宿学校の選抜メカニズムや入学要件に関して，地方の教育行政（教育訓練局と教育室）に任されたことにより，民族寄宿学校の運営の仕組みが地方ごとにさまざまなスタイルで発展していったのである。

　本書が特に注目したのが，フート省とラオカイ省という二つの省に建設された民族寄宿学校をめぐる選抜メカニズムであった。もともと多数派民族であるキン族とほぼ同じ程度の教育水準にあるムオン族が集住するフート省の民族寄宿学校では，能力主義的な選抜方法，すなわち競争原理によって生徒を選抜する機会の平等をうたった仕組みが作り上げられた。これにより，この学校を卒業した人々の高等教育機関進学率は，周辺地域の普通高校と比べて相対的に上昇し，フート省内屈指のエリート学校としての機能を果たすようになった。その一方で，厳格な競争原理を実践したことによって自己選抜効果が働き，少数民族のための優遇政策を目的としながら，容易にその恩恵を受けることができない「高嶺の花」として，地域社会で認識されるようになっていった。

　これに対し，公教育への参加度合いが相対的に極めて低いレベルにある少数民族が多く居住するラオカイ省の民族寄宿学校では，フート省とは全く異なる選抜のメカニズムが採用された。入学試験での得点よりも，民族籍や出身中学校などいくつかの優遇条件に基づいて，それに当てはまる人々を積極的に選抜することにより，結果の平等を保障しようとしたのである。これにより，ラオカイ省民族寄宿学校には，それまでほとんど高校進学の機会を持たなかったモン族や「極少数民族」が少しずつ進学できるようになった。加えて，条件を満たしてさえいれば，誰にでも平等にアクセスが開かれている学校であるとして，より身近な存在として認識されることとなった。ただし，必ずしも能力主義による競争原理だけに基づくのではない選抜を行ったことにより，学校自体の質的水準は低下し，高等教育機関への進学という視点から見れば，政策本来の目的であった少数民族幹部養成学校としての色彩は薄まっていった。

　以上に見てきたような地方政府による民族寄宿学校の主体的な運用とは，1990年代半ば以降ベトナムで行われてきた行政改革と地方分権化の流れとも

密接な関わりを有する。ドイモイ政策を導入し，広く国際社会の一員として自らを定位したベトナムは，西側諸国からの国際援助や外国直接投資など，それまでとは異なる資源獲得の経路を切り開くことに成功した。しかしこのことは同時に，国際社会のさまざまな規範に対応していかなければならないことをも意味していた。その一つが，民主化と地方分権化への要求であった[1]。共産党一党支配という体制を堅持したうえで「限られた枠内での民主化」という課題を実現させるために，国家機構の体質を改善し，「清潔で，十分な能力を有し，権力を正しく使用し，一歩ずつ現代化に向かっていく［Lê, 2005: 132］」行政機構を作り上げていくことの必要性が強く認識されたのである。

とりわけ1995年前後に開始された地方分権化は，中央政府と地方政府の役割分担を明確化するとともに，地方政府の主体的な権限を強化する方向へ作用した。この結果，自らの持つ条件をいかに資源化し，国家に対してバーゲニングパワーを発揮するかということが，地方政府にとっての重要な課題となっていった。地方政府が獲得した資源は同時に，その地域に居住する住民にとっての資源であり，それゆえに（実態はともかく建前としては）地域住民からの信頼を得て安定的な行政基盤を確立することにもつながっていく。ドイモイ政策導入以前には社会主義中央集権国家において，中央政府の意向を住民に伝える，いわば「上意下達」機関として存在してきた地方政府は，地方分権化政策の進展に伴って，国家と地域住民の双方をめがけて「民族」の資源化を行いながら交渉する利益主体へと変化していったのである[2]。

---

1) 1991年初頭より，ベトナム外務省や国家行政学院が，UNDPとのあいだで行政改革に関する意見交換を開始し，1993年にはUNDPの技術的支援を受けた行政改革案作成のプロジェクトが正式に発足した。UNDPのほかにも，世界銀行，アジア開発銀行，フランス，イギリス，ドイツ，日本，オランダ，デンマークなどの各国政府からも協力の手が差し伸べられるようになっているという［古田 2000: 191］。

2) ただし，ベトナムにおける地方の役割とは，ドイモイ期の行政改革においてはじめてクローズアップされたわけではない。むしろ，ドイモイ政策が始まるもっと前の時期から，地方は一定のイニシアティブを有し，ある程度「好き勝手」な振舞いを許された存在でもあった。古田元夫が指摘するように，抗仏戦争とベトナム戦争の時代を通じて，国家の要請に応えてさえいれば，政治と経済運営は地方ごとの自主性にゆだねざるを得ないという戦時下の状況にあったベトナムでは，地方の各級がその自律性を増大させる傾向にあった［古田 1991: 525-526］。

社会主義国家体制下のベトナムにおいて，厳密な「上意下達」の関係にあると思われてきた中央と地方の関係のあいだには，実のところ，若干の余地部分が設けられており，この範囲内で，地方はそれぞれのイニシアティブを発揮するとともに，ときに中央政府の政策に大きな変更を迫るムーブメントへと発展していく。このように考えてみると，近年の地方分権化をめぐる議論の

7-1-3　少数民族による「民族」の資源化

　民族寄宿学校への選抜メカニズムが地域ごとに運用されたことにより，これまで少数民族として分類されてきた人々のあいだに，自らの「民族」に対する多様なまなざしがもたらされた。

　機会の平等，すなわち能力主義的に基づく選抜システムによって民族寄宿学校の選抜が行われているフート省民族寄宿学校の事例は，民族寄宿学校という学校制度が，優秀な生徒を選抜し，卒業後の進路にも結びついていくという学歴主義的な成功モデルを可視化させる装置として機能していることを示している。フート省民族寄宿学校の能力主義的選抜システムは，どんなに貧しい家庭の出身者であっても，自分の能力に応じて新たな階層へ移動したいという上昇志向を叶えていくための夢の「乗り物」となった。しかも同時に，「民族」を教育機会の提供と結びつけて提示したことにより，それまでベトナム社会でネガティブなイメージを伴って語られてきた少数民族イメージを転換させ，より高い教育資源をもたらすものとしての「民族」，資源化に一定の成功を収めた。

　これに対し，結果の平等の考え方に基づいて，特定の民族を優先的に入学の対象とするラオカイ省民族寄宿学校の選抜システムは，少数民族のあいだに，優遇政策の「恩恵を受けやすい民族」と「受けにくい民族」という新たな境界をひくこととなった。居住する民族のバリエーションが大きいラオカイ省では，人々の経済・社会的な発展度合いも多様化している。そこでラオカイ省の地方政府は，その発展度合いを「民族」を軸として序列化し，これに基づいて民族寄宿学校への優先的な入学者を決めるという方法を採った。これにより，従来の一元化された公教育の仕組みでは十分な進学機会を持たなかったモン族や「極少数民族」に対しても高校進学の機会を提供するという目的を果たすことが可能となった。このように，これまで公教育システムへのアクセスが限られてきた人々に対して，中等教育の機会を分配することを目的とした「民族」の資源化が行われた一方で，能力主義に基づかない選抜システムは必然的に生徒の学力水準の低下をもたらし，より上位の学校に進学したいと望む人々にとってみると，必ずしも高い教育達成という目標に近づくための「乗り物」

中で注目された地方の主体性とは，社会主義建設期ベトナムの「伝統的」な中央・地方関係が，その軸足を地方寄りにずらしながらも，しかし本質的には同じ構造として現代に接続されていると見るべきだろう。

としては十分な機能を果たさないという状況が引き起こされた。

　いずれの学校の入学者選抜の仕組みも，教育機会の提供と結び付いたことによって，自分たちの手で動員可能な，資源としての「民族」という考え方を人々にもたらすこととなった。ドイモイ政策によって大きく変容しつつある今日のベトナム社会では，中央統制経済下ではほぼ固定化されていた社会階層間の移動が容易になり，経済・社会的な地位達成を実現させる手段としての教育に過剰なまでの期待が寄せられている。こうした中で，教育機会をもたらす資源としての「少数民族」が肯定的に捉えられるようになったことは，これまで，「遅れた，貧しい」人々と認識されていた少数民族イメージを大きく転換させるきっかけをもたらしていると考えられる。ただし，結果の平等型選抜システムが採用された民族寄宿学校が所在する地域では，「民族」に対する「反・資源化」，すなわち「民族」という資源を持つことが，進学という目標達成にとってマイナスに作用する，というネガティブな資源イメージが生じたこともつけ加えておく必要がある。

　ソンラー省マイソン県出身でターイ族のタインは，高校の進学先として民族寄宿学校ではなくあえて普通高校を選択した。なぜならば，民族寄宿学校に進学するのは「モン族やカン族」という，ターイ族と比べて貧しいとされる民族であり，「民族寄宿学校は傷病兵や烈士の子どもとか，貧困家庭の子どもが入るところというイメージがあった」からであったという[3]。彼女は，民族が持つネガティブな資源イメージ，すなわち「遅れた貧しい」人々としての民族ラベルが進学にとって不利になると考え，自分自身の少数民族としての属性を利用しないという選択を行ったのである。筆者の聞き取り調査によれば，ソンラー省民族寄宿学校も，ラオカイ省と同様に結果の平等型による選抜モデルを施行するうちのひとつであるという。ラオカイ省やソンラー省に居住する少数民族のうち，優先的に入学の対象とならない民族の人々にとって，「民族」という要素は，大学進学を目指したよりよい教育機会を得る手段としては役に立たないか，むしろデメリットをもたらすものでしかない。それゆえにフート省のケースとは対照的に，「民族」を資源化しようとする積極的な動機がなかなか働きにくい状況があるということを示している。

3）　2010年3月18日ハノイ国家大学学生寮にて実施した聞き取り調査。ハノイ国家大学人文社会科学大学歴史学部1年生（1990年生まれ，女子）。

7-1-4 「部外者」による「民族」の資源化

　民族寄宿学校という学校制度の整備と，その選抜メカニズムをめぐる地域ごとの運用の多様なあり方は，「民族」に対するさまざまなまなざしを形成していった。そしてそれは，もともと資源化し得る「民族」資源を持たないマジョリティ＝キン族に対しても一定の作用を及ぼした。

　フート省民族寄宿学校の事例が示すように，能力主義に基づく選抜モデルを実践し，その結果，優秀な生徒たちが数多く高等教育機関に進学する機会を得ている地域では，民族寄宿学校の進学率が普通学校よりも高くなるという状況が生じた。こうした状況下において，民族寄宿学校という学校制度の入学資格を持つ「少数民族」たちは，キン族との競争関係の中においても，よりよい教育機会を得ている人々として認識されることになる。その結果，「民族」を資源化しようと考える人々のなかに新たな主体が加わることとなった。本来，資源化された「民族」という要素を持たないはずのキン族が，少数民族という資源を「借用」することで教育達成という個人的な目標を叶えようと目論むようになったのである。18歳で成人するまでに全員が国民IDカード（人民証明書）を登録することが義務づけられているベトナムでは，このタイミングの前後で一定の条件に基づき出生時に登録した民族籍を変更することが法的にも認められている。そこでこの制度を利用し，キン族から少数民族へ，民族籍の変更を行う人々が出現した。この奇妙な，しかし一見して合理的な個人の行動は「民族」という集団の差異を利用して優遇政策の対象を定めてきた少数民族優遇政策の一つの苦い帰結であった。国民国家建設期のベトナムの国家エリートたちは，「民族」という公的な枠組みによって人々を動員するという方法をとった。そこでは，キン族と，少数民族の間に圧倒的な経済・社会的格差が存在することを前提に，「民族」を単位とした優遇政策が導入され，資源の分配が行われていた。しかし，時代を経てベトナム全体の経済・社会構造が大きく移り変わる中で，人々のあいだのさまざまな境界線は引き直され，質的に変容しつつある。ドイモイ期に入り，「豊かになれるものから豊かになってよい」時代が訪れた今日，軒を並べて住まい，同じような経済状態のもとでともに明日の成功を夢見て暮らす人々ににとって，「民族」という境界線は，ほとんど実質的な差異のカテゴリーとしての意味を持たない，という新たな状況が生み出された。こうした中，キン族から少数民族への民族籍変更という現象は，個人的利益を

求めてよりよく生きることを希求する人々の巧みな適応戦略が生み出した行動であった。

7-2　四つの主体とそれぞれの資源化

　以上のことから，本書で扱った四つの主体による「民族」の資源化の様態をまとめてみたい。

　自前の国民国家建設を担ったベトナムの国家エリートたちにとって，「民族」とは「ベトナム国民」を構成する不可分の要素であった。1950年代から1979年にかけて行われた民族確定作業がいみじくも表しているように，ベトナムにおける「民族」の枠組みとは，国家によって作りあげられ，それに基づいて人々を分類していくことによって「国民」としての動員対象を同定するプロセスで利用された公的なカテゴリーであった。ここでは，①国家が，②（植民地支配から独立した時点で偶然にも）領域内に居住していた多様な出自からなる人々を，③国民の構成要素となる「民族」として，④国民国家創設のために動員したのである。そしてこの過程では，「民族」集団に対する教育機会の提供が，「民族」の資源化の目的として想定されていた。

　これに対し，1950年代以降の社会主義建設期，ベトナム全国各地に建設されていった「民族青年学校」とは，①国家による「民族」を軸とした国民化政策の限界に直面した各地の地方エリートたちが，②公教育制度の外側に，私的な教育制度を作り上げることによって，③「民族」を単位としないオルタナティブな教育機会の提供を行う試みであった，と考えることができる。

　こうした地方ごとの試みは，南北統一後に社会主義国家建設の方針が強化されていく過程で，中央集権化された公教育のもとに吸収され，いったんは終息したかのように見えた。しかし，ドイモイ政策が導入された1990年代初め以降，地方分権化政策の推進に伴って，独自のイニシアティブを発揮する機会を得た地方政府（教育行政）によって，この資源としての「民族」は，これまでとは違う形で，再び積極的に利用されることになる。ラオカイ省とフート省の教育行政は，民族寄宿学校という学校制度を通じて，「民族」を受け皿とした少数民族優遇政策の恩恵を分配する構造を作り上げた。この際，ラオカイ省では，これまで，一元的な公教育システムになかなか馴染むことのなかった，「ベトナム国民」化が遅れていると見なされてきた人々に対するボトムアップとし

て，反対にフート省では，「ベトナム国民」への包摂の度合いが高く，キン族と同等の高い教育水準にある人々を，さらに優秀な「少数民族幹部」へと育成することを目的として，「民族」を資源化したのであった。

地方政府ごとのこうした「民族」資源へのアプローチ方法の違いは，民族寄宿学校という少数民族優遇政策の恩恵を受け取る側，すなわち少数民族たちの「民族」資源に対する利用の仕方にも一定の多様性をもたらした。能力主義に基づいた入学者の選抜が行われるフート省民族寄宿学校を目指す少数民族たち，とりわけキン族とも競争可能な高い能力＝学力を持つムオン族たちは，自分たちの持つ「民族」という資源を，キン族よりも優位な立場でよりよい進学機会を得る手段として利用することとなった。これに対し，より多くの優遇政策の条件に当てはまることが条件となるラオカイ省の人々にとって，「民族」資源をめぐる競争とは，少数民族のあいだでの，「少数民族」らしさをめぐる争いへと転換されていった。

ただし，ここで改めて確認しておきたいのは，いずれの場合においても，民族寄宿学校という学校制度の存在を通じて，少数民族自身が，自らの社会経済的地位達成をもたらす手段として「民族」という属性を再認識し，それを少数民族優遇政策の恩恵を得るためのツールとして積極的に，あるいは戦略的に利用しようとしていることである。①少数民族たちは，②自らの持つ「民族」資源を，③自分たちがよりよい教育機会を獲得するための資源として，④地方政府そして国家をめがけて資源化したのである。

そして最後に，「部外者」の視点である。そもそも資源としての「民族」という要素を持たなかったキン族の中から，少数民族に対する優遇措置の恩恵を，自らのよりよい教育機会の獲得に利用しようとする人々が現れた。彼らにとって，普通学校と競合し得るような高い教育レベルに達した民族寄宿学校の台頭は，自分たちの教育機会を損なうものとみなされた。そこで少数民族を対象とする資源分配に便乗することで，その利益を自分たちも受け取りたいと目論んだのである。したがって，彼らを主体に据えて考えてみるならば，①キン族が，②本来であれば自分たちのものではないはずの「民族」を，③自分たち自身のために，④地方政府や国家をめがけて疑似資源化した，ということになるであろう。

7–3 「民族」資源をめぐる「悲劇」

　資源の稀少性，すなわち資源が人間の欲求の総量に対して相対的に少ないこと（あるいは少ないと意識されること）を前提とすれば，それを利用する人間主体にとって，資源は獲得競争の対象となりがちである［内堀 2007: 32］。キン族による民族籍の変更という現象とは，少数民族優遇政策という稀少な資源をめぐる競争の空間に，キン族といういわば「部外者」が参入したことを意味していた。その結果，「悲劇」は起きた。2012 年 7 月に行われた大学統一入学試験より，それまで少数民族に対して一斉に行われていた優遇加点措置が廃止され，居住地域に基づく加点措置のみになったのである。もはや「民族」という境界が，大学進学という教育機会の獲得をめぐって何の資源的価値をもたらさないという新たな状況が生み出された。民族寄宿学校という学校制度は各地域に存在し続けており，「民族」資源によって動員できる教育機会それ自体が枯渇したわけではないものの，大学入試における少数民族に対する優遇的な加点措置は，民族寄宿学校への進学と並んで（あるいはそれ以上に重要な）「民族」を資源化できる貴重な機会であったことから，ベトナム社会特に大学進学を控えた若者たちのあいだには静かな衝撃が走った。

　ハーディンが唱えた「コモンズの悲劇」のシナリオによれば，ある共有資源がすべての人の利用に開かれたものであり，しかもそこに利用のルールがなかったとすると，各々の資源利用者はそれを自分の利益のために最大限利用する。こうした利用のあり方は資源の過収奪を招き，最後には資源の完全な枯渇に至る［Hardin 1968; 内堀 2007: 38］。「民族」の資源化をめぐるキン族という「部外者」の参入は，ベトナム社会で暮らす人々の多様性を「民族」という枠組みを用いて区切るとともに，この「民族」ごとの差異が，個人の能力では解決できないほど大きなものであるがゆえに，「民族」を対象とした優遇政策を行うことはやむを得ないとする，ベトナム政府によるこれまでの少数民族優遇政策の考え方を大きく揺るがしかねない問題なのであった。

　集団の利益は個人の利益より優先されるか。かつてリベラリズムと多文化主義のあいだで激しく議論が取り交わされてきたこの問題は，多文化主義の側に軍配が上がり，今日では，集団間の格差を所与の前提とすれば集団の利益を優先させる必要があるとする見方が支配的となっている。しかし世界規模での近代化が進展した今日，合理的に生きようとする個人の営みは国家や地域の領域

に縛られることなく，世界各地へと展開するようになってきている。そこでは，かつて国家エリートたちが，人々を「国民」として対象化し，動員するために創出したさまざまな区切りはもはやほとんど意味をなさない。本書で論じてきた，「民族」の資源化という動的な契機をめぐる多様な主体のせめぎあいは，「民族」という境界を設けることで国家としてのまとまりを形成，維持してきた国民国家モデルが一つの終焉を迎えつつあるなかで直面した必然の帰結であり，ベトナムをはじめとする，世界中の多「民族」国家に与えられた，大きな試練なのである。

参考文献

日本語文献

朝倉征夫『多文化教育：一元的文化，価値から多様な文化，価値の教育へ』成文堂，東京，1995年。

有田伸『韓国の教育と社会階層：学歴社会への実証的アプローチ』東京大学出版会，東京，2006年。

石井米雄監修『ベトナムの事典』同朋舎，東京，1999年。

伊藤正子『民族という政治：ベトナム民族分類の歴史と現在』三元社，東京，2008年。

─────『エスニシティ〈創生〉と国民国家ベトナム：中越国境地域タイー族・ヌン族の近代』三元社，東京，2003年。

─────「ドイモイ下のベトナムの少数民族政策：山間部少数民族を中心に」『アジア経済』38-3，1997年。

伊藤未帆「ドイモイ期ベトナムにおける民族寄宿学校の役割：1990年代の少数民族幹部養成政策と「第7プログラム」」『アジア研究』，53(1)，2007年。

上橋菜穂子「都市アボリジニの先住民文化観光：「啓蒙」と「文化」のテキスト化」窪田幸子，野林厚志編著『「先住民」とはだれか？』世界思想社，京都，2009年。

内堀基光「民族論メモランダム」田辺繁治編『人類学的認識の冒険：イデオロギーとプラクティス』，同文館，東京，1989年。

─────「序：資源をめぐる問題群の構成」内堀基光編著『資源と人間（資源人類学1）』，弘文堂，東京，2007年。

王柳蘭『越境を生きる雲南系ムスリム：北タイにおける共生とネットワーク』昭和堂，京都，2011年。

岡本雅享『中国の少数民族教育と言語政策（増補改訂版）』社会評論社，東京，2008年。

─────「中国における民族的出自の回復・変更（上）：1980年代の政策推移と実態」『中国研究月報』597号，1997年11月。

樫永真佐夫「ベトナム：小中華の国家統合」青柳真智子編『国勢調査の文化人類学：人種・民族分類の比較研究』古今書院，東京，2004年。

片岡樹「先住民か不法入国労働者か？：タイ山地民をめぐる議論が映し出す新たなタイ社会像」『東南アジア研究』50(2)，2013年。

加藤久美子『盆地世界の国家論：雲南，シプソンパンナーのタイ族史（地域研究叢書（11））』京都大学学術出版会，京都，2000年。

加藤剛「「エスニシティ」の概念の展開」矢野暢編集代表『東南アジアの社会（講座東南アジア学 3）』弘文堂，東京，1990年。

金塚基「エスニック・マイノリティと教育価値の志向に関する考察：中国都市部の少数民族の家庭教育調査から」『国際教育』(9)，2003年。

吉川徹『学歴と格差・不平等：成熟する日本型学歴社会』東京大学出版会，東京，2006年。

─────『学歴社会のローカル・トラック：地方からの大学進学』世界思想社，京都，2001

年．
栗本英世「先住性が政治化されるとき：エチオピア西部ガンベラ地方におけるエスニックな紛争」窪田幸子，野林厚志編著『「先住民」とはだれか』世界思想社，京都，2009年．
五島文雄「ベトナムの行政改革と社レベルの変容」石田暁恵・五島文雄編『国際経済参入期のベトナム』アジア経済研究所，東京，2004年．
―――「ヴェトナムにおける少数民族政策：「自治区」の設立と廃止を中心として」大阪外国語大学アジア研究会『現代アジアにおける地域政治の諸相』，大阪，1984年．
清水展「開発の受容と文化の変化：現代を生きる先住民の居場所」川田順造他編『講座・開発と文化1』岩波書店，東京，1997年．
新江利彦『ベトナムの少数民族定住政策史』風響社，東京，2007年．
杉村美紀『マレーシアの教育政策とマイノリティ』東京大学出版会，東京，2000年．
関本照夫「東南アジア的王権の構造」伊藤亜人・関本照夫・船曳建夫編『現代の社会人類学3：国家と文明への過程』，東京大学出版会，東京，1987年．
曽士才「中国における民族観光の創出：貴州省の事例から」『民族学研究』，2006年6月．
園田茂人・新保敦子『教育は不平等を克服できるか』岩波書店，東京，2010年．
近田政博『近代ベトナム高等教育の政策史』多賀出版，東京，2005年．
林行夫「東南アジア大陸部における民族間関係と「地域」の生成」『東南アジア研究』，35(4)，1998年．
速水洋子「カレンとは誰か：エコツーリズムにみる応答と戦術としての自己表象」窪田幸子，野林厚志編著『「先住民」とはだれか』世界思想社，京都，2009年．
原純輔・盛山和夫『社会階層：豊かさの中の不平等』，東京大学出版会，1999年．
広木克行「ベトナムにおける少数民族の自治と文字の創造」『月刊アジア・アフリカ研究』13巻10号，1973年．
馬場雄司「北部タイにおける「先住民」と「山地民」：「先住民／移住民」から「山地民／平地民」へ」『同朋大学紀要』，8号，1994年．
古田元夫『ドイモイの誕生：ベトナムにおける改革路線の形成過程』青木書店，東京，2009年．
―――「「多民族性」を自覚するベトナム」，石井米雄・山内昌之編『シリーズ国際交流2 日本人と多文化主義』，山川出版社，東京，1999年．
―――『ホー・チ・ミン：民族解放とドイモイ』岩波書店，東京，1995年．
―――『ベトナム人共産主義者の民族政策史』大月書店，東京，1991年．
古屋博子『アメリカのベトナム人：祖国との絆とベトナム政府の政策転換』，明石書店，東京，2009年．
森山工「文化資源　使用法：植民地マダガスカルにおける「文化」の「資源化」」山下晋司編著『資源化する文化（資源人類学2）』弘文堂，東京，2007年．
矢野順子「「ラオス国民」の形成と「武器」としてのラーオ語：パテート・ラーオの教育政策とプロパガンダを中心として」『東南アジア：歴史と文化』36，2007年．
山下晋司「飼い慣らされるエスニシティ，暴力化するエスニシティ：現代インドネシアの民族と国家」西川長夫，山口幸二，渡辺公三編著『アジアの多文化社会と国民国家』，人文書院，1998年．
山本博之『脱植民地化とナショナリズム：英領北ボルネオにおける民族形成』東京大学出版会，東京，2006年．

李光一「エスノポリティックス復興の政治的文脈」山之内靖他編著『岩波講座社会科学の方法 VII：政治空間の変容』岩波書店，東京，1993 年。

若林敬子『中国：人口超大国のゆくえ』岩波書店，東京，1994 年。

ベトナム語文献

Bùi Thiết, *54 dân tộc Việt Nam và các tên gọi khác*, nxb. Thanh niên, Hà Nội, 1999.

Bộ Giáo dục và đào tạo, Dự án pháttriển giáo dục THCS và Trung tâm NC Giáo dục dân tộc, *Báo cáo kết quả đề tài: Nghiên cứu, khảo sát về nhu cầu học nghề của học sinh trường Phổ thông dân tộc nội trú*, Hà Nội, 2006.

Đinh Hoạt, "Một thời hoàng kim, một thời để nhớ", *40năm truyền thống trường phổ thông dân tộc nội trú Hòa Bình 1958–1998 (Tiền thân là trường TNLĐXHCN Hòa Bình)*, nxb. Chính trị quốc gia, Hà Nội, 1998.

Đỗ Ngọc Bích (chủ biên), *Sở tây hiệu trưởng trường Phổ thông Dân tộc Nội trú*, nxb. Giáo dục, Hà Nội, 1998.

Đỗ Ngọc Bích, "Một số biện pháp nhằm đẩy mạnh công tác giáo dục trong dân tộc H'Mông", *Nghiên cứu Giáo dục*, 1989.

Hà Đình Khiệm và Sần Quáng "Các vấn đề về cán bộ người Hmông", *Tập chí Dân tộc học*, 1989.

Hà Văn Định, "Tổ chức hoạt động và quản lí học sinh ngoài giờ lên lớp ở Trường PTTH dân tộc nội trú Yên Bái", *Nghiên cứu Giáo dục*, số3, 1998.

Hoàng Hữu Bình, "Công tác đào tạo ở trường Dự bị Đại học Dân tộc Trung Ương", *Tạp chí Dân tộc học*, số4, 1991.

Hoàng Nam, "Mấy suy nghĩ về vấn đề giáo dục ở miền núi", *Tạp chí Dân tộc học*, số4, 1990.

Lê Bình, "Nhu cầu và nguyện vọng học tập của học sinh dân tộc H'Mông Trường ptdt nội trú Bắc Hà", *Nghiên cứu Giáo dục*, số 12, 1989.

Lê Dục Tôn "Củng cố và cải tiến công tác đào tạo, bồi dưỡng cán bộ trung học chuyên nghiệp miền núi", *Mấy ý kiến về đào tạo cán bộ miền núi*, Việt Bắc, nxb. Việt Bắc, 1972.

Lê Phương Thảo, "Nhận diện đầy đủ thực trạng công tác cán bộ và đội ngũ cán bộ dân tộc thiểu số hiện nay", *Tạp chí Dân tộc học*, số49 + 50, tháng1 + 2/2005.

Lê Văn Hòe, "Nhân thức của đảng về cải cách hành chính nhà nước trong thời kỳ Đổi Mới (1986–2004)", Tô Huy Rứa, Hoàng Chí Bảo, Trần Khắc Việt và Lê Ngọc Tòng (chủ biên), *Nhìn lại quá trình Đổi Mới tư duy lý luận của đảng 1986–2005*, tập II, nxb. Lý luận Chính Trị, Hà Nội, 2005.

Lê Bá Vịnh và Trần Sĩ Nguyên, "Thành tựu phát triển và nghiên cứu giáo dục dân tộc thiểu số", *Nghiên cứu Giáo dục*, số1, 1986.

Ngọc Thúy, "Chế độ cử tuyển: thành tựu trong tạo nguồn cán bộ dân tộc thiểu số", *Xóa đói giảm nghèo*, số1, Hà Nội, 2006. http://cema.gov.vn/modules.php?name=News&op=detailsnews&mid=557（民族委員会ホームページ，2009 年 7 月 29 日閲覧）．

Ngô Văn Cát (chủ biên), *Việt Nam: Chống nạn thất học*, nxb. Giáo Dục, 1980.

Nguyễn Đức Long, "Kinh nghiệm đào tạo cán bộ người dân tộc của Trường tndt vhvl Đăk Tô", *Nghiên cứu Giáo dục*, số11, 1986.

Nguyễn Thị Mỹ Trang và Lại Thị Thu Hà, "Chính sách cử tuyển: một chủ trương đúng trong chính sách dân tộc của đảng và nhà nước ta về phát triển giáo dục, đào tạo ở vùng miền núi, vùng dân tộc thiểu số", *Tạp chí Dân tộc học*, số 2, Hà Nội, 2005.

Nguyễn Thành Công, Nguyễn Văn Đồng và Quách Mạnh Đà (biên), *40năm truyền thống trường phổ thông dân tộc nội trú Hòa Bình 1958-1998 (Tiền thân là trường TNLĐXHCN Hòa Bình)*, nxb. Chính trị quốc gia, Hà Nội, 1998.

Nguyễn Văn Trọng, "Những năm tháng không thể nào quên", Nguyễn Thành Công, Nguyễn Văn Đồng và Quách Mạnh Đà (biên), *40năm truyền thống trường phổ thông dân tộc nội trú Hòa Bình 1958-1998 (Tiền thân là trường TNLĐXHCN Hòa Bình)*, nxb. Chính trị quốc gia, Hà Nội, 1998.

Phạm Chí Đại, "Công tác xây dựng cơ bản các trường phổ thông dân tộc nội trú (1991-2000)", Phạm Đình Thái (chủ biên), *Nâng cao chất lượng đào tạo ở các trường phổ thông dân tộc nội trú*, nxb. Văn hóa Dân tộc, Hà Nội, 2001.

Phạm Hồng Quang, "Tổ chức học tập ngoài giờ lên lớp ở trường dân tộc nội trú", *Nghiên cứu Giáo dục*, số 4, 1995.

Phạm Kiêm Toàn, "Kinh nghiệm tổ chức học và làm ở Trường thanh niên dân tộc Tân Trào", *Nghiên cứu Giáo dục*, số9, 1989.

Phạm Minh Hạc (chủ biên), *Tổng kết 10 năm (1990-2000) xóa mù chữ và phổ cập giáo dục tiểu học*, nxb. Chính Trị Quốc Gia, Hà Nội, 2000.

Pham Minh Hac (ed.), *Education for all in Vietnam (1990-2000)*, National Committee Literacy, Hanoi, 2000.

Phạm Ngọc Thể, "Những năm tháng không bao giờ quên ở một trường anh hùng", *40năm truyền thống trường phổ thông dân tộc nội trú Hòa Bình 1958-1998 (Tiền thân là trường TNLĐXHCN Hòa Bình)*, nxb. Chính trị quốc gia, Hà Nội, 1998.

Tô Tử Hạ, Nguyễn Hữu Trị và Nguyễn Hữu Đức (Đồng chủ biên), *Cải cách hành chính địa phương: Lý luận và thực tiễn*, nxb. Chính trị Quốc gia, Hà Nội, 1998.

Tổng cục thống kê, *Tổng điều tra dân số và nhà ở Việt Nam-kết quả điều tra toàn bô*, nxb. Thống Kê, Hà Nội, 2001.

Trần Đức Vượng, "Một số biện pháp nâng cao chất lượng dạy học vật lý lớp9 trường phổ thông dân tộc nội trú", *Nghiên cứu Giáo dục*, số 7, 1995.

Trần Hồng Quân (tổng chủ biên), *50 năm phát triển sự nghiệp giáo dục và đào tạo (1945-1995)*, nxb. Giáo dục, Hà Nội, 1995.

Trần Sĩ et al., *Chuyên đề nghiên cứu khoa học: Nghiên cứu việc thực hiện chính sách tạo nguồn đào tạo cán bộ là người dân tộc thiểu số ở một số trường Phổ thông dân tộc nội trú từ năm 1996-2000*, Ủy ban Dân tộc và Miền núi, Hà Nội, 2001.

Trần Thị Quế, Nguyễn Thị Hồng Phấn và Trần Đăng Tuấn, *Số liệu thống kê: Các vùng thưa dân ở Việt Nam*, nxb. Thống Kê, 1996.

Trần Xuân Nhĩ, "Mấy giải pháp chủ yếu phát triển giáo dục miền núi, vùng dân tộc ít người", *Nghiên cứu Giáo dục*, số11/1993.

Ủy ban Dân tộc và miền núi, *Danh mục ba khu vực miền núi và vùng dân tộc*. nhà xuất bản Ủy ban dân tộc và miền núi, Hà Nội, 1998.

Uỷ ban Dân tộc, *Báo cáo đánh giá mô hình trường bán trú phổ thông dân tộc bán trú: Đánh giá thực hiện tại bốn tỉnh: Sơn La, Hà Giang, Quảng Nam, Đắc Lắc đặc trưng cho bốn khu vực dân tộc và miền núi*, nxb. Lao động xã hội, 2006.

Viện Dân tộc học, *Các dân tộc ít người ở Việt Nam (các tỉnh phía bắc)*, nxb. Khoa học xã hội, Hà Nội, 1978.

Võ Chấp, "Đào tạo giáo viên hệ cử tuyển cho vùng cao, vùng sâu ở các tỉnh miền trung", *Nghiên cứu Giáo dục*, số 4, 1998.

作者不明, *Việt-Nam diệt giặc dốt*, nhà Bình dân học vụ xuất bản, 1951.

作者不明, *Thành công bước đầu của khu tự trị*, nxb. Sự thật, Hà Nội, 1957.

署名なし, "Danh sách ban chủ nhiệm chương trình VII", Phạm Đình Thái (chủ biên), *Nâng cao chất lượng đào tạo ở các trường phổ thông dân tộc nội trú*, nxb. Văn hóa Dân tộc, Hà Nội, 2001.

ベトナム語文献（新聞記事）

Bích Hoàng, "Nên có một chương trình giảng dạy thống nhất hoàn chỉnh cho loại trường vừa học vừa làm", *Người Giáo viên Nhân dân*, số3 (579), 10/2/1979.

Đoàn Danh Đắc, "Điểm lại một vài chế độ, chính sách ban hành trong các năm 1979 và 1980 đối với cán bộ, giáo viên", *Người Giáo viên Nhân dân*, 25/1/1981, số 1-2 (625-626).

Đào Xuân Ngà, "(Bạn đọc có ý kiến) Không nên thuyên chuyển giáo viên một cách tùy tiện", *Người Giáo viên nhân dân*, 25/9/1975, số432.

Hiếu Minh, "Hỗ trợ người nghèo dân tộc thiểu số để giảm nghèo bền vững", *Tạp chí cộng sản*, 2013/11/1 (2013/12/23 閲覧).

Hoàng Quang Trọng, "Thầy giáo Huy ở Phạc Mạ", *Người Giáo viên Nhân dân*, 10/12/75, số437.

Huyền Hà, "Tự lo", *Giáo viên Nhân dân*, 28/3/1988, số13 (859).

Lê Khắc Hoan, "Gắn Bó", *Người Giáo viên Nhân dân*, 24/4/1975, số422.

L. K. H., "5 việc lớn trước mắt của giáo dục Cao Bằng", *Giáo viên Nhân dân*, số9 (855), 29/2/1988.

Nguyễn Quang Dinh, "Bộ Giáo dục mở Hội nghị chuyên đề về các trường thanh niên lao động XHCN 〈vừa học vừa làm〉", *Người Giáo viên Nhân dân*, số418 (487), 25/2/1975.

Người Giáo viên Nhân dân, "Mùa xuân nói chuyện kinh nghiệm bước đầu về trường vừa học vừa làm", *Người Giáo viên Nhân dân*, số1-2 (577-578), 25/1/1979.

Ngô Trường, "Cần quan tâm hơn nữa đến loại trường thiếu nhi dân tộc", *Người Giáo viên Nhân dân*, số20 (644), 24/10/1981.

N. T. T., "Gói ý về cách giải quyết trường THLD-XHCN Hòa Bình", *Giáo viên Nhân dân*, 22/2/1988.

Phan Việt Huy, "Từ phong trào Bình dân học vụ đến xây dựng xã hội học tập", *Hà Nội mới online*, 02/09/2006 (2010/8/18 閲覧).

Vĩnh Bão, "Huyện miền núi Thanh Sơn đẩy mạnh xóa mù chữ", *Giáo viên Nhân dân*, 7/3/1988, số10 (856).

Vân Thái, "Thầy giáo trường TNDT", *Người Giáo viên Nhân dân*, số415 (483), 10/1/1975.

署名なし, "Mấy kinh nghiệm chỉ đạo của phòng Giáo dục Thạch Thành", *Người Giáo viên Nhân dân*, 25/11/1975, số 436.

署名なし，"Thực hiện chế độ cử tuyển: Làm sao đúng đối tượng?", *Nhân Dân*（電子版）, 2006/1/18（2006/1/26 閲覧）.

欧語文献

Aikman, Sheila and Pridmore Pat, "Multugrade schooling in 'remote' areas in Vietnam", *International Journal of Educational Development*, 21(6), 2001.

Alon, Sigel and Tienda Marta, "Diversity, Opportunity, and the Shifting Meritocracy in Higher Education", *American Sociological Review*, 72 (August), 2007.

Anderson, Benedict, *Imagined Communities: Reflections on the Origin and Spread of Nationalism*, Verso, London, 1983.（B. アンダーソン，『想像の共同体：ナショナリズムの起源と流行（増補版）』白石さや，白石隆訳，NTT 出版，東京，1997 年。）

Arrow, Kenneth, "Higher education as a filter", *Journal of Public Economics*, 2:3, 1973.

Barth, Fredrik, ed., *Ethnic Groups and Boundaries: The Social Organization of Culture Difference*, Universitetsforlaget, Bergen: G. Allen & Unwin London, 1969.

Becker, Gary S., *Human Capital: A Theoretical and Empirical Analysis, with Social Reference to Education*, Columbia University Press, 1964.

Belangere, Daniele and Pendakis Katherine, "Daughters, work, and families in globalizing Vietnam", Magari Barbieri, and Daniele Belangere eds., *Reconfiguring families in contemporary Vietnam*, Stanford University Press, Stanford, 2009.

Cohen, Yehudi A. *Man in Adaptation*. 2nd. Ed. Aldine Publishing co., Chicago, 1974.

Eder, James, F., *On the Road to Tribal extinction: Depopulation, Deculturation, and Adaptive well-being among the Batak of the Philippines*, New Day Publishers, Quezon city, 1987.

Geertz, Clifford, ed., *Old societies and new states: the quest for modernity in Asia and Africa*, New-York: The Free Press of Glencoe & London, Collier-Macmillan, 1963.

―――, *The Interpretantion of Cultures*, Basic Books, New York, 1973

Gellner, Ernest, *Nations and nationalism*, Blackwell Publishers, Oxford, 1983.（加藤節監訳，A. ゲルナー『民族とナショナリズム』，岩波書店，2000 年。）

Glewwe, Paul and Patrinos Harry Anthony, "The role of the private sector in education in Vietnam: Evidence from the Vietnam living standard survey", *World Development*, 27: 5, 1999.

Hardin, Garrett, "The Tragedy of the Commons", *Science*, 162, 1968.

Korinek, Kim, "Maternal employment during Northern Vietnam's era of market reform", *Social Forces*, December 2004, 83: 2, The University of North Carolina press, 2004.

Kelly, Kristy, "The Higher Education System in Vietnam", *World Education News & Reviews*, May/June, 13: 3, 2000.

Kymlicka, Will, *Politics in the vernacular: nationalism, multiculturalism, and citizenship*, Oxford University Press, New York, 2001.（W. キムリッカ，『土着語の政治：ナショナリズム・多文化主義・シティズンシップ』岡崎晴輝他訳，法政大学出版局，東京，2012 年。）

Lemann, Nicholas, *The big test: The secret history of the American meritocracy*, Farrar, Straus and Giroux, New York, 1999.

Luong, Hy, van., "Wealth, power, and inequality: Grobal market, the state, and local sociocultural dynamics", Hy Van Luong ed., *Postwar Vietnam: Dynamics of a transforming society*, Institute of Southeast Asian Studies, Singapore, and Rowman & Little fierld publishers, Inc., 2003.

Marr, David, & Rosen, Stanley, "Chinese and Vietnamese youth in the 1990s.", *The China Journal*, 40, (Special issue: Transforming Asian Socialism. China and Vietnam compared), 1998.

May, Stephan, *Language and minority rights: ethnicity, nationalism and the politics of language*, Longman, Harlow, Essex, England, 2001.

Miller, B, G., *Invisible Indigenes: The Politics of Nonrecogntion*, University of Nebraska Press, Licoln, 2003.

Moses, Michele, *Embracing Race: Why we need race-conscious education policy*, Tearchers College press, New York, 2002.

――― "Affirmative action and the creation of more favorable contexts of choice", *American Educational Research Journal*, 38: 1, 2001.

Martin, Terry, *The Affirmative Action Empire: Nations and Natinalism in the Soviet Union, 1923-1939*, Cornell University Press, 2001.

Nguyen, Phuong, L., "Effects of social class and school conditions on educational enrollment and achievement of boys and girls in rural Viet Nam", *International Journal of Educational Research*, 45, 2006.

Palmujoki, Eero, "Vietnam's integration into the world: Natonal and global interfaces", Stephanie Balme and Mark Sidel ed. *Vietnam's New Order: International perspectives on the State and Reform in Vietnam*, Palgrave Macmillan, 2007.

Pelley, Patricia, ""Barbarians" and "Younger brothers": The remaking of race in postcoronial Vietnam", *Journal of Southeast Asian Studies*, 29: 2, Singapore, 1998.

Read, Jen'nan Ghazal and Oselin Sharon, "Gender and thd Education-Employment paradox in ethnic and religious contexts: the case of Arab Americans", *American Sociological Review*, 73, 2008.

Sautman, Barry, "Expanding access to higher education for China's national minorities: Policies of preferential admissions", Gerard A. Postiglione ed., *China's national minority education: culture, schooling, and development*, New York: Falmer Press, 1999.

Scott, James C., *The Art of Not Being Governed: An Anarchist History of Upland Southeast Asia*, Yale University Press, New Haven, 2009.

Seabright, Paul, "Accountability and Decentralisation in Government: An Incomplete Contracts Model," *European Economic Review*, 40: 1, 1996.

Shils, Edward, "Primodial, personal, sacred and civil ties", *British Journal of Sociology*, 7: 113-45, 1957.

Shultz, Theodore W., *The Economic Value of Education*, Columbia University Press, 1963.（T. シュルツ『教育の経済価値』清水義弘，金子元久訳，日本経済新聞社，1964年）

Sikor, Thomas, "Local Government in the exercise of state power: the politics of land allocation in Black Thai Villeges", B. Kerkvliet and D. Marr eds. *Beyond Hanoi: Local government in Vietnam*, Institute of Southeast Asian Studies, Singapore, 2004.

Smith, Anthony, D., *The Ethnic Origins of Nations,* Blackwell Publishers, 1986.（A. スミス,『ネ

イションとエスニシティ：歴史社会学的考察』巣山靖司, 高城和義他訳, 名古屋大学出版会, 1999年。)
Spence, Michael, "Job market signaling", *Quarterly Journal of Economics*, 87:3, 1973.
―――, *Market Signaling: Informational Transfer, in Hiring and Related Screening Process*, Harvard University Press, 1974.
Tambiah, S. J., *World Conqueror and World Renouncer: A Study of Buddism and Polity in Thailand against a Historical Background*, Cambridge University Press, Cambridge, London, New York, Melbourne, 1976.
Taylor, Philip "Introduction: Social Inequality in a Socialist State", Philip Taylor ed., *Social inequality in Vietnam and the challenges to reform*, Institute of Southeast Asian Studies, Singapore, 2004.
Thernstrom, Stephan and Thernstrom Abigail, *America in Black and White: One nation indivisible*, New York, Simon and Schuster, 1997.
Truong, Huyen Chi, ""They think we don't value schooling" Paradoxes of Education in the Multi Ethnic Central Highlands of Vietnam", Jonathan D. London, *Education in Vietnam*, Institute of Southeast Asian Studies, Singapore, 2011.
Young, Michael, *The Rise of Meritocracy*, Baltimore, MD: Thames & Hudson, 1958.
Van den Berghe, *The Ethnic Phenomenon*, New York: Elsevier, 1981.
Van den Berghe, "Dose race matter?", *Nations and Nationalism*, 1(3): 357–368, 1995.
Vu Quoc Ngu, "Social disparities in Vietnam: The case of poverty reduction and educational attainment", Philip Taylor ed., *Social inequality in Vietnam and the challenges to reform*, Institute of Southeast Asian Studies, Singapore, 2004.
Wolters, O. W., "Ayudhya and the Rearward Part of the World", *Journal of the Royal Asiatic Society of Great Britain & Ireland*, 3 & 4, 1968.
Zimmermann, Erich, *World Resources and Industries: A Functional Appraisal of the Availablity of Agricultural and Industrial Materials*, Haper and Brothers Publishers, New York, 1951 (1933).
Zuy Minh et Mai Thi Tu, "L'école des jeunes travailleurs socialistes de Hoa Binh (E. J. T. S)", *Etude Vietnamiennes: L'enseignement general en R. D. V. N.*, Etude Vietnamiennes Nº 30, Hanoi, 1971.

ベトナム政府文書

Báo cáo kết quả đợt công tác giám sát của hội đồng dân tộc về việc cử tuyển lớp riêng vào các trường đại học, cao đẳng đối với học sinh dân tộc thiểu sô, số 456 BC/HĐDT, ngày2/3/1996, Hội đồng dân tộc của quốc hội khóa X, *Chính sách và pháp luật của đảng, nhà nước về dân tộc, nxb. Văn hóa dân tộc*, Hà Nội, 2000.

Bộ Giáo dục và đào tạo, Trung tâm thông tin quản lý giáo dục, *Số liệu thống kê giáo dục: các trường đại học và cao đẳng, năm học 2000–2001*, Hà Nội, 2001.

Bộ Giáo dục và đào tạo, "Báo cáo tổng kết 10 năm nâng cao hiệu quả tạo nguồn đào tạo cán bộ cho vùng dân tộc thiểu số và miền núi của hệ thống Trường Phổ thông Dân tộc Nội trú", Bộ Giáo dục và đào tạo, *Hội nghị tổng kết 10 năm xây dựng và phát triển hệ thống Trường Phổ thông Dân tộc Nội trú 1991−2000*, Thái Nguyên, 2001.

Bộ Giáo dục và đào tạo, "Tài liệu Hội nghị tổng kết trường Phổ thông dân tộc nội trú: Giai đoạn 1997−2007, phương hướng phát triển 2008−2020", Hà Nội, 2008.

Bộ Luật Dân sự (BLDS) năm 2005.

Chủ tịch chính phủ lâm thời Việt Nam dân chủ cộng hòa, Số 17-SL, 8/9/1945.

Chỉ thị của ban bí thư số 84-CT/TW ngày 3/9/1964 "về nhiệm vụ công tác giáo dục ở miền núi trong hai năm học 1964−1965 và 1965−1966", *Văn kiện của đảng và nhà nước về chính sách dân tộc từ năm 1960 đến năm 1977*, nxb. Sự thật, Hà Nội, 1978.

Chỉ thị của thủ tướng chính phủ số 64-TTg/VG ngày 31/5/1965 "về việc xây dựng và mở rộng hệ thống trường thanh niên dân tộc", *Văn kiện của đảng và nhà nước về chính sách dân tộc từ năm 1960 đến năm 1977*, nxb. Sự thật, Hà Nội, 1978.

Chỉ thị số 429-CP ngày 5/12/1979, về việc thực hiện chính sách đối với cán bộ miền núi, hải đảo, Hội đồng dân tộc của quốc hội khóa X, *Chính sách và pháp luật của đảng, nhà nước về dân tộc*, nxb. Văn hóa dân tộc, Hà Nội, 2000.

Chỉ thị của hội đồng bộ trưởng số 121/HĐBT ngày 20/7/1982 "về việc phân phối và sử dụng học sinh tốt nghiệp các trường đại học, cao đẳng, trung học chuyên nghiệp và dạy nghề trong thời gian trước mắt" Nguyễn Thanh Sung và Hoàng Xuân Tâm (biên), *Về công tác đại học và trung học chuyên nghiệp: Một số chế độ, chính sách và chỉ tiêu tài chính*. Bộ Đại học và trung học chuyên nghiệp. Hà Nội, 1983.

Chỉ thị của Hội đồng Bộ trưởng số 65-HĐBT, ngày 12/6/1989, "về việc giải quyết một số vấn đề cấp bách về kinh tế- xã hội đối với các tỉnh miền núi, biên giới phía bắc", 編者不明 , *Một số văn kiện về chính sách dân tộc-miền núi của đảng và nhà nước*, nxb. Sự Thật, Hà Nội, 1992.

Chỉ thị của ban bí thư số 128-CT/TƯ "về việc đẩy mạnh hơn nữa việc thi hành chủ trương tăng cường công tác vùng cao", Hội đồng dân tộc của quốc hội khóa X, *Chính sách và pháp luật của đảng, nhà nước về dân tộc*, nxb. Văn hóa dân tộc, Hà Nội, 2000.

Hội đồng dân tộc của quốc hội khóa X, Báo cáo kết quả đợt công tác giám sát của hội đồng dân tộc về việc cử tuyển lớp riêng vào các trường đại học, cao đẳng đối với học sinh dân tộc thiểu số, số 459 BC/HĐDT (ngày 2/3/1996), Hà Nội, 2000.

Lê Duẩn, Báo cáo chính trị của ban chấp hành trung ương đảng lao động Việt Nam tại đại hội đại biểu toàn quốc lần thứ III, ngày 5/9/1960, *Văn kiện của đảng và nhà nước về chính sách dân tộc từ năm 1960 đến năm 1977*, nxb. Sự thật, Hà Nội, 1978.

Nghị quyết Bộ Chính trị về chính sách dân tộc thiểu số của đảng hiện nay (tháng 8/1952), Hội đồng dân tộc của quốc hội khóa X, *Chính sách và pháp luật của đảng, nhà nước về dân tộc*, nxb. Văn hóa dân tộc, Hà Nội, 2000.

Nghị Định số 317-NĐ ngày 26/5/1956 của Bộ Giáo dục quy định tiêu chuẩn công nhân thoát nạn mù chữ, Bộ Giáo dục, *Chính sách và chế độ hiện hành về công tác bổ túc văn hóa và tiêu chuẩn, thể thức công nhận thanh toán nạn mù chữ*, nxb. Giáo dục, Hà Nội, 1976,.

Nghị Định số 1010-NĐ ngày 10/10/1956 của Bộ Giáo dục quy định tiêu chuẩn công nhận thanh toán nạn mù chữ cho các đơn vị gia đình, xã, xí nghiệp, nông trường, lâm trường, công trường, huyện tỉnh và thể thức kiểm tra, công nhận thanh toán nạn mù chữ, Bộ Giáo dục, *Chính sách và chế độ hiện hành về công tác bổ túc văn hóa và tiêu chuẩn, thể thức công nhận thanh toán nạn mù chữ*, nxb. Giáo dục, Hà Nội, 1976.

Nghị quyết hội nghị trung ương lần thứ 14, tháng11/1958, Hội đồng dân tộc của quốc hội khóa X, *Chính sách và pháp luật của đảng, nhà nước về dân tộc*, nxb. Văn hóa dân tộc, Hà Nội, 2000.

Nghị quyết của bộ chính trị về vấn đề phát triển nông nghiệp ở miền núi số 71/NQ-TW, ngày22−2−1963, Hội đồng dân tộc của quốc hội khóa X, *Chính sách và pháp luật của đảng, nhà nước về dân tộc*, nxb. Văn hóa dân tộc, Hà Nội, 2000.

Nghị quyết số 142-NQ/TW ngày 28/6/1966 của Bộ Chính trị khóa III, "về việc đào tạo và bồi dưỡng cán bộ khoa học, kỹ thuật và cán bộ quản lý kinh tế", http://www.tuyengiao.vn/Home/truyenthongtuyengiao/tulieutuyengiao/2009/8/11791.aspx（2010/9/2 閲覧）.

Nghị định của hội đồng chính phủ số 134-CP ngày 30/6/1975 "Về việc ban hành qui chế phân phối học sinh và nghiên cứu sinh tốt nghiệp", Nguyễn Thanh Sung và Hoàng Xuân Tâm (biên), *Về công tác đại học và trung học chuyên nghiệp: Một số chế độ, chính sách và chi tiêu tài chính*. Bộ Đại học và trung học chuyên nghiệp, Hà Nội, 1983, pp. 183−184.

Nghị quyết của Hội đồng Bộ trưởng số 109-HĐBT ngày12/4/1991 "về việc sắp xếp tổ chức biên chế hành chính, sự nghiệp", *Công báo*, số10, 31/5/1991.

Nghị quyết Bộ Chính trị số 22-NQ/TW, ngày 27/11/1989, "về một số chủ trương, chính sách lớn phát triển kinh tế-xã hội miền núi", 編者不明, *Một số văn kiện về chính sách dân tộc-miền núi của đảng và nhà nước*, nxb. Sự Thật, Hà Nội, 1992.

NĐCP 88/2001/NĐ-CP: Nghị định của Chính phủ số 88/2001/NĐ-CP ngày 22/11/2001 "về thực hiện phổ cập giáo dục trung học cơ sở".

Nghị định Chính phủ số 134/2006/NĐ-CP, "Quy định chế độ cử tuyển vào các cơ sở giáo dục trình độ đại học, cao đẳng, trung cấp thuộc hệ thống giáo dục quốc dân", ngày14/11/2006, http://vanban.moet.gov.vn（教育訓練省ウェブサイト），(2009/7/19 閲覧).

Thông Tư số số 319-BD ngày 26/5/1956 của Bộ Giáo dục giải thích nghị định số 317-ND ngày 26/5/1956 quy định thế nào là thoát nạn mù chữ, Bộ Giáo dục, *Chính sách và chế độ hiện hành về công tác bổ túc văn hóa và tiêu chuẩn, thể thức công nhận thanh toán nạn mù chữ*, nxb. Giáo dục, Hà Nội, 1976.

Thông tư số 157/TT-LB ngày9/8/1968 của liên bộ Đại học và Trung học chuyên nghiệp – tài chính, "Hướng dẫn thi hành quyết định số 104-TTg ngày5/7/1968 của Hội đồng Chính phủ về việc sửa đổi chế độ học bổng cho học sinh, sinh viên các trường đại học và trung học chuyên nghiệp", Tập Luật lệ hiện hành thống nhất cho cả nước, *Về công tác Đại học và trung học chuyên nghiệp (Những văn bản chung)*, Bộ Đại học và trung học chuyên nghiệp, Hà Nội, 1978.

Thông tư của Ủy ban kế hoạch nhà nước số 04/GD ngày 5/9/1975, Nguyễn Thanh Sung và Hoàng Xuân Tâm (biên), *Về công tác đại học và trung học chuyên nghiệp: Một số chế độ, chính sách và chi tiêu tài chính*, Bộ Đại học và trung học chuyên nghiệp. Hà Nội, 1983. Thông tư của Bộ Lao Động số 4TT/LĐ ngày 4−2−1980 "Hướng dẫn thực hiện chính sách đối với cán bộ miền núi, hải đảo" Nguyễn Thanh Sung và Hoàng Xuân Tâm (biên), *Về công tác đại học và trung học chuyên nghiệp: Một số chế độ, chính sách và chi tiêu tài chính*, Bộ Đại học và trung học chuyên nghiệp, Hà Nội, 1983.

Thông tư số 23-TT ngày29/6/1985 hướng dẫn thực hiện "Quy định về tổ chức và hoạt động của các trường phổ thông dân tộc nội trú".（少数民族教育センターより入手資料）

Thông tư của Bộ Giáo dục và đào tạo số 16-TT/ĐTTC ngày 5/7/1990. Hương dẫn việc mở rộng đào tạo mở rộng ở các trường đại học, cao đẳng và trung học chuyên nghiệp, Bộ Giáo dục và đào tạo, *Các văn bản chủ yếu về đổi mới giáo dục-đào tạo đại học và chuyên nghiệp (1987–1990)*, Hà Nội, 1991.

Thông tư hướng dẫn thực hiện bản Quy định về tổ chức và hoạt động của Trường Phổ thông dân tộc nội trú (PTDTNT), ngày 14 tháng 8 năm 1997, Đỗ Ngọc Bích (chủ biên), *Sổ tay hiệu trưởng trưởng phổ thông dân tộc nội trú*, nxb. Giáo dục, Hà Nội, 1998.

Thông tư liên tịch Bộ tài chính-Giáo dục và đào tạo, Hướng dẫn một số chế độ tài chính đối với học sinh các trường phổ thông dân tộc nội trú và các trường dự bị đại học, 126/1998/TTLT/BTC-BGDĐT, 09/09/1998.

Thông tư liên tịch số 04/2001/TTLT-BGD ĐT-BTCCBCP-UBDTMN ngày 26/2/2001 hướng dẫn tuyển sinh vào đại học, cao đẳng, trung học chuyên nghiệp theo chế độ cử tuyển, Công báo, số 15, 22/4/2001.

Thông tri số 37/TT-TG ngày15/8/1961 của Ban Bí thư Trung Ương đảng, "Bổ sung chính sách tuyển sinh vào các trường đại học và trung học chuyên nghiệp", 編者不明, *Một số văn kiện của trung ương đảng và chính phủ về công tác đại học và trung học chuyên nghiệp (1960–1979)*, Bộ Đại học và Trung học chuyên nghiệp, Hà Nội, 1979.

Quyết Định số 23-QĐ ngày 10/1/1962 của Bộ Giáo dục quy định tiêu chuẩn và thể thức công nhận thanh toán nạn mù chữ ở miền núi, Bộ Giáo dục, *Chính sách và chế độ hiện hành về công tác bổ túc văn hóa và tiêu chuẩn, thể thức công nhận thanh toán nạn mù chữ*, nxb. Giáo dục, Hà Nội, 1976.

Quyết Định của Hội động chính phủ số 153-CP 20/8/1969 Về việc xây dựng cải tiến và sử dụng chữ viết của các dân tộc thiểu số, *Văn kiện của đảng và nhà nước về chính sách dân tộc từ năm 1960 đến năm 1977*, nxb. Sự thật, Hà Nội, 1978.

Quyết định của thủ tướng chính phủ số 256/TTG ngày 5/7/1975 "về chế độ tập sự đối với học sinh tốt nghiệp đại học và trung học chuyên nghiệp", Nguyễn Thanh Sung và Hoàng Xuân Tâm (biên), *Về công tác đại học và trung học chuyên nghiệp: Một số chế độ, chính sách và chi tiêu tài chính*, Bộ Đại học và trung học chuyên nghiệp. Hà Nội, 1983.

Quy định về tổ chức và hoạt động của các trường phổ thông dân tộc nội trú (Ban hành theo quyết định số 661/QĐ, ngày29/6/1985 của Bộ trưởng Bộ Giáo dục).

Quyết định của Hội đồng Bộ trưởng số 63-HĐBT ngày10/6/1989 về học bổng, học phí của học sinh các trường đại học, cao đẳng, trung học chuyên nghiệp và dạy nghề, *Công báo*, số 12, 30/6/1989.

Quyết định của Hội đồng Bộ trưởng số 111-H ĐBT ngày12/4/1991 "về một số chính sách trong việc sắp xếp biên chế", *Công báo*, số10, 31/5/1991.

Quyết định của Hội đồng Bộ trưởng số 72-HĐBT, ngày13/3/1990, "về một số chủ trương, chính sách cụ thể phát triển kinh tế - xã hội miền núi", 編者不明, *Một số văn kiện về chính sách dân tộc-miền núi của đảng và nhà nước*, nxb. Sự Thật, Hà Nội, 1992.

Quyết định của Chủ tịch Hội đồng bộ trưởng số 253-CT ngày7/7/1990, "về bổ sung quỹ học bổng cho học sinh, sinh viên các trường sư phạm và học sinh, sinh viên miền núi", *Công báo*, số17, 15/9/1990.

Quy định về tổ chức và hoạt động của các trường Phổ thong dân tộc nội trú (PTDTNT), (Ban hành theo quyết định số: 2590/GD-ĐT ngày14/8/1997 của Bộ Giáo dục và Đào tạo), Đỗ Ngọc Bích (chủ biên), *Sổ tay hiệu trưởng trưởng phổ thông dân tộc nội trú*, nxb. Giáo dục, Hà Nội, 1998.

Quyết Định Thứ thướng chính phủ, số 1325/QĐ-TTg, ngày27/7/2010, "Ban hành danh sách các đơn vị sự nghiệp trực thuộc Bộ Giáo dục và Đào tạo", http://www.chinhphu.vn/portal/page?_pageid=578,33345598&_dad=portal&_schema=PORTAL&docid=95842（2011/2/23 閲覧）.

Tổng cực Thống kê, Kết quả khảo sát mực sống họ gia đình năm 2006 (Result of the survey on household living standards 2006). nhà xuất bản Thống kê, 2008, http://www.gso.gov.vn/default_en.aspx?tabid=515&idmid=5&ItemID=8183（2009/8/2 閲覧）.

Luật Giáo dục, của Quốc hội số 11/1998/QH10 ngày 2 tháng 12 năm 1998, Giáo dục.

Luật Giáo dục năm 2005, *Luật Giáo dục năm 2005 và văn bản hướng dẫn thi hành*, nxb. Chính trị Quốc gia, Hà Nội, 2006.

Số liệu thống kê lớp, học sinh THPT theo trường, đầu năm học 2006-2007（2007/3/13 フート省教育訓練局にて入手資料）

Sở Giáo dục và đào tạo, 2006, "Báo cáo tổng kết công tác tuyển sinh năm 2005"（ラオカイ省教育訓練局「2005年進学選抜総括報告」）（2006/3/8 付），Lào Cai.（2006/12/4 ラオカイ省教育訓練局にて入手資料）

UBND Tỉnh Phú Thọ, Sở Giáo dục và Đào tạo, "Hướng dẫn công tác tuyển sinh vào lowsp6 và lowsp10 năm học 2006-2007", số 589/SGD & ĐT-KT & KĐ.（2007/1 フート省民族寄宿学校にて入手資料）

UBND Tỉnh Phú Thọ, Sở Giáo dục và Đào tạo, "Hướng dẫn công tác tuyển sinh vào lớp6 và lớp 10 năm học 2006-2007", số 589/SGD & ĐT-KT & KĐ.（2007/1 フート省民族寄宿学校にて入手資料）

UBND tỉnh Lào Cai, Sở Giáo dục và đào tạo, "Hướng dẫn tuyển sinh vào trường THPT DTNT tỉnh năm học 2005-2006", Số 613/KT & KĐ, Lào Cai, 04/05/2005.（2006/12/4 バットサット県教育室にて入手資料）

「フート省3区分リスト（2005/8/2）」民族委員会ウェブサイト，http://cema.gov.vn/modules.php?name=Content&op=details&mid=2147,（2010/7/18 閲覧）

民族委員会ホームページより 2007/3/30 発表の統計資料，http://cema.gom.vn/modules.php?name=Content&op=details&mid=2143,（2010/5/27 閲覧）。

教育訓練省ホームページ，http://www.moet.gov.vn/?page=11.9&view=5361.

2006年度タインソン県民族寄宿学校合格者名簿（2007/3 タインソン県教育室にて入手資料。）

インタビュー記録（日付順）

2005年4月3日，ハノイ国家大学学生寮，ハノイ国家大学自然科学大学1年生，1985年生まれ，タイー族，男性。

2005年4月2日，ハノイ国家大学学生寮，ハノイ国家大学自然科学大学1年生，1984年生まれ，ムオン族，女性。

2005年4月4日，ハノイ国家大学学生寮，ハノイ国家大学自然科学大学1年生，1985年生まれ，タイー族，女性。

2005年7月6日，ハノイ師範大学寄宿舎，ハノイ師範大学2年生，1985年生まれ，ムオン族，女性。

2005年7月6日，ハノイ師範大学寄宿舎，ハノイ師範大学1年生，1986年生まれ，ムオン族，女性。

2005 年 7 月 6 日，ハノイ師範大学寄宿舎，ハノイ師範大学 2 年生，1984 年生まれ，ムオン族，男性。

2006 年 10 月 24 日，2006 年 12 月 5 日，ラオカイ省民族寄宿学校校長チュオン（生年，民族不明），男性。

2006 年 10 月 26 日，ラオカイ省バットサット県民族寄宿学校，副校長マイ，モン族とヒエン，キン族，（生年不明），いずれも女性。

2006 年 11 月 23 日，ラオカイ省民族寄宿学校教員ティエン，1950 年生まれ，キン族，男性。

2006 年 11 月 23 日，ラオカイ省民族寄宿学校タイン（生年不明），キン族，女性。

2006 年 11 月 24 日，ラオカイ省民族寄宿学校ヴィエット，1981 年生まれ，モン族，女性。

2007 年 1 月 22 日，中央民族予備校長ザン（生年，民族不明），男性。

2007 年 1 月 25 日，フート省民族寄宿学校校長ミー（生年不明），ムオン族，男性。

2007 年 2 月 1 日，フート省民族寄宿学校教員ハーイ，1971 年生まれ，キン族，女性。

2007 年 3 月 6 日，タインソン県民族寄宿学校校長ダン，男性，副校長キム，女性（いずれも生年，民族不明）。

2007 年 3 月 7 日，タインソン県フオンカン普通高校教員フオン，1967 年生まれ，ムオン族，男性。

2007 年 3 月 8 日，タインソン県フオンカン普通中学校校長ニエン，（生年不明），キン族，男性。

2007 年 3 月 10 日，タインソン県民族寄宿学校教員タイン，1961 年生まれ，ムオン族，男性。

2007 年 3 月 10 日，タインソン県民族寄宿学校教員チュン，1978 年生まれ，キン族，女性。

2007 年 3 月 11 日，タインソン県民族寄宿学校 9 年生，1991 年生まれ，モン族，女性。

2007 年 3 月 12 日，タインソン県民族寄宿学校教員 TH，1975 年生まれ，キン族，女性。

2007 年 2 月 24 日，ハノイ市内ニー氏自宅，元教育訓練省次官チャン・スアン・ニー，キン族，男性。

2010 年 3 月 18 日，ハノイ国家大学学生寮，ハノイ国家大学人文社会科学大学 1 年生，1990 年生まれ，ターイ族，女性。

2010 年 3 月 20 日，ハノイ国家大学学生寮，ハノイ国家大学人文社会科学大学 1 年生，1990 年生まれ，ヌン族，女性。

2010 年 3 月 21 日，ハノイ国家大学学生寮，ハノイ国家大学人文社会科学大学 1 年生，1988 年生まれ，ヌン族，女性。

2010 年 3 月 21 日，ハノイ国家大学学生寮，ハノイ国家大学人文社会科学大学 1 年生，1991 年生まれ，タイー族，女性。

2011 年 3 月 10 日，教育訓練省，教育訓練省民族教育局シャイ，タイー族，男性。

あとがき

　私が最初にベトナムの少数民族の高校生たちに出会ったのは2001年の春であった。ベトナム民族学院の研究者に連れて行ってもらった，初めてのフィールドワーク（らしきもの）で訪れたランソン省チラン県での出来事である。彼らは，朝まだ暗いうちに起き出して顔を洗い，かまどの火を起こし，母親がゆうべの夕飯の残りでこしらえた朝食を食べる。ようやくあたりがぼんやりと明るくなってくるころ，自転車で，細い山道を下って高校に向かう。行ったかと思えばお昼前には帰ってきて，弟や妹たちに家事を手伝わせながら，農作業から戻ってくる両親に食事の支度をする。午後のわずかな一休みを経て，今度は自分たちも畑仕事の手伝いや家畜の世話。夕方になると再び母親とともに夕飯の支度をし，幼い兄弟たちの身の回りを整え，ようやく自分の時間が持てるのは夜の9時から11時までのわずか2時間である。ベッドの上に備え付けた小さな中国製卓上ランプの明かりで，学校の宿題と明日の予習を行う。試験の前になると深夜1時まで起きていることもある。それでも翌朝になればまた日の出前に支度をして，高校に通うのだ。
　このとき，初めてベトナムの山間部の高校生たちの暮らしを間近で見た私は，彼らの生活スタイルと考え方にいささか，というよりだいぶ驚いた。10代半ばの若者たちが，一日の半分以上の時間を自分以外のために費やしていることだけではない。そうまでして彼らが，高校に通い，もっと上の学校に進学して勉強したいという強い情熱を持ち続けているということにである。さらに，学校を卒業したらどうするの？と尋ねた質問に対し，「地元に戻ってきて，公務員として地域に貢献したい」という答えが返ってきたこともまた，当時まだベトナムに通い始めたばかりであった私の心にずしりと残った。
　第2次世界大戦後，第1次ベビーブームの成長とともにやってきた高度経済成長期の日本がそうであったように，経済の急激な成長は教育機会の拡大をもたらし，「学歴さえあれば人生が変わる」という熱狂的な進学熱が人々の意識と行動を煽っていく。第2次ベビーブーム世代の私が生まれ育った日本社会は，（実際にはすでにやや頂点を過ぎてはいたものの）実感としては，まだ依然としてこうした進学熱が強烈に居座り，人々の学歴信仰が再生産されるとともに，より良い高校，大学に進むことは，誰のためでもなく自分自身のために

必要不可欠なものという認識によって支配されていた。そう考えていた当時の私にとって，自分と5歳程度しか変わらないベトナム山間部の若者たちが，国家のため，地域社会のために学校に行くという発想を持っていることは，やや異様な光景のようにも見えた。

　その後，本格的にベトナムの北部山間部でフィールドワークを行うようになって，いくつかの地域で何人もの中学生や高校生，そして大学生たちに会って話を聞いていくうちに，ぽつりぽつりと漏れてくる彼らの言葉が聞き取れるようになってくる。学校に通いたいと思ったのはね，国家の建設に役に立ちたいという気持ち。うちの地元は貧しいから，自分が勉強してもっと発展できるような環境を作りたい。そのために貢献できるのが今の夢。でも本当は自分自身のためでもあるの。大学を出て学校の先生になれたら今の貧しい生活から抜け出せる。家族にももっと良い暮らしをさせてあげたい。こうした語りに接するようになったとき，私ははじめ，国家によって形作られた教育イデオロギーの隙間に，ようやく彼らの自由な本音に出会えたのだと思っていた。しかしインタビューを続けていくうちに，実は，彼らは必ずしも国家によるイデオロギーを「語らされている」わけではなく，むしろいくつもの公的な規範の語りを主体的にうまく使い分けながら，そこに私的な要求を織り交ぜていくという方法によって，より良い生き方を実現させようとしているのかもしれないと気が付いた。国家のため，地域社会のため，家族のため，そして自分のために，学校に通いたい。彼らにとって，それらはどれも嘘ではない。けして少なくない教育費の負担を家族に強いながら，それでも進学したいと望み続ける若者たちの情熱は，重層的に折り重なったさまざまな公的規範を資源として動員し，利用することによって支えられている。では，国民国家の辺境に生きる若者たちが，現在のベトナムの公教育制度の中でより良い教育を受けたいと望むとき，彼らが利用できる最大の資源はなんだろう。この問いが本書執筆のきっかけとなっている。

　本書は，2011年に東京大学大学院総合文化研究科に提出した博士論文をもとに，加筆修正をしたものである。本書執筆の過程では，大変多くの方々にお世話になった。

　指導教官で主査の古田元夫先生には，研究内容に関する厳しいご指導やコメントはもちろん，研究者としてベトナムに対する姿勢に至るまで，さまざまな

ことを教えていただいた。修士課程2年でベトナムに留学することを決めたとき,「ベトナムでの暮らしはいろいろままならないこともあると思うけれど,一日一つでもいいことがあったらよしとするように」と声をかけてくださった。それ以来,「一日に一ついいこと」は私の人生のスローガンとなっている。博士課程に進学してからは,何度か先生のベトナム出張に同行させていただく貴重な機会を得たが,お忙しい公務の合間を縫ってインタビューや資料収集される姿に,フィールドワーカーとしての側面を垣間見ることができた。先生がいつも真摯に,丁寧に,そして親しみのある姿勢でベトナムの人々と接するご様子から,私自身のベトナムとの向き合い方,調査対象の方々に対する心構えや,いまこの瞬間のベトナムに足を踏み入れて研究することができることのありがたさと醍醐味を教わったと思っている。

　また,日本学術振興会特別研究員として3年間お世話になった社会科学研究所の末廣昭先生,石田浩先生をはじめとする先生方,研究会メンバーにもとても大きな刺激をいただいた。特に,学振特別研究員の受け入れ教員を引き受けてくださった有田伸先生からは,ベトナム地域研究者としての「声」しか持たなかった私に,社会科学という広いアリーナのオーディエンスに向けてベトナムの事象を語ることの意味を考え,そのためにどのような工夫をすればよいかということを,ご自身のこれまでの経験やご研究の内容を通じて教えていただいた。

　社会科学に向けて,地域研究者としての自分はなにを,どうやって語ることができるのかと頭を悩ませていたとき,清水剛先生から,統計を使った実証分析の方法を学んだ。高校2年生で数学を放棄した理系科目音痴の私に,根気強く統計学の基礎知識を教えてくださり,データの読み方から,得られた分析結果を言語化していく作業まで,丁寧にご指導くださった。かつて私は,特定のディシプリンを持たないまま地域研究者を名乗ることの不安を「地域研究の誰でもなさ」と表現したことがあるのだが,有田先生や清水先生から社会科学の作法を学んだことで,少しずつこの不安が和らぎ,ベトナム地域研究者だからこそ持てる研究視座と,そのアドバンテージを活かす工夫のありかが見え始めてきたように感じている。

　また,村田雄二郎先生には,現代中国社会との比較研究という視点を教えていただくことができた。ベトナムにとっての「民族」とは何か,という先生からの大きな問いに対して本書はまだ十分に応えられていないが,これからきっ

ちり考えていかなければならない問題だと思っている。

　伊藤正子先生からは，ベトナム少数民族研究を専門とする先輩として，北部山間部をはじめとする少数民族地域で，外国人研究者がフィールドワークを行う際に直面する困難と，それを乗り越える工夫として，ベトナム人研究者や地元の人々との関係の取り結び方について，さまざまなアドバイスをいただいた。近年少しずつ状況が好転してきているとはいえ，まだまだ外国人研究者の単身調査が難しい少数民族地域に入り，インタビュー調査を敢行されている伊藤先生にはいつも勇気づけられている。

　ベトナムでの現地調査では，ベトナム国家大学ハノイ校ベトナム学・発展科学学院，民族学院，民族学博物館に，渡航ビザの申請から調査許可，アシスタントの手配まであらゆる手続きを手伝っていただいた。また，民族学院のダン・タイン・フォン氏からの温かい指導とアドバイスがなければ，少数民族地域での研究を続けることはできなかった。現地調査で出会った人々に何もお返しすることができないと嘆く私に，「研究を続けることが彼らへの恩返し」と励ましてくれた教育訓練省少数民族教育局のモン・キー・シャイ氏にも感謝を申し上げたい。

　また，本書の執筆にあたり，山本博之氏，西芳実氏，増原綾子氏，池田一人氏をはじめとした古田ゼミメンバーから，大変有益なアドバイスをもらうことができたことは本当にありがたかった。ベトナム研究としての本書の位置づけや，「民族」資源と教育機会の関わりについていただいたさまざまなコメントのおかげで，博士論文からさらに一歩踏み込んだ新しい分析視角を得ることができた。このほかにも，地域研究コンソーシアム次世代ワークショップ「公と私を結ぶ」参加メンバー，ソーシャルキャピタル研究会，そのほか大学，学会・研究会の場でお会いした多くの方々からも，拙い原稿にさまざまなコメントや刺激をいただいた。

　また，博士課程在学中からお世話になっている東京大学東アジア・リベラルアーツ・イニシアティブの先生方，同僚の皆さんにもお礼を申し上げたい。特任という身分ではあるが，この職場に居場所を得たことで，日頃から研究しやすい環境が整い，本書の刊行を準備する十分な時間をとることができた。

　本書が京都大学地域研究統合情報センターの『地域研究のフロンティア』叢書に加えていただけたことにも感謝します。出版委員会が本書を選んでくださったおかげで，拙い博士論文を書籍として世に送り出す機会をいただけたこ

とは本当に幸運であった。

　京都大学学術出版会の鈴木哲也さんが，本書の内容をきちんと把握して，読みやすいものにするための的確なアドバイスを下さり，また，作業が遅れがちな私に声をかけ続けてくれなければ，この本を出版することはできなかった。本当にありがとうございました。

　本書のもととなった研究を行うにあたっては，富士ゼロックス小林節太郎記念基金，りそなアジア・オセアニア財団から研究助成をいただいた。また，本書は，2013年度の日本学術振興会科学研究費補助金（研究成果公開促進費，種目名：学術図書，課題番号255257）の助成を受けている。

　最後に，ベトナム研究という狭く険しい山道をよたよたと歩み続ける私を見守り，ときに社会の厳しい視線を教えてくれながらも，いつも「がんばれよ」と励ましてくれる父，休みのたびにベトナムに飛び出してしまう娘を心配しつつ，温かい言葉をかけ続けてくれる母，地道に一歩ずつ前に進むことの大切さと喜びを教えてくれる妹とその家族に感謝します。

　そして，本書が完成する前に他界した祖父荒井信男と祖母伊藤千代子に，心からのありがとうを伝えたい。

2014年1月

著者

索引（事項 / 地名・国名 / 人名）

■ 事項索引

135 プログラム　193
3 区分分類　157, 182

UNDP　→国連開発計画

アイデンティティ・ポリティクス（アイデンティティの政治）　11, 14-15, 18
愛国競争　31　→ベトナム語識字キャンペーン，無知との戦い
アジア開発銀行　265
アファーマティブ・アクション（積極的格差是正措置）　12
ヴィエト・ムオン語族　151
エスニシティ　9
エスニック・ツーリズム　11
越北山岳高校　162　→民族寄宿学校
エリート型高等教育　58
遠隔地ナショナリズム　12
オドゥ族　13
オルタナティブな教育機会　19, 269

科挙制度　59
閣僚評議会第 65 号指示　65, 68, 111
閣僚評議会第 72 号決定　63, 65, 111
「学歴社会」　61, 257
　学歴主義　76
　学歴主義的な成功モデル　76, 266
華夷秩序　6
華人性　15

関係論的アプローチ　15
関係論的な「民族」　4　→民族
カントー大学　48
幹部構造の空洞化　53-54
機会の平等　158, 199, 202, 214, 220, 266
「機会の平等」型選抜　154
基礎中学校教育普及キャンペーン　72
逆差別　125
教育省第 23 号通達　105
教育省第 661 号決定　104-107, 109, 121
教育訓練省第 16 号通達　3-1 節
教育訓練省第 2590 号決定　3-1 節
教育法　121-122, 128
行政改革　264
競争原理　69, 130, 147, 158, 165, 168, 171, 176, 190, 253, 256, 264
教育階梯　24-25
キン（京）族　6
キン族から「遠い」民族　154, 177-179, 266-268　→民族
キン族に「近い」民族　153, 177-178, 187, 189, 219, 266-268　→民族
クォックグー　1-1 節, 1-2 節
　ホーおじさんの文字　40
愚民化政策　261
血縁的紐帯　3
結果の平等　199, 202, 214, 266-267
　結果の平等型の選抜メカニズム　177, 180, 189-190, 204, 253
原初的集団としての「民族」　3, 241　→民族
原初的紐帯　3

293

公定民族　10　→民族
公定民族分類　10　→民族
公務員
　　公務員改革　55-56
　　公務員試験　56
　　公務員制度改革　55
抗仏戦争　44, 82, 84
国家行政学院　265
国語伝播会　32　→ベトナム語識字キャンペーン
国際先住民年　11　→先住民
国際労働機構（ILO）　10
国連開発計画（UNDP）　242, 265
コモンズの悲劇　271
極少数民族　177-179, 188-189, 214, 264, 266　→民族資格としての民族 9　→民族

識字教育　76
自給自足型の学校経営　88-90, 96, 108-109, 262　→半字半労スタイル
シグナルとしての学歴価値　18
自己選抜効果　171, 176, 200, 202, 214, 264
集団主義, 14
奨学金制度　57, 62-63
　　皆奨学金制度　57, 60
　　師範大学学生に対する奨学金制度　62
　　山間部出身者に対する奨学金制度　63
少数民族幹部の育成　20
少数民族言語教育　19
少数民族籍選択（「少数民族」の選択）　244, 258
　　少数民族籍選択者　24, 246, 249-250, 253, 256
小中華　6
　　華夷秩序　6
　　小中華思想　261

傷病兵　123, 125-126, 163-164, 181, 267
職業教育　21
　　職業教育センター　110
職業訓練　100
　　職業訓練コース　176
職業分配制度　22, 46, 51, 55-56, 58-62, 67, 76, 88, 92-93, 110
編制組織　55-56
初等教育普及キャンペーン　72, 133-134
初等教育普及率　71
人的資本　18
人民証明書　237, 268
推薦入試制度　59, 65-68, 77, 110, 193-196, 199, 206
　　タインソン県民族寄宿学校の推薦入試制度　175-176
政治局第22号決議　23, 63, 65, 110, 113, 134, 158, 262-263
政府首相第64号指示　85, 87, 89-90
「青年農場」　90-91　→ホアビン社会主義労働青年学校
世界銀行　265
専科高校　172
先住民　11
　　国際先住民年　11
　　先住性の資源化　11
想像の共同体　17
ソンラー民族少年学校　104

ターイ文字　43　→民族文字
ターイグエン師範大学　52
第7プログラム　23, 111-114, 131, 133, 263
タイー・ターイ語グループ　150
タイー・ヌン文字　43　→民族文字
第一次教育改革　24
第一次五カ年計画　83, 97
大学準備学校　132　→中央民族大学準備

学校
大学制度改革　57
大学統一試験　174
第二次教育改革　24
タインソン県民族寄宿学校　136, 140, 203, 219, 225-227　→民族寄宿学校
ダックトー半学半労民族青年学校　87, 94, 101　→半学半労学校, 民族青年学校
多文化主義　11, 19, 271
団結学年　32
地方教育行政　147, 202, 213, 215, 264
「地方の実験」　86
地方分権化　13, 264-265, 269
中越国境貿易　55
中央民族大学準備学校　22, 154, 242, 244, 246, 249, 253-254, 256, 258
ディアスポラ集団　12
土司　150

ナショナル・アイデンティティ　17
ナショナリスト　9
入試システム　129　→結果の平等型の選抜メカニズム
能力主義　130, 168-169, 175, 184, 189-190, 220, 225, 264, 266, 268, 270

配給制度　51
配給キップ　50-51
配給制度の復活　63
バットサット県民族寄宿学校
バットサット第一高校　148, 194-195, 203, 212, 4-8
ハノイ国家大学自然科学大学　235
ハノイ国家大学人文社会科学大学　235
ハノイ師範大学　235
ハノイ第一師範大学　48

ハノイ文化大学少数民族文化学科　67, 235
反・資源化　267
半寄宿学校　121, 132, 181
民族半寄宿学校　121
民養寄宿学校　181
半公立学校　142
　半公立普通高校　158
藩臣　150
万人のための教育（Education for All）　134
万人のための教育世界会議　134
半学半労学校／半学半労文化学校　85-87, 94, 102-103, 110, 114　→民族青年学校
　半学半労スタイル　88, 94, 97, 99　→自給自足型の学校経営
　ダックトー半学半労民族青年学校　87, 94, 101
非識字撲滅運動　33, 42　→ベトナム語識字キャンペーン
非識字撲滅・初等教育普及キャンペーン　134
フート省民族寄宿学校　23, 136-137, 142, 148, 154, 4-3節, 4-5節, 208-210, 4-7節, 219, 5-2節, 5-3節　→民族寄宿学校
フーイエン民族青年学校　87　→民族青年学校
フエ師範大学　68
フォンカン普通高校　87, 137, 141, 148, 203, 4-8節, 219
フォンカン普通中学校　136-138, 219, 225, 228
不可視の先住民族　10
仏領インドシナ住民分類　6
フランス植民地支配　261
文化的な集団としての「民族」　4　→民族
文化的な紐帯　4

索引（事項／地名・国名／人名）　295

文化の資源化　7
文化戦略　11
文化補習運動　53
文化補習プログラム　96, 103
文化補習課程　162
ベトナム語識字キャンペーン　23, 261
　愛国競争　31
　山間部における非識字撲滅運動　35
　非識字撲滅運動　32
　平民学務（平民学務運動）　31-32
　無知との戦い　31
　「文化の光」プログラム　43
ベトナム教育労働組合　104
ベトナム人共産主義者　9, 41, 82, 261
ベトナム外務省　265
ベトナム民主共和国　6, 35, 39, 45, 88
　ベトナム民主共和国憲法　9
ベトナム民法　235, 237
ベトナム労働党政治綱領　9
ベトナム労働党第3回全国代表大会　82
ベトミン　40, 44
編制組織　55-56
ホアビン社会主義労働青年学校（ホアビン校）　23, 84, 87-91, 93-98, 100, 102, 107-108, 262　→民族青年学校
　青年農場　90-91
ホアビン省ベトナム労働青年団（ホアビン労働青年団）　84-85, 91, 95, 102
ホーおじさんの文字（chữ Cụ Hồ）　40　→クォックグー
ホーチミン学年　32　→ベトナム語識字キャンペーン

丸抱え式補助金制度　13, 107-109, 140, 262
民族
　民族アイデンティティ　240
　54の公定民族　10

関係論的な「民族」　4
本質主義的な「民族」　4
極少少数民族　177-179, 188, 189, 214, 264, 266
キン族から「遠い」民族　154, 177-179, 266-268
キン族に「近い」民族　153, 177-178, 187, 189, 219, 266-268
原初的集団としての「民族」　3, 241
資格としての民族　8
民族確定作業　6, 10
「民族」の資源化　202, 205-206, 213, 215, 219, 226-228, 235, 261, 266-268, 270-271
民族学院　6, 55
民族寄宿学校　20-21, 72, 74, 76-77, 87, 104, 106, 109-110, 113, 262-263
　越北山岳高校　162
　タインソン県民族寄宿学校　136, 140, 203, 219, 225-227
　フート省民族寄宿学校　23, 136-137, 142, 148, 4-3節, 4-5節, 208-210, 4-7節, 219, 5-2節, 5-3節
　ラオカイ省民族寄宿学校　23, 143, 148, 4-4, 4-5, 204-208, 4-7節
　ランソン省民族寄宿学校　72-76, 124, 129, 130
民族語　42, 136, 240
タイー・ヌン文字　43
ターイ文字　43
　民族語教育　40-43
民族文字　40-42
モン文字　42
民族自治区　40-41　→地名索引参照（越北自治区，ターイ・メオ自治区）
民族青年学校　20, 23, 53-54, 81, 86-91, 93-94, 98-101, 104, 110, 114, 262, 269
　ダックトー半学半労民族青年学校　87, 94, 101

ホアビン社会主義労働青年学校（ホアビン校）　23, 84, 87-91, 93-98, 100, 102, 107-108, 262
フーイエン民族青年学校　87
民族籍選択権　236
民族大学準備学校　24-25, 134, 172, 235
　→中央民族大学準備学校
民族半寄宿学校　121　→半寄宿学校
民族文字　40, 42
　ターイ文字　43
　タイー・ヌン文字　43
　モン文字　42-43
民法　235
民養寄宿学校　181　→半寄宿学校
民立高校　142
無知との戦い　31　→ベトナム語識字キャンペーン
ムノン族　19-20
メリトクラシー　228, 256

モン・ザオ語族　151
モン文字　42-43　→民族文字

優遇加点措置　271

ラオカイ省民族寄宿学校　23, 143, 148, 4-5節, 204-208, 4-7節　→民族寄宿学校
ラオカイ省師範短大　195-196
ランソン省民族寄宿学校　72-76, 124, 129-130　→民族寄宿学校
律令国家体制　5
リベラル主義（リベラリズム）　11, 14, 271
烈士　123, 125-126, 163-164, 181, 267
労働・傷病兵・社会省　242
労働青年学校　84　→民族青年学校

■ 地名・国名索引

ヴィンフー省タインソン県　43　→フート県タイソン省
越北自治区　40, 54
ジョムティエン　134
ソンラー省　13, 51-52, 251, 267
ターイ・メオ自治区　40
ターイグエン省 , 36　45, 236
　ターイグエン省ヴォーニャイ県　236
ダクノン省　19
ドンモー町（ランソン省チラン県）　73
ニンビン省ニョークアン県　243
バックザン省　238, 251
　バックザン省ルックナム県　238

フート省ヴィエチー市　244
フート省タインソン県　22, 87, 4-3節, 4-5節〜4-8節
ベトナム民主共和国　6, 35, 88
ホアビン省　36, 2-1節〜2-3節
ホアンリエンソン省バーンフォー社　42
ホアンリエンソン省ムーカンチャイ県　52
ラオカイ省バットサット県　22, 72, 4-4節〜4-8節
ラオカイ省バオタン県　243
ランソン省チラン県　22, 55, 72

索引（事項／地名・国名／人名）　297

■人名索引

アンダーソン, B.　17
伊藤正子　10
ヴォー・ヴァン・キエット　60
王柳蘭　15-16
加藤剛　4
ギアツ, C.　3-4
キムリッカ, W.　14
グエン・コン・ミー　32
グエン・ヴァン・チョン　84-85, 89, 92-93
グエン・ヴァン・フエン　98
ゲルナー, A.　4
シッカー, T.　13-14
杉村美紀　17-18
スミス, A.　4
タ・クアン・ビュー　98

近田政博　59
チャン・ゴアン　85, 90
チャン・スアン・ニー　112, 131, 133
チュオン・フエン・チー　19-20
ディン・ホアット　93, 101
ドアン・ヴァン・トー　85
トー・ヒュー　93
トロウ, M.　70
ハーディン, G.　271
ファム・ヴァン・ドン　93, 94
ファム・ティ・ハイ・チュエン　242
古田元夫　9, 41, 64, 86
ホー・チ・ミン　31, 90-91, 93-94, 97-98
森山工　7-8
山本博之　8
レ・ズアン　82, 86, 93, 94

【著者紹介】

伊藤未帆（いとう　みほ）

東京大学東アジアリベラルアーツイニシアティブ（EALAI）特任講師
1976 年　東京都に生まれる
1999 年　東京女子大学文理学部社会学科卒業
2008 年　東京大学大学院総合文化研究科地域文化研究専攻博士課程満期退学
2011 年　博士（学術）学位取得
東京大学東アジアリベラルアーツイニシアティブ（EALAI）特任助教（2008 年〜2010 年），日本学術振興会特別研究員（2010 年〜2013 年）を経て，2013 年より現職．

主要論文

「ドイモイ期ベトナムにおける民族寄宿学校の役割：1990 年代の少数民族幹部養成政策と『第 7 プログラム』」（『アジア研究』アジア政経学会，53 巻 1 号，2007 年）
「ドイモイ期ベトナムにおける少数民族優遇政策と高等教育進学：少数民族大学生の属性分析を通じて」（『東南アジア研究』京都大学東南アジア研究所，49 巻 2 号，2011 年）
「ベトナムにおける高等教育の発展プロセスと労働市場の変容」（『ベトナムにおける工学系学生の移行と産学連携に関する調査研究』独立行政法人労働政策研究・研修機構，2013 年）

少数民族教育と学校選択 ── ベトナム-「民族」資源化のポリティクス
（地域研究のフロンティア　4）

© Miho Ito 2014

2014 年 2 月 28 日　初版第一刷発行

著者　　伊藤未帆
発行人　　檜山爲次郎

発行所　**京都大学学術出版会**
京都市左京区吉田近衛町 69 番地
京都大学吉田南構内（〒606-8315）
電話（075）761-6182
FAX（075）761-6190
URL http://www.kyoto-up.or.jp
振替 01000-8-64677

ISBN 978-4-87698-387-2
Printed in Japan

印刷・製本　㈱クイックス
定価はカバーに表示してあります

本書のコピー，スキャン，デジタル化等の無断複製は著作権法上での例外を除き禁じられています．本書を代行業者等の第三者に依頼してスキャンやデジタル化することは，たとえ個人や家庭内での利用でも著作権法違反です．